JN202880

日本学叢書⑤

戦後日本の〈帝国〉経験

断裂し重なり合う歴史と対峙する

兵役を忌避した沖縄の人々、上海で慰安所に関与した日本人・朝鮮人、タイから日本に密航した労働者——。〈帝国〉での経験をいや応なく引きずり、「新しい戦後」を生き抜いてきた人々の歩みを掘り起こして、「個人と戦争との軋轢」や「人々の内にある帝国の痕跡」から現代史を逆照射する歴史への挑発。

杉原 達 編著

青弓社

戦後日本の〈帝国〉経験——断裂し重なり合う歴史と対峙する／目次

第9章

外国人として日本で働くということ

崔博憲

装丁——岩橋香月［デザインフォリオ］

〝世界のどこかで私を待っている人〟へ——「日本学叢書」刊行にあたって

川村邦光

私たちは生活世界の場である〝日本〟にさまざまな場面で直面せざるをえない、あるいは直面させられることがある。普段はとりたてて考えもしない日本が、ときにはしがらみのように、ときには厭うべきものとして浮かび上がってくることがある。いうまでもなく、日本に絶えず緊張を強いられている人びともいる。一見すると、自明なような日本が、曖昧で奇妙な、輪郭のぼやけた姿に変貌することもある。そのような日本という場に考えを巡らせて問いを発すること、それが私たちの「日本学叢書」が目指すところである。

近代／現代において、日本とはどのように作成もしくは創出されてきたのか、と問いかけてみよう。この近代と呼び慣らわされている事態については多くのことが語られているが、いまだ語り尽くされていないことも確かだ。しかし、その語り口はどのようなものだったのか、そこから排除もしくは隠蔽されている残余とはどのようなものか、あらためて問い直してみる必要があるのではないか。日本における近代、もしくは帝国日本の成り立ち、構成、存立、展開とはどのようなプロセスだったのか、拡大／収縮する版図、混淆／固有といった政治や文化のディスクール、決して二元的にはとらえきれない近代日本の歴史／文化を問うなかから、近代／日本への批判的な実践を模索していきたい。

「日本学叢書」の出立にあたって、私たち執筆者はともにシンポジウムや研究会を催してきた。それは現在も続けられ、この議論と批判の場から生み出された成果が本叢書である。絶えざる議論のなかから日本を批評しつづけていくのが、私たちの本志だからである。〝日本のどこかで私を待っている人〟に向けてのみならず、〝世界のどこかで私を待っている人〟に向けて発信していきたい。本叢書が日本という場を省察する場となり、あらためて読者とまみえんことを願うとともに、読者を討論の場へと呼びかけいざなっていきたい。

まえがき

杉原 達

帝国日本から戦後日本へ――。こうした近現代史の認識の仕方は、時間的な経緯からみても空間的な展開からみても、比較的受け入れやすいものだろう。たしかに大日本帝国の崩壊の画期は一九四五年であり、それは近現代史の大きな分水嶺となった。だが本書では、このような一般的理解に疑問を呈するところから出発することを試みる。おおまかな流れを追認するだけでは、諸問題に厳しく向き合い深く掘り下げることができないのではないかという思いがあるからである。こうした認識をすべての執筆者が等しく共有しているわけではなく、以下は編者の個人的見解ではあるが、執筆者との議論を通して次第に形をとってきたものであることを記しておきたい。「まえがき」で論じるゆえんである。

本書は、いくつもの帝国日本と、いくつもの戦後日本が、主題を変えながら重畳するように登場する姿を具体的な場面に即して捉えることを目的にしている。重要な点は、前者が後者へ単に移行するというものではなく、論点が複雑に絡まり合っていることである。つまり両者を、単線的・継時的に理解するのではなく、断裂し重なり合う様々な経験の複合体である歴史を具体的に問おうとするところに、本書の眼目がある。すべての論文が戦争を意識していて、戦争は全体を底流のように貫く主題となっている。アジア・太平洋戦争が中心になるが、それと前後する日本に関わるいくつもの戦争にも目を向ける。戦争を分析するとき、軍事や外交の次元で議論を集約することは重要であり大きな意味があることを踏まえたうえで、なおかつ戦争が人々の生活のなかに折り重なっていく局面を具体的に捉えていこうとしている。

多彩な論点を提起する論文集に分析のアプローチの多様さがあるのは当然だが、本書では議論にあたって次の三つの軸を念頭に置いている。

第一は、構造と経験という軸である。統治体制、政策、国際関係、世界市場などの強い拘束力・規制力を十分に意識することの重要性は言うまでもない。だが近現代史に向き合おうとするとき、帝国や帝国主義は、軍事を含む統治や社会経済構造という観点だけではなく、思想や運動の側面からも問題とされるべきだろう。また構造的・世界的連関だけではなく、個人の生活経験に即しても問題とされるべきだろう。本書では両者を並立して考察するにとどまるのではなく、構造のなかに個別の経験を、個別の経験のなかに構造を関連させながら見通すようなダイナミックな歴史認識の方法を意識していることを指摘しておきたい。

第二は、状況と主体という軸である。これは第一の軸の系として考えられるが、具体例を出してみよう。徴兵を忌避したり台湾へ密航した沖縄出身者、上海で慰安所に関与した日本人・朝鮮人、ブラジルで俳句を通して自身を表現した日系移民、戦後沖縄でミシン業を営んだ女性、タイから日本へ密航した労働者などは、もとよりそれぞれが生きた状況のなかで、生きんがために自らの位置取りを探していった人々である。こうした個人の経験を何らかの共通の言葉でまとめあげることはできない。交わることがない個別具体的な生と、そこにある時代性とを同時に見ていく必要があるのだ。時代状況が個人の存在を飲み込んでしまうような逃れがたい重圧にさらされ、その枠に翻弄されながらも、自身の生のあり方を主体的に追求しようとする過程に注目しようとするものである。

第三は、帝国の痕跡から現代史の照射を試みるという軸である。熟さない表現ではあるが、構造と経験、状況と主体を媒介する個別ともいうべき領域から、現代史を見るという着想がそこには盛り込まれている。政策史や制度史の展開を押さえながら、それらを個人の生活経験のなかに刻み込まれた個別の痕跡の内から照射しようとする作業がその内容となる。やや大げさな表現をとれば、歴史認識の方法として様々な痕跡に込められた矛盾を掘り起こすことで、帝国日本と戦後日本を総合的かつ批判的に考察したいという問題意識が込められていることを記しておきたい。

＊

本書は、三つの部にそれぞれ三論文を配置しており、あわせて九論文から構成している。各部の冒頭にあたる第1章・第4章・第7章では、先に略記した基本認識が、主題や力点の置き方の違いはありながらも意識されていて、重なりながら議論を導く章となっている。以下では、各部冒頭論文の方法的特徴に留意してやや詳しく論理の流れを整理してみよう。

第1章「内地と外地の間で――戦前沖縄の軍事的特色」（荒川章二）は、沖縄戦に至る沖縄をめぐる軍事的特徴を、部隊配備と徴兵制を主要な論点として、内地や外地と比較しながら琉球併合後の歴史過程のなかに位置づける。その際、荒川は「総合的視野とは、長期的に歴史の展開を見極めていく作業であるとともに、軍事史を他領域から切り離さず、経済構造や生活構造との連関のなかで広く捉え、軍事史領域で生起する問題の背景、その根幹に分け入っていく分析方法である」と主張する。この視点は本論文だけではなく、本書全体の基軸に深く関わる方法的提言になっている。

なかでも沖縄における徴兵忌避を検討した結果、それが一方では士族層を中心に抗日という政治的含意を込めた行動であったとともに、他方では海外渡航や漁業などの生活や生業上の要求を背景とした忌避者の多さに特徴が見られたという指摘は注目される。徴兵制という軍事的課題を分析するときに、政治的状況と諸個人の生活上の判断とを、同時に視野に収めようとする方法が貫かれているからである。こうした両面的把握を進めることで、沖縄戦からアメリカ軍占領を経て復帰へと至る現代沖縄の平和意識や軍隊観の形成の独自な特徴の追求へと、分析の射程が延びていることもあわせて指摘しておきたい。

第4章「『琉僑管理案』に見る沖縄出身者の歴史経験――経験のゆくえと場の関係性を中心に」（冨永悠介）は、戦後台湾に関わった沖縄出身者をめぐる一次史料に依拠しながら、個別の人々について考察するが、「琉僑の個別具体的な経験をただ掘り起こすだけではなく、それを時代や社会の流れのなかに位置づけていく」ことに留意する。そして、彼らの軌跡を「いまもどこかで生きているであろう「無数の奥平・吉川」そして「私たち」へと連なる広がりのなかで捉えたいと思う」と視野を拡大し、構造と経験、状況と主体の結節のありようを問う。その際、戦後初期から琉球の独立を志向するとともに台湾における沖縄出身者の生活支援を図るという二つの課題を担った琉球人民協会の性格が問題とならざるをえない。だが協会を頼って密航した越境者たちは、国民党との良好な関係を優先した協会の政治的判断のために、意に反して台湾の職業訓導総隊という機関（脱走兵や不法滞在者などを対象とする）に編入されたのち、沖縄に強制送還されることになったのである。

琉球人民協会の立ち位置はきわめて複雑であり、その分析は沖縄と台湾のはざまに引き裂かれた人々の経験をつぶさに照らし出していく。国際関係の状況や組織の厳しい性格を見極めながら、単純に政治的な対抗の構図を描くことを回避し、まさに矛盾のなかに折り重なるしかない人々の歴史経験に肉薄しようとする視点が本論文を貫いているが、それはまた本書全体を通底する重要な基本視角でもある。

第7章「ミシンと「復興」——戦後沖縄の女性たちの生活圏」（謝花直美）は、「本章は「ミシン業」という領域から、女性たちの労働や移動、学び、生産、市場形成を考察する。そこに張り付く戦争と占領による暴力、ジェンダー的な傷によって生存の幅を狭められた女性たちがどう生き延びようとしたかを、「復興」として描くことを目指すものである。「沖縄戦後史は社会変革を推進した住民運動を軸に叙述してきたが、そこからは見えない生活圏で、限られた生存の選択肢のなかを生きようとする女性たち」をしっかりと視野に収め、彼女たちが主体性を追求した具体的なありようを浮かび上がらせる。

ここには、歴史研究の新たな方法的立場が示されている。謝花が耳をそばだてるのは、弾圧と抵抗という二分法では接近できない、生活のなかに生まれるつぶやきのような異音であり、その声をただ収集するだけにとどめずに、それを占領と復興の日常のなかに位置づけることを通して現代史の読み直しにつなげていくという思考方法の提示である。そこには、日々の暮らしの場における諸個人の様々な振る舞いや対応に目を凝らし、それらの実態を丁寧に描き出そうとする姿勢が貫かれている。生きる手立てという観点からミシンとミシンにまつわる人々を考察する本論文は、そのような歴史認識の持ち方を読者に促している。

以上、三論文の特徴づけを通して、本書の方法的アウトラインを不十分ながらも浮き彫りにしようとしてきた。他の論文についての詳しい紹介は割愛するが、これまで挙げた問題意識はそれぞれの主題に即して濃淡はありながらもうかがえることを指摘しておきたい。本書のねらいは、現在への迂回的接近にあると編者は考えている。それは、「いま」がどのように成り立ってきたのかを、特定の因果関係から説明するのではなく、様々な要因とスパンのなかで重層的・往還的に捉え返す営みにほかならない。それは何人もの共同作業として進められることが望ましいだろう。共著として刊行する本書は、帝国日本と戦後日本に関する一般的概説書ではなく、歴史と向き合いそれを記述する未完のプロセスの一里塚として差し出すものである。

＊

最後に本書刊行の経緯と謝辞を記しておきたい。

二〇一四年十二月末に、刊行企画書をまとめ関係者に呼びかけて、一五年三月に大阪大学で最初の研究会を開催した。以後、同年九月に南山大学で、次いで一七年八月に大阪大学で合宿研究会をもち、その間、適宜、ミニ研究会や面談、電子メールでのやりとりを通じて、各論文のブラッシュアップを図った。刊行が大幅に遅れたのは、ひとえに編著者（杉原）の責任である。関係者にお詫びする次第である。

「日本学叢書」の構想を立て、その実現に向けて牽引してくださったのは川村邦光さんである。作業が進まない編者に、皮肉も交えながら親しい励ましを続けてくれた川村さんに、まずもってお礼を述べたい。また文化交流史研究会を創設されたひろたまさきさんにも感謝したい。同研究会が刊行した雑誌「文化交流史研究」は創刊号だけで挫折してしまい、その実務を担当していた編者は関係者に対して長く申し訳ない思いを抱いてきた。本書は、形を変えてその延長線上の活動を試みようとしたものでもある。松田京子さんには、企画の最初から中盤の大事な時期まで編集と討論の過程で大きなご尽力を頂戴した。事情により寄稿していただくには至らなかったが、深い謝意を記したい。大阪大学大学院文学研究科日本学研究室の教職員、院生、学生のみなさんには、議論を深めるうえで様々なサポートをもらったことに心から感謝したい。青弓社編集担当の矢野未知生さんには、大変お世話になった。なかなか決断できない編者をじっと見守りながら、的確に全体をまとめてくださったことに心からお礼を申し上げる。

第1部

「内地」と「外地」のはざま

第1章

内地と外地の間で

——戦前沖縄の軍事的特色

荒川章二

はじめに

軍事の観点から見た沖縄近現代史の特色として第一に挙げられるのは、戦前のゼロ状態から基地の島へという在沖軍事力の極端な変化である。明治政府による琉球処分の過程で日本軍の駐留が始まるが、日清戦争後の派遣軍撤退後は駐屯部隊が再配置されることなく、日本帝国内でもきわめてまれな常備軍・駐屯軍の不在状態は沖縄戦前まで続いた。しかし、一九四四年、沖縄守備軍として一挙に第三十二軍が創設され、沖縄戦時には十万余の陸海軍兵力が配備された。その後は、アメリカ占領軍、日本復帰後は在日アメリカ軍と自衛隊が分厚く配備されるという強度の軍事化の様相が続いている。従来の沖縄軍事史研究では、この沖縄近現代史の後半の七十年余における圧倒的な軍事化の過程に焦点が当てられ、軍事力の空白ないし弱軍事化期を含む前半の六十年余については、軍事化の個々の局面の研究にとどまり、包括的な議論の対象にはなりえていない。日本帝国の本土領域の各地域では、一九二〇年代の軍縮期を除けば、基本的にどの地域も軍事化の深化、軍拡過程が展開したのだが(1)、沖縄でなぜこのような特殊な状態が長期的に続いたのか、その理由と歴史的意味が問われる必要があるだろう。

第二の特色は、沖縄では日清戦争後に徴兵制が施行されるが、第一の点に関わり、徴集された沖縄出身兵は、沖縄戦準備期まで沖縄に配備されることはなく、九州全域の各部隊に分散配置され、本土諸地域での郷土兵部隊の形成をよそに、沖縄では部分的にさえ沖縄出身兵からなる沖縄兵部隊は編成されなかった。沖縄は、一九二〇年代以降、本土と帝国内の労働力供給源として位置づけられていくが、それ以前から、九州諸部隊に分散配賦・調達される仕組みのなかでの兵力の給源だった。地域社会と切断された沖縄兵の配備のあり方、沖縄の徴兵制の運用形態は、のちの植民地徴兵制の先行形態と考えられる(2)。

本章の目的は、この戦前沖縄（沖縄戦準備過程以前）の軍事的特色を、琉球併合以降の具体的歴史過程の展開として追跡し、この特色が形成された歴史的背景とその意味を検討するための総合的視野を提供することである。ここでいう総合的視野とは、長期的に歴史の展開を見極めていく作業であるとともに、軍事史を他領域から切り離さず、経済構造や生活構造との連関のなかで広く捉え、軍事史領域で生起する問題の背景、その根幹に分け入っていく分析方法である。

筆者はこれまで、近代国民国家の形成の結果生まれた軍隊（国民軍）と地域が切り結ぶ関係性に注目して軍事史研究を進めてきた。海軍の軍港都市のケースはおくとして、この観点から読み解きにくい部分を持つのが、北海道、東京（首都）、沖縄[3]であり、とりわけ戦前の沖縄では、内地とも植民地とも異なる弱軍事的状況が長期的に継続したために、軍隊・地域関係史が展開される契機が著しく弱かったといえる。そのような特殊な歴史的条件を持つ地域に、沖縄戦前夜、突然巨大な地上部隊が配備され、さらに海・空の巨大戦力が投入された。アメリカ軍との戦闘は沖縄本島とその周辺を焦土と化し、その後の長期占領につながった。沖縄の人々の軍隊観・戦争観を読み解くには、戦前の全過程をも踏まえたうえで、軍隊との関係史でのこの激しい落差を意識した視点が必要と思われる。本章はそうした側面からの問題提起でもある。

戦前沖縄の軍事史については、『沖縄県史 各論編第5巻 近代』[4]が最新の成果であり、琉球処分の過程で分遣隊が設置される過程から徴兵制施行、中城湾《なかぐすくわん》の軍事化、八重山諸島の要塞建設など、いくつかの軍事化の局面を取り上げている。しかし自治体史という制約や執筆者の異同もあり、その特色を系統的に検証する作業はされていない。軍事史的な特色という観点から注目されるのは、新川明『琉球処分以後』[5]上や後多田敦『琉球救国運動』[6]などの徴兵忌避研究である。徴兵制は国家への忠誠を前提に成り立つ制度だが、新川が先駆をなし、後多田が緻密に検証した徴兵忌避研究は、日本国家・天皇への忠誠の対極にある「抗日」という観点から、沖縄の徴兵忌避の特殊性をえぐり出した。本章でも両者の視点を継承しながら、琉球救国運動期を超えて、徴兵制の根幹に関わる沖縄壮丁と国家との距離の問題を考えてみたい。

この抗日という観点は、当然のことながらいわゆる「琉球処分」という歴史過程への評価を前提とする。この点から注目される最新の成果は、波平恒男『近代東アジア史のなかの琉球併合』[7]である。波平は、中華帝国の近世的な東アジア秩序に近代日本国家が食い込んでいくという全体像のなかに琉球処分、すなわち琉球王国に対する強制併合を位置づけ、「琉球併合」史としての総括的な歴史像を提起した。「内地と外地の間で」というタイトルを掲げた本章でも、近代琉球・沖縄史の基本的視座として、この成果を踏まえて論じる。

1　日本《ヤマト》の「国民軍」と沖縄

併合の橋頭堡としての琉球分遣隊設置

一八七二年（明治五年）、琉球藩が設置され、琉球国の併合過程が始まった。同時に鎮撫を目的とした琉球への駐屯軍の設置が提起されている。近世の外交窓口であった四つの口（長崎、対馬、松前、琉球）に関わらせて近代初頭の軍備の配置を見ると、同年、対馬に二個小隊の分遣隊が配備され（厳原《いずはら》城内）、北海道に関しても、同年、西郷隆盛の屯田兵設置論が提起され、翌七三年、開拓使官僚層から外寇と土寇に備えた士族兵、すなわち屯田兵の設置が建議された[8]。これらは、近代国家の境界領域の防備という点で軌を一にしているように見えるが、琉球への駐屯構想は、外的な防備ではなく、鎮撫だけが目的であった。琉球国への対応は、国家としての歴史と統治機構を有した「異国」併合への布石案だった。

一八七四年（明治七年）、琉球藩の管轄が外務省から内務省に移り、同年十二月、大久保利通内務卿から「琉球藩処分」方針が提出された。これによって琉球政策は、漸進政策から急進的内国化政策に転換する。その入り口における重要争点が鎮台分営設置問題であり、「従来寸兵を備えす《ママ》」に外交を展開してきた琉球国の国体に関わる問題として一カ月余の政治的攻防になった。明治政府はこの局面を押し切り、翌七五年五月、分営設置を布告し、直ちに兵営用地選定に入った[9]。

布告後も琉球王府は執拗に抵抗を続け、設置時期の延期や兵営用地費用を琉球側が負担することを条件に、派遣兵の「成丈減少」、つまり最小化を要望した。[10]「分遣隊入琉の期限を早くして地方の暴挙を予防」することを目指していた明治政府がこの戦術的献納を受け入れなかったことは言うまでもない。明治政府は、予算問題もあったので派遣兵縮小の要望は受け入れたものの、一八七六年五月、熊本鎮台分遣隊二十五人の派遣を布達し、陸軍省は間和志間切古波蔵《まわしまぎりこはぐら》（現・那覇市域）の兵営用地を受領した（九月に新兵舎完成移転[11]）。同年の陸軍関係の出来事を記録した『陸軍省第一年報』は派兵目的を「琉球藩内保護の為め」としながらも、「兵営を新築せんか（ママ）為め此地を占領す」と記している（傍点は引用者）。軍用地取得に関する通常の用語は、選定・受領・需《もと》む、などである。[12]こうして琉球に最初の日本《ヤマト》陸軍部隊が置かれ、その軍用地が設定された。軍用地面積は、一万八千六百二坪、約六・二ヘクタールであり[13]、派遣軍の規模から見て不相応な、そして耕地が少ない「沖縄島の人民」にとって経済生活への影響が大きい規模だった。[14]加えて、琉球分遣隊には、特段の派遣手当が支給されることになる。[15]予算面からも、併合地の治安維持を目的とする駐留軍だったといえる。

ほぼ同じ時期にあたる一八七六年、北海道では屯田兵二個中隊が設置され（部隊編成化）、七七年には北海道南部に徴兵制が実施された。徴集兵と士族屯田兵による安上がりの国防部隊形成に踏み出したのである。北海道の軍事化過程を漸進的な内国化の展開とすると、琉球の場合は、併合の布石としての駐留軍派遣強行から軍事化が開始された。他方、対馬では七四年に派遣軍が撤退し、軍事力はいったん空白となった。

琉球占領軍から沖縄分遣隊へ

琉球処分を進める明治政府の一連の施策に対し、清国との宗族関係継続によって琉球王国を存続させようとする琉球士族層が清国への請願運動を本格的に展開するようになった。一八七九年（明治十二年）三月、明治政府は強硬手段に及び、琉球処分官・松田道之は警察官百六十余人と熊本鎮台分遣隊約四百人の武力を率いて首里城に乗り込み、四月、琉球王国を廃滅させ、沖縄県の設置を宣言した。[16]近代日本国家の軍事・警察力と沖縄との最初の本格的接触であり、日本の武力は、五百年にわたる琉球王国の歴史を消滅させるために行使された。琉球王国の政治拠点だった首里城は接収されて陸軍の管理に移り、武器の引き渡しがおこなわれた。ただし、武装解除といっても少数の「大砲」と「小砲」（旧式銃）程度である。[17] 首里の士族の家に無断で入って台所で焚食していた兵士の例や辻の妓楼に「不案内」に入り込み、座敷「入口を〆切無法を仕掛け外出すを押留衣類等も破り候程の難儀」などの報告からこのときの派遣軍の占領者的意識を垣間見ることができる。[18]

全国レベルの廃藩置県は、首都東京に集中させた軍事力の間接行使（御親兵の設置）によって実施されたが、「兵力なく（略）我れに敵すること能はさる」とみていた琉球王国に対しては、小さな抵抗も封じる圧倒的な兵力の直接行使がおこなわれた。[19] しかし、琉球王国を強制的に廃滅したことで、琉球側の不服従運動は反日抵抗運動の様相を強く帯びていくことになる。

沖縄県の設置、および小規模な大隊に相当するほどの規模だった琉球処分派遣軍の撤退ののち、沖縄分遣隊は従来の分隊規模から一個中隊の兵力に拡大され、最初は半年交代、一八八一年（明治十四年）からは一年交代で、熊本鎮台隷下の歩兵第十四連隊、第十三連隊、第二十三連隊、第二十四連隊から治安維持を目的として派遣された。八四―九四年（明治十七―二十七年）の分遣隊の兵力は各年百二十二人から百四十三人の範囲内で推移している。[20] 当初、古波蔵兵舎と首里城を兵舎として分割利用していたが、八〇年から首里城が単一の兵舎とされた。[21] 陸軍の首里城所轄は、正式には八二年度からのようで、軍管理面積は一万八千八百三十一坪（約六・二ヘクタール）とある。[22] 八六年（明治十九年）当時の陸軍省所轄の旧城址は全国で三十七カ所だが、その一つが首里城だった。[23] 旧城址の陸軍管理は、支配体制転換の象徴的意味をも持っていたが、沖縄県の場合は特に、中隊規模の小兵力とはいえ、琉球王国の中枢機関への駐屯軍配置として、より強い政治性を持っていた。他方で、古波蔵・国場《こくば》にまたがる間和志間切の軍用地は一万七千八百七十坪（約五・九ヘクタール）と当初の面積をほぼ維持して軍管理がおこなわれているので、軍用地面積は沖縄県設置後二倍に増えたことになる。中隊規模の派遣軍が、三万六千七百余坪（約十二・一ヘクタール）もの破格の軍用地を与えられていた。[24]

派遣軍について特に注目されるのは、本隊から交代制で派遣される「分遣隊」だったという点である。こうした常設的分遣（分営）とは異なる本隊からの交代型派遣の分遣方式は明治十年代（一八七七―八六年）にはすでに例外的で、砲兵隊では横須賀や長崎など三カ所（数十人規模）、歩兵では函館・対馬、そして沖縄の三カ所だけだった。しかも、明治二十年代（一八八七―九六年）早々に長崎への砲兵分遣は廃止され、横須賀要塞砲兵は常設化され、一八八五年（明治十八年）に分遣隊が復活した対馬では、八七年の警備隊条例施行で、対馬からの徴兵によって警備隊（歩兵と砲兵）が組織されることになる。八四年に設置された函館の分屯歩兵部隊（仙台鎮台からの派兵）も、九一年（明治二十四年）に廃止された。この間に屯田兵条例の施行、屯田兵への陸軍兵としての位置づけの付与、兵役年限の設定、平民屯田の開始、天皇直隷部隊化など陸軍部隊としての屯田兵の整備が進んだからである。九八年（明治三十一年）からの北海道全道にわたる徴兵令施行に向けた整備は着々と進んでいた。全国的に地元徴集兵や居住者による常設部隊化への整備がおこなわれていたなかで、沖縄だけに唯一、交代派遣形態が残されていた[25]。

軍隊教育では規律・錬成が重視されることを考えれば、交代派遣制は問題含みの制度だった。沖縄派遣隊の場合、年一回秋季におこなわれる部隊検閲の実施も難問だった。検閲官の派遣に往復六十日も要することから、他地域の検閲一般に影響し不都合少なくなし[26]、と報告されている。また、一年というローテーションでは、地域民衆の軍隊認識を改善する方策の成果をあげるのも難しかった。八一年、当時派遣されていた歩兵第十四連隊第二大隊第一中隊の検閲では「地方の人情風俗皆旧格を守り専ら敬礼を重ずと雖ども内地人を嫌避するの風あり。故に軍人と人民との交際尤も疎遠なり[27]」という状況が報告されている。

島嶼の警備隊条例と沖縄

一八八六年、陸軍は対馬・佐渡・隠岐、そして沖縄を含む島嶼部に「漸次警備隊を置く」ための警備隊条例を制定した。そこでは「警備隊の兵卒は該島嶼より徴兵適齢の者を徴集し毎年両度に其半数宛を入営せしめ在営一箇年にして帰休を命ず」[28]としている。すでに徴兵制が実施されていた対馬ではこの条例以降、島の出身者の配備が実施されたが、沖縄では、徴兵制実施後もこの方針が実施されることはなかった。屯田兵という、移住者とはいえ定住意思を持つ「郷土兵」による防衛態勢をとった北海道や、現地徴集の兵で警備隊を編成した対馬とも異なり、郷土部隊形成を通じて国家意識・国防意識を育成するという方針は沖縄では採用されず、第六師団隷下各歩兵連隊からの交代制分遣がしばらく続いた。

以下にあげる山県有朋の巡視報告は、このように沖縄だけを例外的に扱うことになった背景を生み出したのではないか、すなわち沖縄に対する警備隊条例の適用見送りを左右したのではないかと考えられる。同じ一八八六年、明治・大正期を通じて陸軍の最有力者だった山県は、内務大臣として沖縄と五島列島、対馬などを視察し、復命書を提出しているが、そこには当時の明治政権の沖縄に対する位置づけや沖縄観が見て取れる。[29]それによれば、沖縄は日本の南門として最重要地であり、それゆえに一個中隊の分遣隊が置かれたのだが、それは「固より以て南海海防の用に供するの目的に非ず。畢竟士族の情状、従来日清両属の病を抱き置県の一挙を非議し人心を慫慂煽動し一時騒然たる情状を喚起せしを、以て本島の民心を鎮撫するが為め若干の兵を派遣」したのだと、当時の沖縄派遣隊の任務が明瞭に語られている。そして、「数百年来の習慣依然として置県の今日に存」し、「数十人脱して清国に入」る状況では「此の如き人民をして我要地たる南門の守護たらしめんとするは方今に在て決して行ふ可からさるは論を誤たず」として、内国（日本）化が進んでいない現状では沖縄人自身による沖縄の防衛などありえないと言い切っている。

ただし、このことは沖縄への徴兵制導入を退けたことを意味するわけではない。沖縄の壮丁は、「常に各鎮台に分派し」たうえで馴致させ、両属の観念が薄れた時点で、「一団隊の常備兵を編制」させればよしとも述べている。沖縄出身兵を同一部隊に集中させることなく他県の各師団・連隊に分散させる方針は、この時点で見通しが示され、こうした考え方は、「一団隊の常備兵」に行き着くことなく、日本陸軍史の全時期を通じて保持され続けたのである。

2 日清戦争から徴兵制の施行へ

日清戦争と沖縄

沖縄史における日清戦争は主として、琉球併合後に生じた日本からの独立派と日本に期待する政治勢力との対抗が終息する過程として、政治史的に位置づけられてきた。ここでは狭義の軍事的観点に限定して考察する。

一八九四年（明治二十七年）七月二十三日、日本は朝鮮王宮を占領し、事実上清との開戦になった。これに先立つ七月十九日、参謀本部は第六師団の動員下令について、沖縄分遣隊は充員せずに沖縄に止めおくこと、分遣派遣による欠中隊を補充すべく新たに一個中隊を編成し連隊の動員体制を完成させることを内訓した(30)。このため沖縄県の派遣部隊は、元の連隊の中隊番号を廃止として「分遣歩兵中隊」と称され、充員はされないまま戦時守備隊扱いとされた。

しかし、軍中央は平時編制同様の中隊兵力では沖縄守備兵力として不足だと認識していた。沖縄派遣中隊を戦時編制に充員する余力がないなかで、参謀本部が八月早々に命じたのは、沖縄県に転籍し寄留している他府県人から志願者を募り、百五十人以内（当時の平時一個歩兵中隊に相当）の兵力を分遣歩兵中隊の「助卒」として配属することだった。武器としては、スナイドル銃（旧式小銃）五百挺、実包十二万五千発を配賦し、給与、慰労金、死傷手当などを支払う案も作成されていた(31)。実施にあたっては「同県民情の如何を顧慮し必要と認むる場合に召募可致」、沖縄県知事と協議して判断とあり、現実には実行されなかったが、日清戦争の開戦時点で軍部が沖縄県民の動向に非常な警戒心を抱いていたことが見て取れるだろう(32)。

このときの警戒心や不信が、沖縄認識の底流として軍将校の脳裏に刻まれたことは、日清戦争後に記された以下の海軍大尉の一文が腹蔵なく語っている。

「(愛国心)を欠く者は我軍隊に列するも唯に無用の者たる而已ならず国家の為めに最も嫌悪すべきものなり」。日清戦争が起こるや琉球人は清国に同情を寄せ「本邦人に接する頗る無状を極め動もすれば竹槍筵旗の乱を起さんとし頗る不穏の状ありしかは本邦人は悉く難を兵営に避け而め、警備として屯在せる兵数は僅かに一個中隊に過ぎざりしを以て、当時の守備隊長は頗る之れを苦慮せしも幸にして土民中皇国の大勝に帰せしを確知したる者ありて之を吹聴せしかば人心漸く定まり事なきを得たりと云ふ。誰れか彼等の無情を憤慨せざる者あらんや[33]」。(原文はカタカナ。括弧以外は引用者が意訳)

日清戦争時の作戦では、中城湾は下関条約によって日本に割譲された台湾の占領に向かう艦隊・輸送船の中継基地になった。講和交渉の準備に入った一八九五年(明治二十八年)一月初めから、早くも海軍は中城湾に桟橋、石炭貯蔵庫、給水施設を設置し始め、二百五十日と見積もられた施設建設工期を大幅に短縮し、講和締結(三月二十日に講和会議開始)後速やかに活用できるようにすることが命じられた[34]。琉球併合によって日本国家の最南端領土に組み入れられた沖縄は、南端がさらに延長される過程で攻略作戦の中継拠点として位置づけられたのである。現在に続く中城湾の軍事化は、日清戦争を起源とするのである。

中城湾での補給には、沖縄県庁の徴発行政が重要な役割を果たしていた。そのことは海軍参謀将校の「兵站部所要の糧秣に関しては沖縄県庁は実に非常の尽力をなせり。或は県属を各地に派して物品の集聚をなし、而して其の運搬より通船の傭入人夫の呼集等に至るまで、一も県庁の手を煩さゝるものなし。之か為め容易に欠乏の地に於て物品を集め得る抔、便宜を得しこと少からず[35]」という一文からも確認される。占領地でおこなうような、「欠乏の地に於て物品を集め得る」という出先行政権力による戦時徴発行政が展開されたのである。このように日清戦争時の沖縄は、日本国家への不服従、植民地確保のための軍事中継基地(加害の拠点)、そして占領地並みの徴発対象地域という複雑な性格を示していた。

沖縄分遣隊の撤退

一八九六年（明治二十九年）五月、参謀本部は沖縄分遣隊の召還、すなわち廃止の方針を打ち出した。「嘗て琉球の我版図たる事顕然たりし当時外国に対し其実を示し、又同島鎮圧の必要より分遣隊を置き、爾後引続き分遣被成候処、抑も該隊の派遣駐留は経理及教育上不便少からず。然るに台湾も我版図に帰したる今日の形勢にありては最早此不便を忍びて尚ほ分遣隊を駐留せしむる程の必要なしと認め」というのがその理由である。[36]「同島鎮圧」に始まった分遣隊の役割、および台湾領有後の沖縄の軍事的位置づけからの判断があからさまに語られている。分遣隊や衛戍病室は直ちに廃止され、沖縄は兵力が置かれないまれな地となった。

日清戦争後は、大軍拡がおこなわれた時期である。日清戦争前の陸軍の七個師団六万三千人体制は、日清戦争後、北海道第七師団など六個師団を新設したことで平時定員は十五万四千人に増大し、郷土部隊の筆頭的存在である師団隷下の歩兵連隊は、二十四個から四十八個に倍増した。そしてこの軍拡過程で、全国各地で兵営誘致運動が過熱していった。これは、戦争を通じた国民意識形成と郷土部隊意識の結合を通じて、陸軍部隊が地域に根を下ろしていく過程でもあった。[37]軍隊網が全国各地に張り巡らされるなかで、沖縄では、軍事力撤退という他地域とは著しく異なる方針がとられたのである。

沖縄分遣隊の撤退とほぼ同じ一八九六年三月、日本初の植民地駐留軍である台湾守備混成旅団が誕生した。[38]七六年から九六年までという異例の長期間沖縄で続いてきた交代分遣制は、全国各地の師団から派遣兵士を寄せ集めた大規模な集成制度として植民地台湾で再生し、さらに韓国（朝鮮）駐箚軍では師団単位の派遣交代制として、植民地支配に引き継がれたのである。

徴兵制の施行

時代はさかのぼるが、沖縄から最初の日本兵が生まれるのは、一八九〇年（明治二十三年）の教導団（下士官養成学校）生徒志願が契機だった。沖縄分遣隊で召募と志願者検査がおこなわれ、教導団卒業生は日清戦争に参加した。[39]日清講和後の九五年（明治二十八年）十月には六週間現役制が公布され、九六年一月に施行された。

日清戦争は近代日本初の本格的対外戦争であり、植民地帝国への出発点でもあったが、沖縄でも清国との関係を重視する旧士族の政治的主流に対し、日本国家への包摂を動かざる前提として沖縄の政治的・経済的近代化を志向する「開化派」が取って代わり、内地との一体化を目指す政策に転換し始める。内地化の皮切りの一つが徴兵制の施行だった。

前述のように北海道では一部地域で徴兵制が施行されていたが、一八九八年（明治三十一年）一月から全道施行となった。この九八年施行と時を同じくして残る徴兵制未施行地だった沖縄と小笠原でも徴兵令を実施することになり、植民地台湾以外の地ではすべて徴兵制が執行されることになった。徴兵制は、内地と外地を区別する指標として確立し、沖縄は、その点から見れば、「内地」に位置づけられたのである。

沖縄県への徴兵制施行の理由としては、陸軍省の公文書によれば、琉球藩を廃した時期の「去り難き事情」は「殆んど顧慮を要せざるに至り、且民政も明治二十九年より郡区制を施行し内地と稍其揆を同ふしたれば徴兵令を施行するの好機は此時にあり」と記されているように、兵事行政を担いうる日清戦争後の行政整備を挙げている。[40]

施行の理由にはもう一つ、九州の師団固有の背景があった。日清戦争後軍拡で九州地方は、第六に加え第十二師団が置かれ徴募区（師管）は二つに分割されたのだが、この二つの師管は「他の師管に比し人口寡少」につき「沖縄県に徴兵令を施行するは人口に対する徴集人員の平均を得せしむるに於ても亦必要」[41]という事情である。「沖縄警備隊区の壮丁は之を第六師団第十二師団及海軍諸兵に徴集す」[42]とし、沖縄の兵力資源に依存し、九州地域壮丁の過度の負担を回避したのである。沖縄の徴兵制実施は、旧慣温存政策から内地との一体化政策への転換の結果であるとともに、日清戦争後の軍拡に必要な兵力補塡地として沖縄が位置づけられたことを背景としていたわけである。

陸軍補充兵									徴集総数
歩兵	騎兵	砲兵	工兵	輜重兵	輜重輸卒	看護卒	近衛	小計	
									890
1,321								1,321	1,717 (26)
1,505								1,505	1,912 (7)
792	14	24	12	8	140	16		1,006	1,515 (16)
235	18	36	18	12	273	24		616	1,537 (5)
666	25	48	21	16	356			1,132	2,095
662	3	64	18	12	646			1,405	2,614
675	6	55	25	10	594		1	1,366	2,160
									2,670
									2,436
									2,319

表1　徴兵制実施初期における兵種別陸軍徴集表

	陸軍現役徴集数								
	歩兵	騎兵	砲兵	工兵	輜重兵	輜重輸卒	看護卒	近衛	小計
1898年（明治31年）	288								288
1899年（明治32年）	406								406
1900年（明治33年）	384								384
1901年（明治34年）	384								384
1902年（明治35年）	384								384
1903年（明治36年）									
1904年（明治37年）	384								384
1905年（明治38年）	412								412
1906年（明治39年）	384	6	12	6	4	70	8		490
1907年（明治40年）	384	6	12	6	3	480	9		900
1908年（明治41年）	432	9	18	9	6	450			924
1909年（明治42年）	725	9	45	22	23	366			1,190
1910年（明治43年）	690	9	43	32	18	146		3	941
1911年（明治44年）									
1912年（明治45年）									
1913年（大正2年）									

（出典：『全国徴兵表』各年〔防衛省防衛研究所〕。1898年から1902年分と徴集人員総数欄は『沖縄県統計書』各年版〔沖縄県〕の配置数と陸軍現役・補充兵徴集総数。両資料の数字は一致していない。10年は、『明治四十三年度　沖縄警備隊区徴募概況』〔防衛省防衛研究所〕掲載の配賦数であり、徴集実数ではないが参考までに掲載した。現役は実際の徴集数と近似値を示すと思われる。なお、このほかに海軍現役14人、海軍補充1人の配賦があった。）

備考：徴集総数（　）内は近衛兵の徴集数で内数。1910年の現役配賦数を除いて現役・補充の区別は不明のため、現役・補充数の欄には近衛兵数は反映されていない。04年からより近衛兵としての徴集がおこなわれ、近衛歩兵のほか、近衛騎兵を含む。06年から全兵種にわたる徴集となる。輜重輸卒欄は、一部の年につき砲兵助卒・砲兵輸卒を含む。06年の現役輜重輸卒欄のうち、30人が砲兵輸卒、補充兵では140人のうち60人が砲兵輸卒。また、09年の輜重輸卒では、現役・補充を含めて、砲兵助卒208人、砲兵輸卒222人を含み、10年では砲兵輸卒41人（現役・補充計年）を含む。出典は県統計

ただし、沖縄の徴兵制は、これも異例だが、陸軍の兵種としては歩兵に限定して開始された（表1）。騎兵・工兵・砲兵などへの適応性が懸念されたと思われる。入営先としては、沖縄徴兵制の検討過程で、鹿児島の第四十五歩兵連隊に集合的に入営させる案も考慮されたが、予備・後備兵動員の効率性の見地から採用されなかった。戦時の動員令に対して沖縄という遠隔地から召集するリスクを考慮すれば、特定の部隊への沖縄兵の集中は避けるべしという軍事行政的判断である。[43]

こうした方針の結果、一九〇〇年から〇二年（明治三十三―三十五年）の間は、九州の二個師団隷下の八歩兵連隊に四十八人ずつ均等に沖縄からの兵を配置することになった。[44] 沖縄兵を集中させないよう徹底的な分散化がおこなわれていたのである。

なお、徴兵制開始時点では、「宮古八重山二郡に於ける人頭税の賦課を受くる者」のうち「従来の産業を維持すること能はざる者」を対象とする免除特例が置かれた。[45]

一八九八年四月、沖縄警備隊区司令部条例が施行され、司令部は那覇区に置かれた。[46] 警備隊区司令部とはいえ、対応する警備隊の配備はなく、司令官（少佐あるいは大尉）ほか十人程度の徴兵・召集事務実施機関である。司令官は、第六師団長の隷下に置かれたが、徴集兵の振り分けは九州全域と変則的だった。この変則的徴集を合理化するために、他の県同様に連隊区司令部を設置するのでもなく、沖縄県を特定の連隊区に付属させるのでもなく、対馬のような島嶼と位置づけて独立した警備隊区（徴集区）を設置したものと考えられる。数年後、一九〇三年の陸軍補充条例改正で、連隊区司令官と称する場合、対馬警備隊区司令官と沖縄警備隊区司令官を含むと規定され、[47] 島嶼部の徴兵事務組織としては、対馬と沖縄だけが、連隊区司令部に準じる特別な機関として位置づけられた。

以上で述べてきた沖縄の徴兵制の特色をここでまとめておこう。陸軍の管区表によれば、通常、各歩兵連隊は、それぞれ定められた連隊区から兵を徴集し、歩兵以外の兵種は、各師管（師団の徴募区）のなかから徴集する仕組みである。壮丁が不足した北海道第七師団のように人口が多いほかの師管の徴集者を割り振られる場合もあったが、この時代、師管区内での徴集が基本原則だった。例外が沖縄である。沖縄の徴集兵は、徴兵制施行早々に歩兵大隊一個程度を充足できる数に達していたが、沖縄地域はおろか、第六師団隷下の歩兵連隊や警備隊に集団的に配当されるわけでもなく、第六師管の範囲さえも超えて九州各地の部隊に分散的に入営させられた。つまり、本土と同様の徴兵制は沖縄には適用されなかったのである。徴兵制の有無が内地と外地を分けたのに対し、徴兵制の実施形態での分断線が内地と沖縄の間に引かれていた。地域の安全保障から切り離されて他県への兵力補給地と位置づけられていたことが沖縄の徴兵制の特色であり、のちの植民地徴兵制にそのまま応用されたといえ、加えて、地ならし的な志願兵制から徴兵制に段階的に展開した徴兵制施行手順[48]も、植民地の展開に類似していた。

このように沖縄出身兵を地元に置かないことを基本方針とすれば、他県の出身兵を沖縄に配備することも難しくなるだろう。常設部隊を前提とした防衛計画も立案しようがなかった。その結果、沖縄には、少数の徴兵事務組織しか存在せず、整備されつつあった日本帝国の軍事環境のなかにあって非常にまれな、きわめて弱い軍事空間が継続することになった。

日本国家による兵役への拒否

徴兵制実施後、沖縄では毎年三百人から四百人の現役兵が選抜され、在営在艦の現役兵総数は、常時千人程度を数えるようになっていった（表2）。表3の壮丁数、徴兵検査受験者数と合わせてみると、日露戦争前の場合は、大まかに見て一〇パーセント弱の現役率だった。徴兵制実施によって、常設部隊がない沖縄社会でも徴兵や召集に関する軍事行政・軍関連行事が日常化し、入営者の送別、満期退営後の歓迎、慰労金を支給する軍人優待会が郡ごとに設置されていった。日露戦争前、すなわち徴兵制施行初期の壮丁の受験率はかなり高い水準を示していた。

しかし、表3に見る壮丁の不就学率（不就学率を同化教育への接触度の指標と想定している）の高さなど日本国家への忠誠心を調達する社会的装置による教化が効果を見ていない段階での徴兵制の実施には、施行早々から徴兵

表2　沖縄県陸海軍現役兵・予後備兵数推移

	現役				陸軍予後備兵	
	在営在艦者	陸軍現役当選者	海軍現役当選者	陸軍現役卒	陸軍予備兵	陸軍後備兵
1890年（明治23年）	6					
1891年（明治24年）	27					
1892年（明治25年）	27					
1893年（明治26年）	32（33）					
1894年（明治27年）	39					
1895年（明治28年）	39					
1896年（明治29年）	47					
1897年（明治30年）	42					
1898年（明治31年）	315	203	58	202	6	7
1899年（明治32年）	662	285	50	428	5	9
1900年（明治33年）	1,021	398	10	895	22	19
1901年（明治34年）	937	394	13	929	266	25
1902年（明治35年）	949	378	0	1,024	620	18
1903年（明治36年）	1,159	388	26	1,060	912	28
1904年（明治37年）	2,286	442	49	1,260	973	44
1905年（明治38年）	2,554	415	—	1,461	999	90
1906年（明治39年）	1,311	507	16	1,241	1,262	363
1907年（明治40年）	1,368	947	14	1,546	1,237	624
1908年（明治41年）		940	13	1,749	1,508	797
1909年（明治42年）	＊2,313	1,261	12	2,158	2,112	1,153
1910年（明治43年）	2,068	974	14	2,585	2,384	1,274
1911年（明治44年）	2,305	815	8	2,755	3,036	1,670
1912年（明治45年）	2,416	1,113	14	2,796	3,567	2,191
1913年（大正2年）	1,887	985	10	2,822	4,106	2,381
1914年（大正3年）	2,310					

（出典：『沖縄県統計書』各年版〔明治26年から大正3年〕〔沖縄県〕から作成。＊は、『沖縄縣勢要略』〔沖縄県、1910年〕の陸海軍現役合計）

備考：1）1890年から92年分は、明治26年版掲載の数字。1893年の数字は、明治26年版と明治27年版で異なるため

2）在営在艦者は、資料表記としては「陸海軍在営艦者」。この数字は、「出入人口」欄に記載されていたもの

3）予備役・後備役欄は、士官まで含めた数

忌避が懸念された。第六憲兵隊の調査報告書では、忌避の動きは少ないが、「徴兵規避《(ママ)》の為め清国へ脱かれんと」する例や中頭郡《なかがみぐん》で「兵役を恐怖する者稍々多数[49]」いることに注目している。徴兵開始翌年の一八九九年（明治三十二年）四月の沖縄県内訓にも、「昨年喜屋武知念本部三間切の如く十数の逃亡又は代人受験の如き不正の所為者を輩出[50]」と記されている。日清戦争後の軍拡によって現役率は日清戦争前の約二倍に増えていて、本土の現役比率が二、三パーセントから始まったのに対し、沖縄は最初から海軍現役を含めて七、八パーセント程度の水準から始まった[51]。最初から一〇パーセント近い現役当選率だったわけで、それが徴兵検査への不安を高めたのは当然だったともいえる。そして、この徴兵制の実施が、琉球王国廃滅から続いてきた士族層の脱清救国の政治的動きと兵役拒否を結び付け、脱清救国運動は兵役義務、すなわち日本の軍事力の一翼を担うことへの拒否の表現、という新たなそして重要な性格を持つことになる。

徴兵忌避・所在不明（逃亡）は告発件数から見ると、壮丁数全体の一、二パーセント程度[52]である。逃亡失踪数が毎年四千人から六千人超だった全国の徴兵忌避状況[53]から判断して沖縄の忌避者が特に多いとは思われない[54]が、琉球併合にあらがう救国・抗日運動と結び付いた政治的色彩が強い点が、徴兵制初期からの沖縄の徴兵忌避の際立った特徴だった。一九〇〇年の告発件数の急増（前年十八件から九十件に上昇）は、義和団事件への出兵に対する反応、すなわち沖縄の人々の清国認識と関連していたと推定される。日露戦争期にも忌避が急増するがその背景にも、日清戦争の復讐戦としてロシアの勝利を願う「黒頑派」の活動[55]が旧士族青年層の意識に影響していた可能性もあるだろう。

脱清（清国への亡命）による徴兵忌避の組織的活動や規模は、徴兵制施行二、三年目である一八九九年、一九〇〇年の奈良原繁・沖縄県知事の取り締まり要請によって明らかになっていく[56]。一八九九年六月の桂太郎・陸軍大臣宛の上申で奈良原は、脱清者の一党は、現役徴集いかんにかかわらず徴兵制度そのものに「疑懼の念を懐き子弟を慫慂して失踪を企図し清国へ脱走せし」め、「県治上甚だ困難」につき、失踪者名簿を送るので福州あたりに潜伏している者たちを「逮捕護送」してほしいと要請している。添付された名簿に記載されているのは、本

		外国在留による徴兵延期					故なく検査に出頭せざる者			
受験人員	受験率	沖縄1	沖縄 2	比率	全国	比率	沖縄	比率	全国	比率
		899	682							
		1,601	733							
		2,323	756							
		2,582					259			
476,498	80.3	2,790		31.64	32,374	5.46	646	7.33	2,428	0.41
491,797	80.6	2,915		30.67	32,263	5.29	681	7.16	2,477	0.41
508,397	80.7	3,208		32.24	33,027	5.24	753	7.57	2,688	0.43
492,651	80.1	2,984	332	33.48	32,236	5.24	921	10.33	3,065	0.5
524,527	82.2	3,285	501	33.93	33,220	5.21	930	9.6	3,107	0.49
554,513	84.1	3,677	530	34.5	35,051	5.32	983	9.22	3,043	0.46
558,091	85.1	4,162	469	38.25	36,856	5.62	913	8.39	2,629	0.4
554,273	86.1	4,486	402	38.81	38,249	5.95	942	8.15	2,645	0.41
531,842	86.5	4,955	500	40.89	39,787	6.47	937	7.73	2,487	0.41
521,991	86.3	5,018	395	41.78	38,861	6.43	997	8.3	2,555	0.42
521,254	86.3	4,926	479	40.89	36,944	6.12	1,054	8.75	2,605	0.43
581,307	86.7	4,944	522	40.36	35,769	5.33	1,021	8.33	2,466	0.37
568,796	82.6	5,372	738	41.72	35,733	5.19	546	4.24	1,727	0.25
585,819	81.2	5,700	700	45.13	37,328	6.01	824	6.52	1,787	0.29
595,505	79.6	6,676		50.12	39,941	5.34	603	4.53	1,570	0.21
619,146	79.1	7,240	851	52.81	42,388	5.42	688	5.02	1,623	0.21
621,844	78.8	7,968	962	54.3	44,856	7.21	663	4.52	1,629	0.26
631,099	78.2	8,564	845	54.13	47,208	5.85	664	4.07	1,457	0.18
641,969	77.7	8,886	890	52.07	49,131	7.65	789	4.62	1,693	0.26
629,779	76.7	9,472	960	57.67	51,722	6.30	702	4.27	1,582	0.19
629,829	76.6	9,912	1,077	56.24	53,819	6.54	501	2.84	1,489	0.18

表ではやや数が多い傾向がある教育調査の数字を掲載。ただし、1898年から1900年は身幹調査数
6）1898年から1900年の受験者数は、県統計書に記載がないため、『日本帝国統計年鑑』（第19回から第21回）の沖縄県壮丁に対する身幹別調査者数を掲載
7）受験率は、受験者÷壮丁総計で算出した。ただし、1898、99両年の母数は当年適齢者。全国欄は原統計どおり
8）不就学率は、まったく読み書きができない者とやや読み書きができる者の合計を受験者数で除した数値。尋常小学中途退学程度や読み書きができる者は含まない
9）外国在留による徴兵延期者中、沖縄1は壮丁全体、沖縄2は満20歳の新規延期処分者数。
10）比率欄は、誤植と思われる沖縄関係の一部を補整したが、基本的に陸軍原資料の数値を掲載
11）昭和期は本文とは直接関わらないが、全国平均との比較という形で、沖縄県徴兵制の特色を長期的に見通す参考として作成・掲載した

表3　戦前沖縄県徴兵検査関係表

	沖縄県壮丁数						全国壮丁数		
	当年適齢者	前年仮決者	壮丁総計	受験者	受験率	不就学率	当年適齢者	前年仮決者	壮丁総計
1898年（明治31年）	3,899		＊2,790	3,717	95.3				
1899年（明治32年）	3,998	119	＊2,877	3,854	96.4				
1900年（明治33年）	4,626	93	4,796	4,554	95.0				
1901年（明治34年）	4,726	192	4,973	4,648	93.5	80.2			
1902年（明治35年）	4,251	267	4,390	4,305	98.1	76.4			
1903年（明治36年）	4,473	142	4,228	3,756	88.8	73.4			
1904年（明治37年）	4,348	388	4,962	4,477	90.2	71.2			
1905年（明治38年）	3,907	523	4,439	3,807	85.8	62.6			
1906年（明治39年）	4,230	689	4,773	3,977	83.3	55.9			
1907年（明治40年）	3,889	799	4,680	3,262	69.7	51.7			
1908年（明治41年）	4,632	1,545	5,796	3,785	65.3	39.1			
1909年（明治42年）	5,341	2,196	7,804	4,820	61.8	38.6			
1910年（明治43年）	4,385	3,187	7,724	4,357	56.4	41.0			
1911年（明治44年）	4,896	3,450	＊7,845	4,523	＊57.7	29.2			
1912年（明治45年）	5,063	3,910	9,171	5,344	58.3	34.8			
1913年（大正2年）	4,629	3,640	8,369	4,390	52.5	26.4			
1914年（大正3年）				5,454		31.9			
1916年（大正5年）	4,960	3,857	8,817	4,941	56.0	30.0	484,181	109,196	593,377
1917年（大正6年）	5,534	3,972	9,506	5,463	57.5	33.4	502,912	106,978	609,890
1918年（大正7年）	5,848	4,103	9,951	5,442	54.7	32.9	522,653	107,640	630,293
1919年（大正8年）	4,546	4,368	8,914	4,268	47.9	32.3	504,762	110,296	615,058
1920年（大正9年）	5,259	4,424	9,683	4,924	50.9	21.1	528,378	109,470	637,848
1921年（大正10年）	6,159	4,499	10,658	5,720	53.7	21.2	557,764	101,307	659,071
1922年（大正11年）	5,671	5,210	10,881	5,505	50.6	9.9	560,628	95,000	655,628
1923年（大正12年）	6,126	5,433	11,559	5,879	50.9	10.2	558,130	85,302	643,432
1924年（大正13年）	6,400	5,719	12,119	5,962	49.2	9.7	537,357	77,407	614,764
1925年（大正14年）	5,895	6,116	12,011	5,573	46.4	8.7	531,062	73,495	604,557
1926年（大正15年）	5,877	6,171	12,048	5,339	44.3	8.2	534,355	69,454	603,809
1927年（昭和2年）	6,054	6,197	12,251	5,510	45.0	6.9	597,012	75,354	670,366
1928年（昭和3年）	6,599	6,279	12,878	5,681	44.1	5.8	612,444	76,443	688,887
1929年（昭和4年）	6,262	6,369	12,631	5,412	42.8	9.9	626,141	94,984	721,125
1930年（昭和5年）	6,320	7,001	13,321	5,313	39.9	5.4	631,882	116,092	747,974
1931年（昭和6年）	5,957	7,753	13,710	5,033	36.7	7.7	649,859	132,955	782,814
1932年（昭和7年）	6,284	8,383	14,667	5,278	36.0	3.1	647,110	142,281	789,391
1933年（昭和8年）	6,733	9,086	15,819	5,874	37.1	2.6	655,771	151,272	807,043
1934年（昭和9年）	7,365	9,701	17,066	6,533	38.3	2.9	668,800	157,262	826,062
1935年（昭和10年）	6,237	10,188	16,425	5,243	31.9	2.4	659,522	161,995	821,517
1936年（昭和11年）	7,018	10,607	17,625	5,913	33.5	7.0	658,433	163,967	822,400
1937年（昭和12年）				6,240					

注：1）1914年まで『沖縄縣統計書』各年版（沖縄県）、11年までの当年適齢者は、年齢別本籍人口欄で満20歳になる男子年齢層の人口なので、厳密な壮丁適齢者数とは若干のズレがある。07年から10年の外国在留、ゆえなく出頭せざる者などの数字は、堀吉彦「沖縄警備隊区徴兵事務視察報告」と『明治四十三年度　沖縄警備隊区徴募概況』（防衛省防衛研究所）から

2）1911年までの前年仮決者は前年度徴集延期猶予人員。12・13年は、前年送り壮丁数

3）1911年の壮丁総数は、島尻郡を含んでいない。また、壮丁数の元数字は、5,657人だが、小計を合わせた数字と合わないので小計の合計に補整したうえで、島尻郡の教育調査数を加えた。03年の壮丁数は、原資料どおり

4）1916年以降は、「徴兵事務摘要」各年版（防衛省防衛研究所）と『陸軍省統計年報』各年版（陸軍省）、37年度は『沖縄縣勢要覧』1939年版

5）受験者は、身幹尺度検査者数、教育程度調査者数があり、明治期では若干のズレがある。本

部間切十九人（うち士族十三人）、那覇区三人（全員士族）、首里二人（全員士族）、久米島一人（平民）、計二十五人の壮丁であった。事柄の性格上、外務省をも巻き込み、桂陸相も「同県に於ける将来の徴兵上少からざる関係も有之」と認識していた。沖縄県からの陸軍宛詮議要請はその後も継続し、七月には、大宜味《おおぎみ》間切からの徴兵忌避逃亡者である三人の士族氏名を上申している。同年九月の福州日本領事館からの青木周蔵外務大臣への報告によれば、徴兵忌避者は二十九人（うち一人病死）で、大方はすでに清国に入籍している者たちが管理する琉球館に「潜伏」していると見られ(57)、琉球王国廃滅後の第一世代の政治運動と壮丁年齢にある第二世代の徴兵忌避が結び付き、かつ平民をも巻き込み、沖縄での徴兵制の施行に鋭く対立していたことが見て取れる。脱清徴兵忌避者数は、初期壮丁数の一パーセント前後だが、亡命による国境を超えた公然たる政治運動としての徴兵忌避は徴兵忌避の歴史のなかでも類例がなく、日本の行政の出先機関としての沖縄県、陸軍省、外務省は、一体となった対応を求められていた。

3　日露戦争・戦後軍拡と本部《もとぶ》事件

日露戦争期の徴集と動員

日露戦争中の一九〇四年（明治三十七年）の在営在艦者数は、開戦前の約二倍の二千二百八十六人、翌〇五年は二千五百五十四人であり（表2）、沖縄県からの日露戦争従軍者は海軍や近衛師団を含めて「三八六二名」とされている(58)。在営在艦継続による重複を除く従軍実数はこの数字になるのだろう。当時の当年適齢者数（表3）に匹敵する。現役兵が千数百人、予後備兵が千人あまり、あとはほとんど訓練されていない補充兵役だったと思われる。補充歩兵は一挙に増え（表1。壮丁の動員率は四〇パーセント程度に跳ね上がったと推定される）、いったん戦時となれば、これら未教育の補充兵も、蓄積し始めた予備兵（表2）も、容赦なく戦場に引き出されることが明白になった。徴兵制施行からわずか七、八年で経験した沖縄の人々の衝撃的な戦時・戦場体験であり、日本国家が引き起こした戦争に突然のように巻き込まれる体験は、琉球併合の意味を端的に物語っていた(59)。

これら多数の出征は、沖縄の人々の軍事に対する考え方に多大な影響を与えざるをえなかった。一九〇六年六月、佐世保鎮守府兵事官は海軍志願兵検査巡回報告として沖縄への戦争の影響をこう報告している。

本戦役結果の影響する所特に多大なりしは沖縄県とす。元来仝県の頑迷党は近来に至る迄で尚清国を恋想するもの多く、特に兵役を忌避し一、二年前までは徴兵停年に至れば密に清国福州邉に逃亡するもの二、三十人に及べる事あり。又今戦役中にも国債募集等に頑として応ぜざりしのみならず、其他兵事会等に於て諸寄付金等の募集に勿論応ずる事なかりしもの山奥の村落等に部落をなして多かりしに、斯かる村落より今回の戦役に従事したるものが凱旋するに当たり本県に於て成せる盛大なる歓迎は大に此等頑迷者を覚醒し、寧ろ斯る凱旋者の無上の名誉を羨望するに至りたるもの丶如く、殊に是等の凱旋者が永く外に在りて呼吸したる新空気を大気焰を以て吐露するの結果、大に是等頑迷者の迷夢を解くに至り、今は却て自ら進んで兵事会等の諸事に斡旋の労を採らんとするに至れり。加之ならず例の頑迷なる恋清派も近来大に日本帝国の版図たる地位に安んずるに至り(60)(略)

二百五人といわれる沖縄社会で例がない大量の「戦死者」の発生は、軍人優待会や愛国婦人会を動員した地域ぐるみの葬儀や招魂祭を形成させた(61)。動員と犠牲を通じて、沖縄社会は日本国家と否応なく向き合わざるをえなくなったが、同時にそれは一方で軍事組織・軍事思想の形成につながり、他方で大量の戦死・傷痍者を生まざるをえない軍隊と戦争の現実を、慣らし期間もなく衝撃的なものとして突き付けた。

日露戦争後の徴兵数の急増

日露戦争後の陸軍常設師団六個増設で、九州地域は、第六（熊本）、第十二（小倉）両師団に加えて、第十八師団（久留米）が設置され（沖縄からの徴集兵は、一九〇七年〔明治四十年〕から三師団に分割入営）、さらに一九〇七年から歩兵の二年在営制（二年間の在営後一年間帰休。定員は維持されたので師団当たりの徴集数は一・五倍に）実施が始まった。このため増設部隊も含めて部隊定員を維持すべく表2のように同年から陸軍現役徴集人員は従来の約二倍に急増、現役徴集率は徴兵制施行後わずか十年のうちに壮丁総数の二〇パーセント程度まで跳ね上がった。沖縄県の場合、表1のように〇六年の徴集から陸軍の全兵種にわたって徴集がおこなわれるようになったこともあり、現役在営三カ月間の輜重輸卒《しちょうゆそつ》（輜重兵の監督の下で武器弾薬・糧食を輸送した下級兵）の徴集が現役総数を押し上げた。〇七年の全国各師団現役徴集結果では、輜重輸卒は平均して現役総数の八分の一であり（歩兵は七〇パーセント弱）、沖縄の現役兵種の分布がいかに特異かがわかる。[62] 九州の各師団は、配賦（徴集人員の割り当て）の均等制を度外視して沖縄に兵站労働力の供給を期待したと思われる。

一九〇八年の徴兵検査では、沖縄警備隊区に配賦された徴集人員に対し、輜重輸卒の要員が大量に不足したことが第六師管内で問題になり、この第六師管「陸軍補充兵輜重輸卒二百五名の不足」問題は、「明治四十一年全国徴兵概況」[63] でも特記された。輜重輸卒補充兵の不足は、歩兵補充兵が再び大幅増になったことに起因する（表1）。

要員不足は翌年にはさらに深刻化した。一九〇九年七月、第六師団長は、陸軍大臣に対し「沖縄警備隊区内に於ては歩兵補充兵に三六、輜重輸卒補充兵に五一五の不足を生じ」[64] と報告している。この年の沖縄警備隊区への配賦数（要求数）は、現役歩兵七百三十四人、輜重輸卒三百六十六人、その他を合わせて計千百九十九人、補充兵は歩兵六百六十二人、輜重輸卒千百四十人、その他を合わせて計千八百九十九人であった。[65] 現役・補充ともに輜重輸卒の需要の高さはこの年も一貫している。これに対してこの年の徴集実績は、現役歩兵七百二十五人、輜重輸卒三百六十六人、その他を合わせて計千百九十人、補充兵は歩兵六百六十二人、輜重兵六百四十六人、その他を合わせて計千四百五人であった[66]。要員不足が問題になった前年の徴集実績と比べて、現役歩兵の約三百人増をはじめとして徴集総数が五百人以上も増えていて、合格者数を大幅に拡大させる徴兵検査がおこなわれたものと推測できるが、それでもなお、配賦数に大幅に満たなかった。

全国的な徴集状況を見ると、一九〇九年の現役歩兵徴集数・現役総徴集数は前年比でそれほど増えているわけではない。沖縄の徴集は需要の調整弁的役割を負わされ、現役徴集率二〇パーセント前後の全国的水準に急速に引き上げられていった[67]。なお、一九一二年度（明治四十五年度）の沖縄兵徴集計画から各師団の沖縄兵配置割合を算出すると、第六師団中の六パーセント、第十二師団中の一〇パーセント、第十八師団中の五パーセントを沖縄出身者が占めていたことになる[68]。

徴兵忌避の増加

日露戦争時に大量動員を経験して辛酸をなめた沖縄県民は一九〇九年から顕著になった徴兵強化に強く反発し、日露戦争後いったん下火になっていた徴兵忌避件数は増加の徴候を見せた。沖縄警備隊区司令部は「本管内に於ける壮丁の徴兵忌避に関し（略）県下到る所徴兵忌避の念慮旺盛にして甚だ寒心に堪へず」と冒頭に記した「明治四十二年　沖縄警備隊区徴兵検査概況」をまとめた。陸軍大臣はこの報告を受けて、「従来沖縄警備隊区に於ける壮丁は一般に徴兵忌避の念旺なると共に其の体格甚不良に有之候処、殊に本年の徴兵検査に於ては其の甚しきを加へ候様認られ候」として、内務大臣から沖縄県知事へのルート、および文部大臣から沖縄県学務行政へのルートの双方で「諸種の方法手段を講じて徴兵忌避を防遏」する対策、および教育の強化を要望した[69]。

この報告によれば、忌避の手段は「言語を詐偽し、身体を自傷して廃疾に陥らしむる等種々あり」とあるが、この範囲では、言語の問題を除けば、全国的な忌避の方法と特に違いはない。しかし、「島尻郡糸満町の壮丁総数七十三名の内合格者僅に五名にして其の他の者は悉く不合格者なり。其の不合格者中十三名は短寸者、四十八名は眼耳故障者、七名は他の疾病者なり。而して眼耳の故障者は悉く体格強壮者なること（略）」という報告から は、個人のレベルを超えた地域共同体ぐるみの徴兵忌避の方策が講じられていたのではないかという推測が成り立つ。「故意に不潔」を訴える皮膚病、「異臭鼻を衝」くほどの不潔の演出、徴兵除けの守札、徴兵忌避を地域内に公言したうえでの人差指の切断、警備隊区司令官に面会を求め「大和の役人は年々琉球の壮丁を兵隊として大和に連れ帰り戦争に於て皆殺して仕舞ふ故甚だ迷惑」と訴える女性、「自己の当籤に激し足踏み鳴らしつゝ席を蹴て立ち去」る結髪壮丁（この時期の結髪継続は、旧士族層による日本支配への社会的抗議の意思表示である）、合格を嫌って涙し顔色を変え「且つ親族婦人中には号泣せしものを見受け」る徴兵署風景、「毎年入営新兵那覇港出帆の際は見送り人港辺に雲集して頗る雑踏を極め婦人老爺中には悲哀なる歌を唱へ（略）」など、徴兵忌避は個人や家族の問題を超えて、沖縄社会を広く覆った意識であり、国民的兵役義務観念とはほど遠い、日本の支配に対する反発が反映されたものだった。徴兵強化は、当時の新規租税制度実施への不満などと相まって、琉球併合への反発を基底に、脱清救国運動と脱清徴兵忌避を通じて継続してきた反日本《ヤマト》意識を、生活と生命の根底に関わる地平からさらに広く掘り起こそうとしていた。

沖縄では一八九九年から一九〇三年に実施された土地整理事業によって、土地所有権と納税主体が確立され、新たな租税制度が実施されることになった。従来は地域共同体が所有していた土地は地割制（村民の均等利用などを目的とした土地の割替制度）によって各戸が利用していたが、その地割配分に基づいて、新たに土地の私的所有が認定された。その結果、約八万戸の農家総数（全戸数の七、八〇パーセントを占める）のうち七〇パーセント程度が自作農となったものの、農家の五〇パーセント以上が耕地規模五反（約五千平方メートル）未満の零細自作農であるという、地主小作制が広く形成された本土社会とは大変異なる小経営中心の農村社会が誕生した。しかも、大半の農家はサトウキビ生産に携わっており、製糖農家数は四万から五万戸に達したが、家族経営による甘藷栽培と黒糖製造が主体だったため、経営が困難になると、所有地と経営の維持のために移民や出稼ぎ労働を余儀なくされるという経済構造となった。

特に、土地整理事業が終わったばかりの日露戦争時と戦後の沖縄農村では、干魃などの影響で、農業経営は危機に陥っていて、税金を滞納するケースが増えていた。旧慣の撤廃と土地整理事業の遂行という沖縄社会の近代化政策は、凶作にあえぐ農家に対し、一方で納税を、他方で貴重な青年労働力を兵役によって長期的に奪う仕掛けとして現れたのである。

では、沖縄の人々はどのようにこの生存の危機を切り抜けようとしたのか。その方策の一つが、土地整理事業によって移動の自由が保障されたことで可能になった海外移民だった。沖縄の海外移民件数は、日露戦争の頃に急増したが、それは徴兵検査対象の壮丁層を巻き込んでいった。表3の二十歳徴兵延期者数と当年適齢者数を比べると、満二十歳壮丁のうち一四パーセントから一七パーセントが外国在留による徴兵延期という事態になっていた。徴兵処分延期となった壮丁の多くが戻らないことで、徴兵猶予（延期）者が飛躍的に累積していった。外国にいることを理由とする徴兵猶予期間は満三十二歳までであり、その年齢を過ぎた帰朝者は、そのまま国民兵役編入、すなわち兵役免除に近い措置となる。日露戦争後は、全国的に海外在留による徴兵猶予者が増えた時期であり、日露戦争前から日露戦争中に二千人から三千人台を推移した適齢者（満二十歳）の猶予者は、一九〇七年から〇九年までの三年間は五千人から六千人台のピークをなした。(70)こうした趨勢のなかでも沖縄の満二十歳での徴兵猶予者数は、全国比で十数パーセントと際立って高い比重を示している。全国壮丁数（当年適齢者）に対する割合が一パーセント程度の沖縄県壮丁（表3）のなかから、このように多数の外国在留による徴兵猶予者が生まれ、さらにそのまま外国での長期滞在につながる展開になっていったのである。表3が示す徴兵検査受験率の急落の最大の原因は、壮丁総数の三〇パーセントにも達した外国在留者の急増にあった。政治的系譜を持つ抗日・反日的な徴兵忌避や前記で触れた身体毀損などによる明確な徴兵忌避の意思表示に加え、兵役義務期間に、海外で労働・生活する大量の一群が創出される、これが日露戦争後の沖縄の徴兵制度をめぐる特徴だった。後者を徴兵忌避と位置づけるか否かは別として、沖縄の壮丁層の何十パーセントかが、日本に対する国家意識・国防観念から遠いところにあったことは間違いないだろう。(71)

本部《もとぶ》事件

このような状況を背景として、一九一〇年（明治四十三年）五月十八日、国頭郡本部《もとぶ》徴兵署で、徴兵忌避嫌疑に端を発した騒擾事件である本部事件が発生した。徴兵検査の過程で関節の屈曲状態を徴兵忌避のための偽装と疑われた壮丁が、麻酔薬を嗅がされ昏睡状態のなかで関節の検査をされたことに起因したもので、それを目撃した親族が徴兵官と警察官に抗議し、それに対し徴兵官が抜刀を持って対処したことも興奮を煽って検査場付近に居合わせた二百余人の群衆の怒りを呼び込み、医官を含む検査官への騒擾的抗議に発展した。検察と徴兵官は厳罰をもって臨み、二十三人が起訴され、二十一人が騒擾と徴兵忌避によって懲役などの有罪判決になった。被告のほとんどは、旧士族の集住地帯である「国頭本部村旧称桃原部落居住の者にして同部落は沖縄県下に於ても特異の風習を有し強て時代の趨勢に逆らひ頑固其性を為し且つ従来租税の賦課其他行政上の処分に対し部民団結の上反抗を為したる事一再ならず、殊に兵事思想乏しくして徴兵忌避者を出す事極めて多く(72)」、当局が特に問題視していた地域であった。

琉球王国の士族は、徳川政権下の日本と比べて層が分厚く、明治末の本籍族称別調査によれば、男子戸主の三〇パーセント弱が士族である。那覇や首里に多いのは当然だが、郡部でも層が厚い地域があり、一九〇三年（明治三十六年）の本部間切調査では男子士族戸主率は三二パーセントで、特に桃原《とうばる》地区（本区は行政区ではない）を含む謝花《じゃはな》村の場合、男子戸主の六〇パーセント弱が士族だった(73)。本部間切（一九〇七年より町村制実施で本部村）では、日露戦争後、税の滞納や間切税の徴収をめぐる紛争に加え、村長による村政紊乱に対する村内の対立が深刻化していたが、村長を追及する側の急先鋒に「桃原」住民、すなわち在村士族層の存在が指摘されていた(74)。

事件後、陸軍省は直ちに陸軍省軍務局堀吉彦（大尉）を沖縄に派遣し、堀は、六月十八日付で十八日間に及んだ調査結果として「沖縄警備隊区徴兵事務視察報告(75)」を提出した。

堀はこの報告書で、沖縄の徴兵忌避は本部事件のような士族的徴兵忌避と糸満的徴兵忌避の二つの系統に分類でき、「内地に於ける忌避とは大に其の性質を異にするものあり」と分析している。糸満に注目したのは、前年の沖縄警備隊区司令部報告に記された糸満での徴兵検査の状況（前述）が念頭にあったためと思われる。

士族的忌避は「支那崇拝の系統を有する頑固士族にして忌避者の大部は従来此の族より輩出」するが、これら忌避を続ける士族層は、沖縄士族のうちでも「屋取《やーどい》」と称される琉球王国時代に那覇や首里から地方へ移住して集住した士族層であり、「新政」を拒否するがゆえに兵役を忌避している。「単に徴兵上の忌避と言はんよりは寧ろ日本の政治を忌避するものと認むるを当れりとする」ものと、堀は位置づけている。政治的な兵役拒否の激しさは、現役兵決定後の人差指の切断や眼球毀傷という半ば公然たる徴兵拒否の意思表示として現れている。もう一つの糸満的忌避は、漁業者に多く、「経済上極端なる利己主義」を背景とし、付近の漁村に伝播しつつあると、堀はみている。この二つのうち士族的忌避は、教育と時勢の推移を通じて「煙滅すべき趨勢を有」し、現在は「過渡時代として甚しく憂ふるに足らざるべし」と、堀はやがて解決すると見越しているが、問題は「個人主義所謂糸満的忌避[76]」が「漸次蔓延の傾向を有」し警戒を要することだと指摘している。一九〇〇年代は、糸満追込網漁業の確立・発展期であり、数十人規模で毎年編成される漁撈組織が定着していった時期である。追込網は、糸満の地先を超えて、沖縄全県、奄美、さらに九州地域にも展開し、小学校卒業後六、七年で潜水や遊泳の熟練技術を習得した青年層は、年間六カ月から九カ月にも及ぶ長期操業にとって貴重な「戦力」だった[77]。糸満漁業の急激な発展と日露戦争後の軍拡、徴集人員の増加要求がぶつかったわけである。

こうした点で、堀の観察は、ほぼ的を射たものと思われる。つまり、日露戦争後の沖縄の徴兵忌避は、政治的徴兵忌避と沖縄の社会的基礎構造の転換を背景とする生活・生計の欲求からの忌避が交錯してピークを作り上げていたものと理解できるのである。

しかし、士族的忌避は必ずしも時間と教化によって解決したわけではなく、政治的措置を必要とした。事件後、沖縄県当局は本部村長に対し、予備将校の「帯剣を以て」「サーベル政治」を実施するなどの威圧をおこない（「琉球新報」一九一〇年七月二日付）、さらに桃原学区の校長人事にも介入した。「琉球新報」一九一〇年七月四日付「一骨生」の記事も、この人事は「桃原民威圧の武器」と評した(78)。

前掲の堀の分析をもう少し見ておこう。堀は、士族的徴兵忌避と糸満的徴兵忌避の背景をなす社会的条件や環境にも注目している。堀が挙げる沖縄の兵役忌避の特徴の第一は、造反者には制裁も辞さない、共同体ぐるみの忌避行為だったことである。これは士族部落だけでなく、糸満的共同体にもあてはまる傾向だったと思われる。第二は、家族ぐるみの忌避、特に親世代の国家思想（反日本《ヤマト》）が背景にある徴兵忌避であることだ。徴兵制が施行されてまだ十年程度の沖縄では、親世代には兵役を義務と捉える感覚はなく、本人よりも「寧ろ父兄の徴兵忌避」意識が強かった。第三は、「軍人の本務たる戦闘を嫌ひ深く死を忌むこと」である。戦世《いくさゆー》とそれに起因する死を忌む観念は、武力にまつわる沖縄の歴史的観念に深く根ざしていたことを陸軍士官も感じ取っていた。琉球王国時代の武力に頼らないという国是が徴兵制に抗する民衆意識に現れていたといえるだろう。第四は、本土での兵役の数年間は、家族と会うことなく遠い異境で過ごさせなければならなかったことである。近隣の郷土部隊に入営した本土の兵士と九州各地に配置された沖縄兵とではその点で心理的差異は大きい。沖縄に沖縄兵部隊として駐屯するのであれば、これほどの心理的抵抗感はなかっただろう。第五は軍隊内での沖縄出身兵に対する蔑視である。兵営内で他県出身の兵から差別的態度を示されたことは、実力主義に基づいた公平性が原則のはずの軍隊の実態との乖離として、軍隊不信の原因になっていた。ただしこの点についても、沖縄出身兵が分散配置されたことが差別を助長した側面があると思われる。内務班や中隊の各集団のなかで、言葉も名前も異質な圧倒的少数派（歩兵営では数パーセント）だった沖縄兵は、差別対象にされやすかったと推測される。これも沖縄兵部隊として集団的に組織されれば軽減できただろう。沖縄人の徴兵忌避は、沖縄（琉球）の歴史と、本土と沖縄の政治的・社会的関係、そして、沖縄出身兵の配置の仕方といった複数の要因から生じていたといえるだろう。

堀は外国への渡航者の増加と徴兵忌避の関係にも注目している。徴兵逃れの側面を示唆しながらも両者の関係分析には踏み込まずデータの提示にとどまっているが、徴兵忌避意識を持った徴兵年齢層の海外渡航・滞在は、軍側にとって憂慮すべき水準に達していたことは確かだった。堀の指摘を導きの糸として一九一〇年の徴兵猶予者のうち外国にいるせいでそうなった者の数は、総計二千五百八十二人で、地域別では、中頭郡《なかがみ》千二百六十七人、島尻郡《しまじり》七百二十八人、国頭郡《くにがみ》四百七十五人で、この三郡で計二千四百七十人と九六パーセントを占める。同年の各郡満二十歳男子である壮丁数に対する比率は、中頭郡一〇六パーセント、島尻郡六〇パーセント、国頭郡四八パーセントである。(79)この三郡壮丁の海外渡航率がいかに高かったかが見て取れるだろう。「明治四十三年徴兵事務摘要」によれば、海外在留による徴兵猶予率は、当時の移民県として知られた広島県・山口県・和歌山県をも上回って沖縄が全国第一位であった。(80)

沖縄の場合、逃亡失踪不明、あるいは在学による徴集延期率は平均以下だが、海外渡航と並んで「疾病其の他の事故に依り徴集延期者」の比率が八・四パーセントと全国平均一・九パーセントを大きく上回り、全国一位を示していることが特徴的である。(81)糸満的徴兵忌避に共通する特徴だと思われる。

以上の徴兵忌避をめぐる諸側面を総合すると、第一類型として士族層を中心とする抗日的な徴兵忌避を核とし、第二類型として、漁法の革新が進展していた漁業地帯を一つの軸とする「疾病其の他の事故に依り徴集延期者」が加わり、第三類型として農村地域では国境を超えて労働・雇用の場を求めて移民し、結果として徴兵を逃れる大量の壮丁が現れて、徴兵制度に対する消極的な態度を示していた。後二者は、この時期に成立しつつあった沖縄近代の農業・漁業の経営構造に起因する生活・生計欲求を背景とする点で共通性を示している。そして、三者相まって日本という国家との距離の置き方で独自の傾向を作り上げていた。

4　本土との制度的一体化時期の沖縄在郷兵と勤務演習事件

大正期沖縄の在郷兵

一九一八年（大正七年）六月の陸軍管区表の改正で沖縄警備隊区は沖縄連隊区と改称され、警備隊区司令部から沖縄連隊区司令部になった[82]。これは当時実施された一連の本土並み政策の一つとして位置づけられるだろう[83]。しかし、実はこの沖縄連隊区司令部は、陸軍軍縮の一環として一九二四年（大正十三年）三月に廃止統合が提案されている。多数の島嶼からなる沖縄連隊区の徴兵検査の困難性を考慮して廃止案は見送られたが、沖縄の徴兵制の軽重はこの経緯にも現れている[84]。

一九一四年（大正三年）一月、第六師団演習支隊が沖縄県に派遣され作業演習や実弾射撃演習・戦闘行軍などが実施された。『沖縄県治要覧』はこれを軍隊とその訓練を身近に見ることがない沖縄県民に対する「軍隊生活の一般を示」すデモンストレーションとして位置づけている。次いで一九年（大正八年）、沖縄の在郷歩兵に対する演習召集がおこなわれた。第六師団から現役兵一分隊が派遣されて指導がおこなわれ、沖縄県行政は、他県であれば日常風景だった「軍隊と県民との接触」に注目した[85]。

大正期は、「良兵即良民」という言葉が示すように、地域社会に及ぼす在郷軍人の影響力を陸軍が重視した時期だった。この考え方を受け在郷軍人教育を開始した沖縄連隊区司令部も、一九二二年（大正十一年）に沖縄県兵卒教育の参考資料として編纂された『沖縄県の歴史的関係及人情風俗』で、「在郷軍人は県民の中堅」と述べ、「県下各市町村の官公吏及議員等の要職にある者の約半数は在郷軍人にして最も多き町村にありては其七割を占むる」状況に注目し、「文化程度低き県民の他府県に出てたる者は即ち見聞博き新智識者にして特に二年間兵営生活をなしたる壮丁は帰郷後郷党に重きをなすは当然」であり、「在郷軍人の勢力は他府県のそれに優り国民中堅たるの実を挙ぐること比較的容易なり」と、在郷軍人の地域社会での役割に期待を示している。そのうえで、「軍隊教育の徹底と不徹底とは直ちに県開発上に影響すること大なるのみならす、惹て県民思想上に及ほす影響看過すへからさるものあり[86]」と結論するのだが、しかし軍のこうした期待の達成は困難だったことを示したのが、以下の事件であった。

一九二四年（大正十三年）八月、沖縄の在郷軍人五百人を対象とする沖縄勤務演習に際し、酒保（営内売店）販売日の飲酒から演習第二中隊の召集兵が高唱喧噪し、制止しようとした週番士官に抵抗し、その後投石、窓などの破壊の騒動に発展した。[87] 報告書によれば、「週番士官の厳格なる監視に対し嫌焉たらざるもの存したる」という。憲兵と中隊将校の出動で現場の混乱は治まり、ほぼ十日後に演習隊は召集解除となった。現場の部隊は首謀者がない騒乱であり計画性は認められないとして事を穏便に収めようとしたが、第六師団長は徹底捜査を命じ、十二月、「沖縄勤務演習隊召集兵多衆聚合暴行脅迫党与抗命、同上官暴行未遂被告事件」として那覇地裁検事に一等卒十人を送検した。送検の報告書の犯罪事実には、第二中隊だけではなく、「第一中隊の召集兵は銃剣を持ち応援に来り週番士官室に突撃と叫びて其雷同を煽動し」、あるいは「所属隊号不明なる不逞召集兵の一団は屋内の騒擾に和して屋外より週番士官室に投石するに至れり」などとある。おそらく現役時代から蓄積した兵営生活と日本軍上官への不満・反発が根底にあったと思われるが、それが些細な衝突から召集兵全体の騒擾に発展したところに当時の沖縄兵の兵役への不満の広さと深さが表れているだろう。問題の深刻さを認識していたからこそ、現地の将校たちは、穏便に収めようとしたものと思われる。

一九一二年（大正元年）、沖縄に衆議院議員選挙の参政権が付与され、一九年には定数が二人から五人に拡大された。さらに、二一年（大正十年）、町村制の特別制度が撤廃され、府県制や市町村制は他府県並みになった。法制上は他府県と沖縄との同一化が達成されたが、中央集権的国家体制に等しく組み込まれたということは、固有の言語と歴史認識を持つ沖縄人が、すべて「日本」基準で評価される圧力が強まったことでもあり、差別と同化をめぐる統治側と沖縄社会のせめぎ合いはより一層鋭く現れた。「騒擾」は、こうした背景と二四年前後から深刻化した黒糖相場暴落によって沖縄経済が不況に陥るという社会不安のなかで起こった。沖縄の在郷軍人を、模範的な日本国民とし、沖縄地域社会の中堅リーダーとして組織していくという陸軍が期待した青写真とは大きな距離があった。

徴兵の動向について、表3のデータに基づいて大正期を通観しておこう。外国在留による徴兵猶予者（猶予届提出者）は、毎年数百人規模で生まれ続け、その大半は長期滞在を続けて兵役に服することがなかったため、猶予総数は拡大し続けた。また、「故なき不参者」（所在不明者など）も全国平均よりはるかに高い比率を保ち続けた。このため受験率は五〇パーセント前後に低下し、全国平均受験率が大正期を通じて八〇パーセント台前半から後半へと緩やかに上昇したことと対比すると、特異な傾向を示したといえる。不就学率は、明治末から一貫して二〇パーセントから三〇パーセント台で推移し、この時期でも、壮丁年齢層には同化教育の効果をあまり期待できない状態だった。ただし、明確な徴兵忌避者の比率は大正期には全国平均とほぼ同じかやや低い状態であった。

沖縄における軍隊と地域

大正期の徴兵検査受験率に表れた全国平均とは大きな落差がある兵役意識は、どのような理由から生じたと考えられるだろうか。沖縄政策全般にわたる根深い要因があるのだろうが、軍事面に絞ってみると、「国民軍」意識が育たなかったことだろう。国民軍意識は、通常は徴兵制および戦時・平時を通じた軍隊と地域の密接な関係のなかで醸成されるものである。しかし、沖縄にあったのは徴兵制だけである。沖縄には、地域社会と一定の関係を結んでいる部隊は存在せず、現役部隊の演習はもとより一万人程度に達していたと思われる在郷軍人の勤務演習に触れる機会もまれで、軍隊が通常何をしているのかを普通の県民が実際に見る機会はほとんどなかった。また、大正期の戦争への出動に限っても、沖縄からは第一次世界大戦に三百七十一人、シベリア出兵に五百五十六人もの兵が出征しているのだが、[88]出征部隊の壮行会も帰国祝賀会もやりようがなかった。仮に凱旋者を帰郷後に歓迎するとしても、帰郷兵の所属部隊はまったくバラバラで分散していたため、戦死者追悼を含めて、戦場での記憶が地域共同体のなかで共有されるルートは狭かった。沖縄社会は、日本兵となった沖縄出身兵とは個々に結び付いていたが、日本軍という組織と結び付く紐帯は脆弱で、国民軍のイメージもその意義も入営・召集者以外は直に感じることはなかった。県レベルの領域で見れば、軍隊と地域の関係がこれほど疎遠な地域はほかにない。そのため、入営者と一般社会の軍隊観の落差は内地社会よりも格段に大きく、壮丁を持つ家族が軍隊と親和的関係を形成する契機は弱かった。また、郷土部隊が駐留していないので軍隊の消費などによる経済効果もなかったし、軍隊を地域防衛組織と認識する感覚も育ちにくかった。そのため、沖縄県行政と連隊区司令部がどれほど軍事行政を振興しても、家族や個々人の生活・生業《なりわい》意識のほうが、兵役観念よりも優先され続けた。

紙幅の都合で詳述できないが、基本的には軍隊に対するこのような民衆意識はこの時代以降も継続したと考えられる。

おわりに

琉球・沖縄の近代軍事史は、琉球処分から旧慣温存期までの長期にわたる占領軍（先遣隊と本格部隊）・治安維持軍の配置として始まった。西南戦争などの内戦を経験した地域でも、沖縄のように他地域出身兵で構成される治安維持軍（よそ者の部隊）が長期にわたって設置された例はなかった。併合地域への植民地型占領・治安維持機能を持った分遣交代型配備態勢が沖縄では続いた。軍事動員の側面から見れば、この治安軍の撤退と徴兵制施行によってはじめて、「琉球処分」は完全に終結したともいえる。

日本軍と沖縄社会との本格的関係が、琉球併合執行部隊とその後十七年間の長期駐留から始まったことが端的に示しているように、沖縄に対する軍部の不信感は、山県有朋の予想にも反して払拭されることはなく、沖縄県の徴兵制は、他道府県とは異なる特殊な形態をとったまま沖縄戦前夜まで一貫して維持された。すでに石原昌家ら沖縄戦研究者によって、沖縄戦時の日本軍の住民虐殺や集団死の強制の問題について明治期以降の日本軍部の沖縄人差別、蔑視から考察すべきという指摘[89]があるが、この点はより構造的に、部隊配備と徴兵制のありようを含めて分析する必要があるだろう。沖縄戦で顕在化した日本軍と沖縄社会との問題は歴史的に根深いのである。

本章のタイトルは「内地と外地の間で」だが、それは徴兵制と部隊配備の両面に関わる問題である。徴兵制施行の時期の遅れなどの点では北海道と類似性が見られ、内国植民地論として同列に論じうる側面もあるが、配賦計画や兵種の分布から見れば沖縄は植民地徴兵制の先駆的性格を持っていた。沖縄社会にとって徴兵制は、少なくとも初期には、占領軍・治安維持軍として立ち現れた、併合した側の軍隊の一員となることを強いる社会的装置であった。配備の側面では、初期は占領・治安維持軍設置対象であり、日清戦争終了以降は、沖縄戦前夜まで臨時の部隊配備さえなかった。当初は防衛の要地だったにもかかわらず、その後は地域防衛計画の空白地であり続けたのである。徴兵制の施行地でありながら、出身兵を出身地域に配備しない方針の下では、徴兵制施行後だからこそ他地域出身兵を配備するわけにもいかず、防衛計画の空白を埋めるすべはなかったためといえる。内地からの派遣軍によって構成された台湾・朝鮮の植民地軍のような部隊を、沖縄に存続、あるいは復帰させることは、誕生した植民地支配と差別化するためにはとりえない選択だった。ここにも、「内地と外地の間で」という問題が横たわっていた。

沖縄民衆の意識から見た近代日本という国家との距離感は、徴兵制度をめぐる対応に表れていた。第一に挙げられるのは、沖縄の徴兵忌避に関する従来の研究が注目してきた抗日という政治的意思を反映した反国家的徴兵忌避だが、それに加えて重要なのは、出稼ぎのための海外渡航や漁業の労働力確保のためといった生活・生業が動機の徴兵猶予と不参者の割合の圧倒的な大きさだろう。天皇・国家への忠節・忠誠や「死は鴻毛よりも軽し」(軍人勅諭)といった観念は、沖縄の人々の生活感覚からすれば遠い世界であり、徴兵制によって軍隊経験者が増えたにもかかわらず、個人レベルでも共同体レベルでも兵役義務意識には、内地諸地域と大きな落差があった。沖縄戦とアメリカ軍占領体験を経て確立した現代沖縄の平和意識や軍隊観は、その基層にある戦前からの国家・軍事組織との距離感を踏まえて、歴史的視点で考察する必要があるだろう。

注

(1) 荒川章二「陸軍の部隊と駐屯地・軍用地」、荒川章二/河西英通/坂根嘉弘/坂本悠一/原田敬一編『日本の軍隊

を知る――基礎知識編』（「地域のなかの軍隊」第八巻）所収、吉川弘文館、二〇一五年

（2）朝鮮での一九四四、四五年の徴兵は、陸軍九万人、海軍二万人の計画だった。四四年の計画では、いったん朝鮮軍と関東軍に区分して配当され、その後、本土の東部・中部・西部・北部と占領地の派遣軍・方面軍に、各兵種ともに分散配置することとされた。現実には入営の遅れにより分散の程度は縮小されたが、まず大単位に分散し、さらに「各部隊概ね平均する如く細部の部隊配当を定め」ることが基本方針だった（内海愛子『朝鮮人〈皇軍〉兵士たちの戦争――証言昭和史の断面』〔岩波ブックレット〕、岩波書店、一九九一年、古野直也『朝鮮軍司令部――1904―1945』国書刊行会、一九九〇年）。また、一八九六年から徴兵制が施行されたアイヌ兵の場合も、実質的には分散配置だった。ただし、第七師管内の配属であり、他師管にまたがる分散配置ではない（小川正人「近代北海道のアイヌと徴兵・軍隊」、山本和重編『北の軍隊と軍都――北海道・東北』〔「地域のなかの軍隊」第一巻〕所収、吉川弘文館、二〇一五年）。

（3）北海道については、山本和重「北海道の徴兵制」（前掲『北の軍隊と軍都』所収）。東京については、荒川章二編『軍都としての帝都――関東』（〔「地域のなかの軍隊」第二巻〕、吉川弘文館、二〇一五年）。

（4）沖縄県文化振興会史料編集室編『沖縄県史 各論編第5巻 近代』沖縄県教育委員会、二〇一一年。なお、沖縄戦の最新成果としては沖縄県教育庁文化財課史料編集班編『沖縄県史 各論編第六巻 沖縄戦』（沖縄県教育委員会、二〇一七年）。筆者は、同書第一章で沖縄戦までの政治社会史の概説を執筆した。筆者の沖縄戦前史の基本的な捉え方については同書を参照されたい。

（5）新川明『琉球処分以後』上（朝日選書）、朝日新聞社、一九八一年

（6）後田多敦『琉球救国運動――抗日の思想と行動』出版舎 Mugen、二〇一〇年。同書第四章では、本章で後述する陸軍省軍務局の堀吉彦大尉「沖縄警備隊区徴兵事務視察報告」を含む、日露戦争後の沖縄徴兵制に関する防衛省防衛研究所所蔵資料が詳細に紹介され、沖縄の徴兵忌避の抗日的様相が実証されている。しかし、同書の基本テーマとの関係から、徴兵環境をめぐる当時の急激な変化や農村の経済構造との関係、あるいは糸満漁民の生産構造との関係などは視野の外にあり、沖縄の社会構造の変動が沖縄の徴兵制の展開にどのような影響を及ぼしたのかを考察する作業は重要な課題として残されている。

（7）波平恒男『近代東アジア史のなかの琉球併合――中華世界秩序から植民地帝国日本へ』岩波書店、二〇一四年
（8）原剛『明治期国土防衛史』（錦正社史学叢書）、錦正社、二〇〇二年
（9）州立ハワイ大学宝玲叢刊編纂委員会監修、横山学責任編集『琉球所属問題関係資料第六巻 琉球処分』上・中（「宝玲叢刊」第二集）、本邦書籍、一九八〇年）の「琉球処分 上」三七一、三八五ページ
（10）同書「琉球処分 中」一一六、一八五ページ
（11）「尚泰侯実録」、琉球新報社編『東恩納寛惇全集2』所収、第一書房、一九七八年、三八五、三九一―三九二、三九四ページ
（12）『陸軍省第一年報』一八七五年七月一日―一八七六年六月三十日、内閣文庫所蔵『陸軍省年報』第一巻所収、龍渓書舎、一九九〇年、一五、五五ページ
（13）数字は前掲『東恩納寛惇全集2』三九二ページ。前掲『陸軍省第一年報』では、一万八千六百七十坪（約六・一六ヘクタール）。
（14）前掲「琉球処分 中」一〇八―一一〇ページ
（15）琉球政府編『沖縄県史 資料編2第12巻 沖縄県関係各省公文書1』琉球政府、一九六六年、二一三ページ
（16）前掲『沖縄県史 各論編第5巻 近代』四七ページ
（17）州立ハワイ大学宝玲叢刊編纂委員会監修『琉球所属問題関係資料 第七巻 琉球処分』下（「宝玲叢刊」第二集）、本邦書籍、一九八〇年）の「琉球処分 下」三九三―三九七ページ
（18）同書六五五、六六四ページ
（19）前掲「琉球処分 中」一五三ページ
（20）『日本帝国統計年鑑』第五回―第十四回、一八八四―九五年分。沖縄派遣軍との対比で、一八八二年から八五年まで朝鮮国の首都漢城に日本軍守備隊が置かれていたことは、日清戦争前の日本軍事力の東アジアにおける展開の問題として考慮しておく必要があるだろう（徐民教「韓国駐箚軍の形成から朝鮮軍へ」、坂本悠一編『帝国支配の最前線――植民地』〔「地域のなかの軍隊」第七巻〕所収、吉川弘文館、二〇一五年）。
（21）「沖縄分遣隊の内古波蔵屯在の分首里城へ引纏」ＪＡＣＡＲ（アジア歴史資料センター）、Ref.C08070934400、「明

治十三年陸軍省達全書」（防衛省防衛研究所）。以下、同機関資料については、ＪＡＣＡＲ（アジア歴史資料センター）を省略。

（22）『陸軍省第八年報』一八八二年七月―八三年六月分、庶務の項

（23）『陸軍省第十二年報』一八八六年分、土地関係の項

（24）面積は『陸軍省第十年報』『陸軍省第十一年報』。日清戦争後の軍拡期に示された歩兵連隊（中隊十二個）兵営の基準面積は四万坪、同練兵場四万坪（約十三・二ヘクタール）である（松下孝昭『軍隊を誘致せよ――陸海軍と都市形成』〔歴史文化ライブラリー〕吉川弘文館、二〇一三年）。なお、一八八七年、軍用地として地質不良で不適とされた古波蔵軍用地（一万五千六百坪〔約五・一ヘクタール〕あまり）が沖縄県に引き渡された。代わって同じ真和志間切の安里《あさと》村に埋葬地用として千六百坪（約五十三アール）あまりが取得された。その後九〇年、安里村で三千八百坪（約二十五アール）あまりを買収して射撃場を新設し、従来射撃場としてきた国場村千八百坪（約六十アール）は沖縄県に引き渡された（「沖縄分遣隊古波蔵移転の義伺」C07070104700、「明治十九年　肆大日記　八月」〔防衛省防衛研究所〕、「熊鎮より官民有地受領報告の件」C07050018000、「明治二十一年　伍大日記　三月」〔防衛省防衛研究所〕、「第六師団監督部より土地交付済の件報告」C07050327900、「明治二十四年　伍大日記　四月」〔防衛省防衛研究所〕）。この新射撃場は幅員三十メートルと狭く、付近の畑や民家に流弾が飛ぶ危険性があり、日清戦争後に問題となった（「射的場射垜増築の件」C07070988600、「明治二十九年　肆大日記　三月」〔防衛省防衛研究所〕）。沖縄における基地被害問題の走りである。

（25）前掲『日本帝国統計年鑑』各年

（26）「明治十三年九月十六日　秋季検閲沖縄分遣隊検閲の義」C08052397900、密事編册、一八七六年から八〇年まで（防衛省防衛研究所）。

（27）「明治十四年六月六日　廣島熊本両鎮台管下検閲報告」千代田史料四九二（防衛省防衛研究所）。原文はカタカナ。

（28）「御署名原本・明治十九年・勅令第七十五号・警備隊条例」A03020007900（国立公文書館）

（29）「大臣伯爵山県有朋沖縄諸島及五島対馬等巡廻復命書進達の件」A14110015000、「公文雑纂・明治十九年・第九巻・内務省一」（国立公文書館）

(30)「参謀本部 沖縄分遣隊歩兵中隊に関する件」C05121506000、「明治二十七年七月戦役日記」(防衛省防衛研究所)
(31)「参謀本部 沖縄分遣中隊へ助卒配属の件」C05121517400、「明治二十七年七月戦役日記」(防衛省防衛研究所)
(32)日清戦争当時の沖縄社会の状況については、前掲『琉球処分以後』上の「日清戦争前後」を参照されたい。同書によれば、沖縄県知事の肝いりで、「他県人」による自衛団「同盟義会」が結成された。県知事公認で非公式な防衛組織が結成されたのである。
(33)「三四年五月四日　明治三三年作業書審査結了報告(2)」C10127337300、「明治三四年公文雑輯 巻三 教育」(防衛省防衛研究所)
(34)「佐世保鎮守府　中城湾桟橋四月十日迄に落成の件」C10125757100、「明治二八年　公文雑輯　巻一〇　土木上」(防衛省防衛研究所)。なお、中城湾の軍事化の長期的経緯の概要は、前掲『沖縄県史 各論編第五巻 近代』五七七―五八〇ページを参照されたい。
(35)「第二十号　総督府参謀海軍少佐滝川具和の中城島廻航報告」C08040584400、「明治二七~二八年　台湾匪賊征討備考文書」(防衛省防衛研究所)
(36)「沖縄分遣隊召還の件」C06082302300、「明治二九年乾　弐大日記七月」(防衛省防衛研究所)
(37)荒川章二『軍隊と地域』(シリーズ日本近代からの問い)、青木書店、二〇〇一年
(38)近藤正己「台湾における植民地軍隊と植民地戦争」、前掲『帝国支配の最前線』所収。朴廷鎬「近代日本における治安維持政策と国家防衛政策の狭間――朝鮮軍を中心に」「本郷法政紀要」第十四号、東京大学大学院法学政治学研究科、二〇〇五年。台湾では、混成旅団六個の歩兵連隊を、当時の六個師団がそれぞれ担任して一連隊ずつ編成した(古野直也『台湾軍司令部――1895~1945』国書刊行会、一九九一年)。
(39)沖縄県「第三章兵事」『沖縄県治要覧』沖縄県、一九二一年(国立国会図書館近代デジタルライブラリー〔http://dl.ndl.go.jp/info:ndljp/pid/1875011〕[二〇一五年三月十一日アクセス])。志願状況については、前掲『沖縄県史 各論編第5巻 近代』二三二―二三四ページ。
(40)「沖縄県及小笠原島に徴兵令施行の件」C06082620800、「明治三〇年乾　弐大日記八月」(防衛省防衛研究所、陸軍省公文書類の総称である「陸軍省大日記」のうち、「壱」―「伍」の大日記は往復文書をまとめたもので、「弐」は

陸軍省内の機関との往復文書)。行政制度では、一八九六年、他府県の例に準じて郡を編成し、翌九七年には沖縄県間切吏員規程が公布された。このときの沖縄の郡編成は、「郡制」に基づく郡会を有する地方団体ではなく、郡に該当する行政区画が存在しなかった沖縄県に国頭・中頭・島尻・宮古・八重山の五郡と官選郡長を置いた制度改革であり(那覇と首里には、市制に準じた区制を実施)、他方で間切(のちの町村)にも前記吏員規程によって、知事が任免権を持つ地方吏員を設置した(沖縄県議会事務局編纂『沖縄県議会史 第一巻 通史編1』沖縄県議会、二〇一二年)。一八九七年十月、設置されたばかりの郡・区役所と島庁に徴兵事務を主管する兵事主任選定が訓令され(沖縄県立図書館蔵『沖縄県令達類纂』上、一六八ページ)、沖縄県でも軍事行政が日常的事務としておこなわれ始めた。

(41) 前掲「沖縄県及小笠原島に徴兵令施行の件」。なお、同文書によれば、徴兵令施行の背景には徴兵令未施行の沖縄への転籍による徴兵逃れを防ぐねらいもあった。

(42) 「御署名原本・明治三十一年・勅令第四十一号・徴兵事務条例補則」A03020334000(国立公文書館)

(43) 「陸軍管区表及聯隊区司令部条例中改正並沖縄警備隊区司令部条例制定の件」C06082814800、「明治三一年乾　弐大日記三月」(防衛省防衛研究所)。なお、事情は異なるが、一八九〇年の屯田兵条例改正までの屯田兵制は歩兵だけの部隊である。植民地の場合、一九四四年(昭和十九年)施行の朝鮮も、翌四五年施行の台湾も全兵種にわたる徴兵制だった。アイヌの徴兵も最初から全兵種を徴募した。歩兵だけの徴兵制は、徴兵制の原則から外れた、同等に扱われない執行形態だった。

(44) 沖縄県『沖縄県統計書 明治三十三—三十五年』沖縄県警察部、一九一一年

(45) 「沖縄県に徴兵令施行に関する件」C06082798600、「明治三一年乾　弐大日記二月」(防衛省防衛研究所)。北海道の拓殖に関わる者には徴集猶予の特例などが認められていたが、税制との関係、かつ徴集「免除」は異例である。

(46) 「御署名原本・明治三十一年・勅令第三十六号・沖縄警備隊区司令部条例」A03020333500(国立公文書館)、「沖縄警備隊区司令部位置の件」C06082817500、「明治三十一年乾　弐大日記三月」(防衛省防衛研究所)

(47) 「御署名原本・明治三十六年・勅令第一八五号・陸軍補充条例中改正加除」A03020573800(国立公文書館)

(48) 陸軍特別志願兵入営は、朝鮮では一九三九年(昭和十四年)、台湾では一九四二年から実施された。

(49) 「第六憲兵隊本部より沖縄県徴兵の状況報告有之及び報告(明治三十一年五月)」C10061517500、「明治三一年官

房二号編冊二／四冊　憲兵司令部・各都督部・防御総督部」（防衛省防衛研究所）

（50）前掲『沖縄県令達類纂』上、一七〇ページ

（51）北海道の一八九八年の全道徴兵制初年度の現役徴集率は四・九パーセントだった。ただし、その後の数年で全国平均値と同じになった（前掲「北海道の徴兵制」）。

（52）前掲『琉球救国運動』二五二ページ

（53）菊池邦作『徴兵忌避の研究』立風書房、一九七七年、二八一ページ

（54）なお、一九〇三年一月の県訓令は、徴兵制実施以降五年を経たこの年までの壮丁の所在不明者累積を、「其数百拾余名に達せり」としている（前掲『沖縄県令達類纂』上、一八〇ページ）。

（55）「琉球新報」一九〇四年五月一日付、琉球政府編『沖縄県史 資料編9第19巻 新聞集成 社会文化』琉球政府、一九六九年、二二三ページ。「黒頑派」は、「頑固党」と称された守旧派士族の後継集団。「頑固党」のうちの復古強硬派に「黒」を冠した。なお、後述する堀吉彦大尉の「沖縄警備隊区徴兵事務視察報告」では、徴兵忌避者の年別推移を挙げて「明治三十三年及三十八年に多数なるは北清事変及日露戦争に際し逃亡したるもの多数なりしに因る」という見方を示している（注（75）参照）。

（56）「外間政昌外二十四名」B07090106500、「本邦人徴兵関係雑纂　第十七巻」（外務省外交史料館）。この資料は、前掲『琉球救国運動』二六六―二六七ページで紹介されている。

（57）前掲「外間政昌外二十四名」。福州領事は、一九〇〇年当時に氏名が判明していた琉球館居留者数は六十八人と報告している（同資料所収の「沖縄県人徴兵忌避者説諭帰国に関する件」）。

（58）「沖縄県勢要覧（昭和十年版）」一九三六年六月、C11110026700、一六ページ（防衛省防衛研究所）

（59）なお、一九〇四年二月、日露戦争開戦と時期を同じくして、沖縄県宮古八重山二郡に対する産業維持の観点からの徴集免除の特例条項が廃止され（「明治三十年勅令第二百五十八号・（沖縄県及小笠原島に徴兵令施行の件）・中を改正す」A01200963100〔国立公文書館〕）、徴兵事務条例補則改正で同年三月から沖縄からの近衛兵徴集（歩兵と騎兵だけ）も実施されることになった（「御署名原本・明治三十七年・勅令第四十八号・徴兵事務条例補則中改正加除」A03020593500〔国立公文書館〕）。

（60）「徴兵募兵点呼召集（2）」C06091770000、「明治三九年公文備考　巻三四兵員二」（防衛省防衛研究所）
（61）本部町史編集委員会『本部町史 資料編1』本部町、一九七九年、五〇二―五〇九ページ。なお日露戦争の犠牲者数は、又吉盛清編著『日露戦争百年――沖縄人と中国の戦場』（同時代社、二〇〇五年）が検討している。
（62）「明治四十年全国徴兵表」（「徴兵表の件」C06084497000、「明治四十一年乾　弐大日記四月」〔防衛省防衛研究所〕）。輜重輸卒の多さは、朝鮮での徴兵制における軍人とほぼ同数の軍属、さらに軍夫を徴用したことを想起させる（前掲『朝鮮人〈皇軍〉兵士たちの戦争』四五ページ）。
（63）「徴兵表の件」C06084675500、「明治四二年乾　弐大日記一月」（防衛省防衛研究所）
（64）「沖縄徴集要員補欠の件」C07072643700、「明治四二年　肆大日記八月」（防衛省防衛研究所）
（65）同資料所収、「明治四十二年徴集現役兵補充兵配賦員数表」。その他海軍現役兵十二人、補充兵二人。
（66）『明治四十二年全国徴兵表』（「徴兵表及徴兵事務摘要の件」C06084947400、「明治四三年乾　弐大日記四月」〔防衛省防衛研究所〕）
（67）史料によって数字が異なるが『明治四十三年度 沖縄警備隊区徴募概況』（C11110017200〔防衛省防衛研究所〕）では、一九〇九年の沖縄県壮丁数は五千六百七十九人で、陸軍現役徴集実績を前述の千百九十人とすると、現役徴集率二一パーセントである。
（68）「四五年度徴集人員の件」（C03023011600、「密大日記明治四四年」〔防衛省防衛研究所〕）から算出。
（69）「沖縄警備隊区壮丁徴兵忌避状況の件」C06084797800、「明治四二年乾　弐大日記一一月」（防衛省防衛研究所）。同文書は「明治四十二年 沖縄警備隊区徴兵検査概況」を含む。同「概況」で報告された徴兵忌避事例については、前掲『琉球救国運動』二五四―二五七ページを参照されたい。
（70）前掲『徴兵忌避の研究』二三三―二三四ページ
（71）「明治四十二年　沖縄警備隊区徴兵検査概況」は当年度徴兵適齢者四千七百四十一人中外国渡航者七百五十六人、ほかに前年送り外国渡航者千五百六十七人としたうえで「其の大多数者は徴兵忌避的意味に於て渡航し居るものにはあらざるなきやの疑いなき能はず」と婉曲に記している。また、甲種合格率が低いとし、その主要な背景の一つを、海外渡航率の高い郡部で甲種合格率が低いことを指摘したうえで、ハワイなどへの海外渡航だと分析している。なお、甲種合格率は全国平均で三〇パーセント超であり、沖縄県の平均は数パーセント程度低いが、同文書が指摘する「僅少」という水準ではない。後述する堀吉彦大尉の（注75）の報告書では、海外渡航要因以上に、甲種合格に適さない身長「短尺者」比率が全国壮丁平均の二倍に達することを重視している。

（72）「沖縄徴兵検査の際村民不穏の挙ありたる件（4）」（判決文）C06085023800、「明治四三年乾　弐大日記一〇月」（防衛省防衛研究所）。本部事件そのものについては、詳しくは前掲『琉球処分』上、二〇三―二一一ページを、および抗日の観点から事件の詳細に加え後述する堀吉彦報告書の分析を紹介している前掲『琉球救国運動』二五七―二六三、二八九―三〇三ページを参照されたい。本章では、社会経済史的観点も交えて、本部事件を含むこの時期の沖縄での徴兵忌避の全体像とその特質を描くことを目的としている。

（73）沖縄県『沖縄県統計書 明治三十六年』沖縄県警察部、一九一一年、五六ページ

（74）「琉球新報」一九〇七年十二月二十五日付、前掲『沖縄県史 資料編九第十九巻 新聞集成 社会文化』三五一―三五二ページ

（75）同報告書は「沖縄警備隊区徴兵事務の件」C06084997700、「明治四三年乾　弐大日記八月」（防衛省防衛研究所）における送付文書。

（76）一九一一年（明治四十四年）に訪沖して地割制を調査した河上肇も「琉球糸満の個人主義的家族」と命名した論文を発表している。加藤久子『海の狩人沖縄漁民――糸満ウミンチュの歴史と生活誌』（叢書・沖縄を知る）、現代書館、二〇一二年、三一―三六ページ

（77）市川英雄『糸満漁業の展開構造――沖縄・奄美を中心として』沖縄タイムス社、二〇〇九年

（78）前掲『本部町史 資料編一』五八六―五九〇ページ

（79）前掲『明治四十三年度 沖縄警備隊区徴募概況』から算出。

（80）千代田資料八三四（防衛省防衛研究所）。沖縄県二千五百八十五人、対壮丁比五九・三パーセント、広島県六千六百六人、同四八・六パーセント、山口県三千六百七十九人、同四三・六パーセント、和歌山県二千六百十五人、同四三・三パーセント。全国平均は八・二パーセント。

（81）前掲『明治四十三年徴兵事務摘要』。沖縄県の逃亡失踪所在不明による徴集延期者（七年以内の数）は、百七十二

人、対壮丁比三・九パーセントで、同条件での全国平均は五・三パーセントである。
(82)「陸軍管区表中改正の件」C02030816500、「大日記甲輯　大正七年」（防衛省防衛研究所）
(83)「第一章 アジア太平洋戦争と沖縄戦」、前掲『沖縄県史 各論編第六巻 沖縄戦』所収
(84)「連隊区司令部の減少」C10073299800、「大正一三年三月　制度調査に関する書類　共五其四制度参考案」（防衛省防衛研究所）
(85) 沖縄県『沖縄県治要覧』沖縄県、一九二一年（国立国会図書館近代デジタルライブラリー〔http://dl.ndl.go.jp/info:ndljp/pid/1875011〕［二〇一五年三月十一日アクセス］）、「沖縄在島者演習召集に関する件」C02030878400、「大日記甲輯、大正八年」（防衛省防衛研究所）
(86) 沖縄連隊区司令部編『沖縄県の歴史的関係及人情風俗』沖縄刑務所印刷、一九二三年（東京都立中央図書館）。大正期の沖縄での内地化政策は、軍隊と県民との関係にも及んでいたこと、そして、在郷軍人は国民的統合の尖兵として、他府県以上に期待をかけられていたことが見て取れる。
(87)「召集兵酔余暴行調査に関する件」C03012165900、「大日記乙輯　大正一四年」（防衛省防衛研究所）
(88) 沖縄県総務部統計課『沖縄県勢要覧 昭和十二年版』沖縄県総務部統計課、一九三七年、一六ページ
(89) 浦添市史編集委員会編『浦添市史 第5巻資料編4 戦争体験記録』浦添市教育委員会、一九八四年

第2章

漢詩人の越境と帝国への「協力」

——籾山衣洲の台湾体験を例として

許時嘉

はじめに

漢字文化を中核とする東アジアでは、漢詩文の素養を紐帯とするコミュニティーの形成や知識人の渡航による学問的交流が古くから盛んにおこなわれていた。漢詩文は国による読み方や文法の違いを超え、東アジア共通の文化として知的共同体を作り上げていたが、言文一致を目標に掲げた近代国民国家の登場によって、この共同体は次第に衰退し、歴史の表舞台から姿を消してしまった。

漢詩人である籾山《もみやま》衣洲《いしゅう》（一八五五—一九一九）はこうした時代を象徴する存在といえるだろう。一八九八年十一月、衣洲は「台湾日日新報」漢文主任として渡台し、台湾総督の児玉源太郎の知遇を得て新聞言論界と台湾漢詩壇で活躍した。(1) 植民地時代の初期には、漢詩文の素養がある政府官員や知識人たちが数多く台湾に赴いた。彼らの渡台は、台湾人士紳階級（地方の名望家たち）との漢詩文創作活動を利用して台湾知識階層を懐柔しようとする総督府の思惑に支えられていたことが、従来の研究で明らかになっている。(2) しかし一方で、筆者の研究が明らかにしたように、日本内地から台湾に渡った日本人漢詩人が背負った「任」とは国威宣伝の任務であると同時に、漢詩文再興の使命感でもあった。(3) 特に、官員や総督府の職員としてではなく、在野の記者・漢詩人として渡台した籾山衣洲の場合、「化外の地」と呼ばれる台湾で漢詩文復興活動に尽力してほしいと日本の漢詩人たちが寄せた期待は非常に大きかったのである。

ところが、彼の活躍はそれほど長くは続かなかった。新聞社内の改革によって、衣洲は一九〇三年に「台湾日日新報」を離れ、翌〇四年四月に日本に戻った。近代アカデミズムの教育のもとで育った漢学者・鈴木豹軒がその後任になったことからうかがえるように、総督府にとって、衣洲は漢詩唱和で台人を懐柔するという一時的な役目を果たしたにすぎない。齋藤希史が指摘(4)したように、日本国内では趣味化の道を歩み、文化資本としての力

写真1　中年時の籾山衣洲（右）。撮影場所、年代不明（提供：曾孫・籾山鉄二氏）

を失っていく漢詩文は、日本の初めての植民地である漢字圏周縁地域の台湾で一時的な活路を見いだしたものの、日本全体が近代国家が目指した言文一致体に転換しつつあるなか、植民地台湾でも表舞台から退いていかざるをえなかったのである。

　時代の流れから見ると、齋藤の指摘は実に的を射ているように思えるが、一方で一つの疑問が浮上してくる。すなわち、個々の漢詩人はどのようにこの現象を受け止めていたのだろうか、という問いである。つまり、漢詩文がこれまでの学問としての特権的地位から転落し、近代文壇で「彫虫の末技[5]」と認識された際、漢詩人たち自身はその事実をどのように受け止め、自分の文学的営みの「無用さ」をどのように意識していたのか、という疑問である。この問いを通して、越境した漢詩文創作はどのように帝国への「協力」の記号へと変容していったのか、ということを明らかにすることが、本章の目的である。

　したがって本章は、籾山衣洲の漢詩文作品に現れた「無用」のレトリックを、特に幕末・明治以来の無用者論の系譜との関連を軸に分析したい。幕末以来、漢文戯作では寺門静軒や成島柳北の無用者論が展開していたが、それは儒学者の不遇や世相に反発する精神と常に深く関わっていたと、先行研究は指摘している。前近代的な知識人といえる彼らの文化的営みが激しい時代の変動のなかで次第に価値を失ったことで、漢詩人は「無用のもの」というレッテルを貼られていたにもかかわらず、本人たちはその評価に甘んじることなく、あえて「無用」をイロニーとして表現のなかに取り入れていた。例えばプライドの裏返しの韜晦や内心の自信の表現など、時代の潮流と対峙して自分の確固たる生き方を示そうとするのである。漢文戯作に現れたこの無用者論の基調は衣洲にも継承されている。しかし、結論から言うと、近代国民国家と植民地統治構造という特別な時－空間のなかで、衣洲の「無用」論は、静軒・柳北のそれとはズレを生じていた。さらに、漢文戯作の「風刺」と「戯れ」という特徴もまた、衣洲の作品では前人たちとはまったく異なったものとして形象化されている。本章では衣洲の無用論と詩文創作の展開をたどりながら、日本統治時代初期の植民地台湾での一日本人漢詩人の位相を明らかにすることで、マクロの時代史とミクロの個人史との交差とその意味を考えていく。

1 「無用」というレトリックの多義性と批判性——寺門静軒と成島柳北の場合

荻生徂徠門下の太宰春台と服部南郭によって経学と詩文が分離して以来、江戸期以降の儒者や文人の多くは詩文や琴碁書画の世界に遊び、老荘の隠逸無用の生き方を理想として、風雅・風流の生活に没頭するようになった。(6) 南郭の「吾徒の学を為す、固より巳に世に贅疣《ぜいゆう》なり」という言葉が表すように、この時期の「無用」とは、学問が政治に対して無力で無用だということを意味していた。(7) ところが、幕末維新期になると、漢文戯作の「無用論」はそれまでの文人気質と一線を画し、現実の政治問題や社会問題と対峙する姿勢がきわめて強くなった。寺門静軒の『江戸繁昌記』と成島柳北『柳橋新誌』はその代表的作品といえる。

寺門静軒の『江戸繁昌記』は、庶民生活の様々な側面を取り上げて江戸の繁昌とその問題を批判的に記録した作品である。静軒は、儒学の中心思想に基づいて江戸の繁栄した世相に現れる本末転倒の事象を皮肉な目で嘲弄し批判している。こうした批判は、水戸藩への仕官の失敗という静軒自身の不遇と照らし合わせてみると、単なる嘲笑とは言えず、社会に対する憤懣と無力さ、切なささえも感じさせる。序で述べている「斯の無用の人にして斯の無用のことを録す」という感慨は、まさしく自分の無力さを表している。その無力さは道義なく条理に外れたこと、あるいは繁栄ゆえの倫理の崩壊への、儒学者の立場からのやるせない憤りもあれば、[8]不正義による利益追求や金銭的な競争こそが江戸の繁栄を成し遂げた実体だと批判しながらも、ときには自分自身もこの金銭追求の流れに飲み込まれざるをえないことへの自嘲と諦観が入り交じった重層的なものと思われる。

前田愛は、静軒の行為を「無用そのものを拠点として「有用」の世界の虚偽を暴露することに専念する」ものと分析したうえで、にもかかわらず自らの学問を信じ切れず「儒を売る」行為をしたことに、静軒は自己矛盾を感じていたという。[9]日野龍夫も同様に、『江戸繁昌記』のイロニーは静軒の思想の二重性つまり、江戸の繁栄に対する愛情と憤りの相克に注目しないと理解しにくいと指摘している。[10]形骸化していった儒学という思想体系の偽善性への憤りと、糊口をしのぐために儒を売る自分自身の行為を恥ずべき業と見る自己認識とが入り交じっているのが『江戸繁昌記』で、道理だけでは単純に割り切れない現実に静軒が突き当たっていることの証左である。

似たような構図は成島柳北の『柳橋新誌』にも見られる。「人情の翻覆する、唯だ金のみ」という幕末維新期花柳界の醜状を暴露しながら、古の才子佳人の流儀を追憶するこの作品は、維新の変革がもたらした醜悪さに対する柳北の憤りが込められていると解釈されている。特に『柳橋新誌』二編（一八七一年）は柳橋を訪れた客――新政府の高官たち――に対して強い反感を示し、粗野な文明開化の波が江戸文化の粋を蹂躙しつつある世相の縮図として描かれている。二編の最後には、「吾は固より無用の人なり。何の暇かよく有用の事を為さん」と述べられている。維新がもたらした現実への憤りはあるが、「無用の人」の分をわきまえて、戯文によっていささか晴らすにとどめておこう、ということだと解釈できる。

日野龍夫は静軒と柳北を比較し、新政府への仕官の道を自ら閉ざした柳北の決意を次のように分析している。

柳北が口にした「無用」とは、「かつて寺門静軒が有用の世界にたっぷりと未練を残すがゆえにそう称したのと異なって、掛け値なしのものだった」[11]。つまり、柳北が無用と自称するのは、自己実現の失敗による自虐的諧謔(静軒)ではなく、新政府の現実と自分の生き方や考え方とは根本的にかけ離れていることを指摘することによって、新政府には自分は「無用」だと堂々と主張したのである。この無用という修辞は、自信を失うというような自己放棄を意味していない。それは、自分の学問が現政府にとって無用であることを正しく認識していた柳北が、文明開化を前面に打ち出す維新政府の虚偽性と思想的皮相さ・貧困さを暴露するために活用したイロニーだったのである。

程度の差こそあれ、静軒と柳北のイロニーの活用は、政府と対峙する――現実の外部世界を相対化する――弁証法的なダイナミズムを有している。この修辞上の特徴は、彼らの戯文のジャンルが持つ性格、つまり漢文戯作という文学的伝統に由来するものである。漢文戯作はもともと形式と内容のアンバランスからくる滑稽さをねらう文学だった。初期には、一時の気晴らしだけを求めたため、思想性よりも遊戯性が色濃い作品が多かった。江戸時代に大量に作られた狂詩はその代表である。そして、この遊戯性と滑稽性を追求していくうちに、戯作家たちは「形式と内容のアンバランスという構造が本来的に内包している批評性」を次第に自覚するようになり、罪のない笑いから毒がある笑いへと自然にエスカレートしたのではないかと見られている[12]。つまり、滑稽さや笑いを追求する姿勢は漢文戯作に共通する特徴ではあるが、そこには様々なレベルがあり、すべての作品が力強い批評精神を示すとはかぎらない。静軒の『江戸繁昌記』と柳北の『柳橋新誌』(特に二編)の無用論の独自性は、自身を無用と位置づけることで現実世界の外に立ち、そこを足場に自由な批判を展開したことにあったのであり、同じく近代化の外に置かれた当時の多くの読者の共感を誘ったのである。

しかし、このイロニーの威力も一時的なものであることを見逃してはいけない。時代の変化によって、柳北のような前近代的文人たちが時代から取り残され、次第に消えていったことも事実なのである。次節で分析するように、「無用」のレトリックは後世に受け継がれているものの、もはや当初の意味で用いることはできなくなっているのである。

2　籾山衣洲の無用論の射程――「台北夢華録」を例として

一八九九年三月一日付の「台湾日日新報」に一通の手紙が掲載されている。差出人は明治時代の代表的なジャーナリストの成島柳北、受取人は当時「台湾日日新報」漢文部主任だった籾山衣洲である。手紙の内容は次のとおりである。

　聞く老兄には、台湾に御移住、文陣御監督之由、御苦労に奉存候、幽明途あり、親しく抵掌文を談ずるに由なく候得ども、面白き御近業も候はゞ、当府へ帰泉致候。人の首へでも巻付け、御示し被下度候。昔日の台湾ならば、坡公の所謂蜒塢獠峒《（ママ）》與に語るべき者も有之間敷候得共、今日は俄然面目を更め候との事ゆゑ、定めて好き御談敵も可有之と奉遠察候、先は御伺迄不備。[13]

「蜒塢獠峒《（ママ）》」という句は、本来は「蜒塢獠洞」で、蘇東坡[14]（蘇軾《そしょく》。北宋の政治家、詩人）が海南島に左遷されたとき、未開で辺鄙な地に身を寄せる心境を綴ったものである。台湾総督・児玉源太郎の重用を得て健筆を振るう衣洲に対して、柳北は、従来の台湾は蜒塢獠洞のような未開地だったが、これからはきっと様相も一変するだろうから、意気投合の文友を得るだろう、と祝福を寄せている。しかし、一八八四年に世を去った柳北が、九六年の衣洲の渡台を知るわけもない。これはあくまでも籾山衣洲本人が柳北の文体をもじった戯文である。[15]衣洲にとって、柳北は伯楽である。柳北の知遇を得て、デビュー作「衣浦情譜」が「花月新誌」に掲載されたことで、衣洲は文壇公認の詩人になったのである。

衣洲がこの恩人を常に意識していたのは、後日、柳北への返事を模した記事を書いたことからもわかる。そのなかで衣洲は、自分は台湾に出稼ぎに来て以来、面白いこともないままに酒浸りの日々を送り、新聞社で持て余されている、と述べ、「唯取るものは馬齢と捨てがたきものは詩文とのみに御座候[16]」と自嘲している。文末には、「貴著『新柳情譜』に倣い、「台北夢華録」を作り申候処、昨日或人より大に攻撃を受け申候。十年は一昔し人気も随って一変仕候[17]」と、近著が激しい批判を受けたことと、それも十年という時が人心を一変させたせいだと、嘆いている。

一八九九年三月二日、「台北夢華録 序」が「台湾日日新報」に掲載された。序には、柳北にオマージュを捧げるかのように、「風流」と「無用」という言葉が登場している。

一夜《いちや》、几《き》に隠りて書を読むに、忽として一麗人の至る有り。環珮、鏘錚として、蘭麝、薫馥たり、予に揖《ゆう》して曰く。「北里粧樓の諸志記は、原《もと》是れ華を判《わ》かち月を量る耳《のみ》なるも、其の中《うち》に諷を寄《よ》すること隠然たり、責むるに導淫を以てし、呵するに蕩志を以てするも、其れ得べけんや、君宜《よろ》しく之を択《えら》べ」、と。言い迄《おわ》りて之《ゆ》く所を知らず。予、惝怳《しょうきょう》として夢より醒むるが如し、因《よ》りて私《ひそ》かに念《おも》うに、吾が生は無用の学を好み、長《ひさ》しく無用の人為《た》り、無用の筆を役《つか》いて、無用の書を著すに若《し》かざるなり。（略）見聞する所に随いて、之れが小伝を立て、名づけて台北夢華録と曰《い》う。（略）然《しか》る歌吹の場、銷金の窩と雖も、風流なる才人、斯《これ》を以て酒を下さば、未だ必ずしも黄鸝双柑に勝《まさ》らずんばあらざるなり[18]。

「歌吹《かすい》の場」は宴席の場、「銷金《しょうきん》の窩《か》」は金箔で飾られたベッドという意味で、遊里を指している。ある日、台北花柳界の妓女列伝を作ろうとする夢を見て、僕、生来無用の学を好み、長らく無用の人となったので、無用の筆を役し、無用の本を書いたほうがいいのではないか、と悟り、妓女列伝を書き始めた。自分の文章を下酒（酒肴）として「風流なる才人」にだけ楽しんでもらいたいと、衣洲は述べている。

こうした「風流」と「無用」の関係は、柳北の『柳橋新誌』を想起させるだろう。『柳橋新誌』は無用という韜晦のポーズを自虐的に示すことで、重要な命題を読者に逆説的に突き付けている作品である。代表的な場面として、『柳橋新誌』二編の末尾で、無用の文を作ることの意味を他人が問うたとき、仙史こと柳北は次のように答えている。

吾は固より無用の人なり。何の暇か能く有用の事を為さん。且つ吾が罵る所の者は、皆世の風流罪過なり。而して吾の人を罵るも、亦是れ吾が風流罪過なり。世人もし風流の瞋《イカリ》を以て吾が風流の筆を罪せば、吾将に甘んじて其の罪に服せんとす。何ぞ其之を辞せん。且つ世人孰《たれ》か風流罪過なからん。唯だ之を公けにすると、之を密にするとの異なるあるのみ。もし一個の道学先生あって（略）吾が風流罪過を責めば、則ち吾将に之に対《こた》へて、「君は道学を講じ、吾は風流を好む。唯だ是れ半文の借貸も相及ばず。慮《はか》らざりき、君の吾が事に渉らんとは。何の故ぞ」と曰わんとす。(19)

風流の世界は私的体験として隠れて楽しむべきか、それとも花柳界の暗い真実を容赦なく暴露すべきか、という問題に、柳北は自分を「無用」というレトリックの下に隠しながら、「有用」世界の偽善性を暴き、婉曲的でありながら二重三重の批判を突き付けるという方法で、答えを示すことに成功した。前田愛は、柳北がこの韜晦のポーズをあえて選んだのは、「彼自身の精神の自由を保持する一種の擬態」であって、「経学の世界につなぎとめられている」儒者柳北と「市井の俗なる世界に遊ぶ」遊興者柳北との間にあったはずの「微妙な緊張関係」を維持するためだったと論じている。(20) つまり、厳格な経学の世界からの解放を求めながら、市井の俗なる世界に対しても一定の距離を置くことによって、彼自身の精神の自由と冷徹な観察力をはじめて発揮することができたし、文章の批判力も一層増したのである。

一方、衣洲も一見すると同じく「無用」と自嘲しているが、自身の文章を風流なる才人に肴として供することで、文人趣味の世界を現実の有用の世界からさらに切り離し、自分をその趣味世界だけに閉じ込めようとしているように見える。ここには、かつて柳北が「且つ世人孰か風流罪過なからん」と明治初期の「有用」世界を相手に反論してみせたような堂々たる反骨ぶりは、もはや見られない。

衣洲にも士人的行為を念頭に置いて、現実社会と対話しようとする意図はある。しかし、重要なのは、衣洲の対話の次元は柳北のそれとは異なっているということである。前掲の「台北夢華録」で、衣洲は夢のなかに出てくる人の口を借り、北里粧楼の諸志記は花柳界を記録したものだが、実は「其の中《うち》に諷を寄《よ》すること隠然たり」というものであると、「台北夢華録」の真のねらいを述べている。遊里文学は花柳界の妓女たちの情愛関係が記述の中心だが、そのねらいは風月花柳の遊びを楽しむことにはない。むしろ士大夫的な立場からの社会諷喩が本来の意図であり、人間の愚かさや非情さを暴露し、社会を教化することにあるのだ、と衣洲は主張しているのである。つまり、花柳界を単に好奇心やエロチックな関心で捉えるのではなく、勧善懲悪的な教訓を読者に示す世界として描き出そうとしたのである。

それでは、衣洲がねらう教訓性とはいったい何か。「台北夢華録 序」の掲載から数日して、第一篇「君子」という記事が「台湾日日新報」一八九九年三月七日付に掲載された[21]。海棠のように美しい容姿の君子という日本人女性が、幼い頃に母を失い、父によって親戚に託されて育てられてきた。不幸にも、親戚一家が零落し、途方に暮れた親戚は家計を救うために芸者になってほしいと君子に頼んだ。君子は養育の恩を返すために芸を売ることは承諾したが、身まで売っては亡き母に会わせる顔がないと涙をこぼして親戚に懇願し、了承を得た。しかし、清らかな意図をもって芸者として台北の社交場に臨んだ君子は、その美貌によってたちまち注目を集めると同時に、様々な醜聞と中傷誹謗に付きまとわれるようになった。一部終始を知った衣洲は「ああ一枝の海棠、万人に攀じり折らる。ただ惨い雪虐ぐる霜の苦のみか（嗚呼一枝海棠、万人攀折。不特雪惨霜虐之苦）」と同情を込めて文章を結んでいる。高い節操を保ちながら、流言蜚語に中傷されて苦しむ女性の姿を描くことで、口さがない社会を批判しているのは明らかである。

だが、君子という日本人女性は実在した人物なのだろうか。この記事の末尾には、「通篇或いは抑え、或いは揚げ、啻に捕風捉影のみならず、蓋し所謂文人の狡猾なる手段なり（通篇或抑或揚、不啻捕風捉影、蓋所謂文人狡獪手段）」とある。君子の物語を巧みに綴っているが、君子とは誰なのか、実在する人物なのかどうかは明らかにされないまま文章は終わり、読者ははぐらかされてしまう。「君子」という名前は、「泥より出づるも染まらず」という蓮の別名を想起させる。つまり、実は花柳界で貞潔を守る女性を描こうとしたというよりも、むしろ前の記事「幽便」で言及した「昨日或人より大に攻撃を受け」たという衣洲自身の「台北夢華録」が、花柳界を描きながら実際には下世話な著作ではまったくないということを証明するために「君子」を執筆したとも考えられるのである。(22)

第二篇「助六」は「台湾日日新報」三月三十一日付に掲載され、情人の刑に連座した妓女の助六の話を綴っている。助六がある紳士と恋に落ちて同棲していたが、男性の事業が破綻したために二人とも罪に問われて投獄されてしまった。法廷で助六は男性にとって不利な証言を強要されるが黙秘を貫き、自分が彼から受けた恩を思えば死んでもかまわない、と男性をかばう態度を貫いた。出獄後、男性の一家は零落したが、それを助けたのも助六だった。「ああ、昔の助六は妓女のために殆ど其の身を殺す。今の助六はまた狎客のために投獄の人と為す。情深きは罪障、概ね此の如く有る、戒むるべきなり（嗚呼昔之助六、殆為尼妓殺其身。今之助六、亦為狎客、為囹圄之人、情天孽障、概有如此、可戒也失）」と衣洲は嘆きを述べている。(23) 神田喜一郎と島田謹二の考察によると、「助六」と名乗っていた妓女は幕臣の娘の内藤ヒサで、情人とは総督府旧民政局事務官の杉浦篤三郎だという。神田と島田は、二人の助六を対照させた衣洲の「構成《コンポジオン》」は「「照応之妙」の至れるもの」(24)だと高く評価している。

衣洲がいかにもセンセーショナルな事件を取り上げたのは情け深い助六に同情したからだが、それと同時に、情愛への強い執着がどのように人を不幸に陥らせるかということについての教訓を示したかったからである。流言蜚語への批判や深情けの女への同情と自戒など、衣洲の筆で綴られた「台北夢華録」は、世間一般の噂に対抗しようとする彼の姿勢や、情愛に捉われがちな人間のおろかさをいましめる態度が明らかに示されている。しかし、柳北の諷喩の政治的内容に比べ、衣洲のそれはむしろ一般的・通俗的な道徳論にとどまり、社会の統治機構についての観察と内省がまったく見られない。柳北の巧妙なイロニーに比べると、衣洲の文章の「平易さ」は一目瞭然である。衣洲の文章は柳北ほどの諦観や冷静さ、自己省察に支えられた攻撃力を持たないので、植民地特有の政治的統治関係を見据えた分析ができず、通俗的な、つまり保守的で道徳主義的な見解の呈示に堕してしまうといえる。さらに、次節で分析するとおり、柳北の無用論に通底する風刺と戯れの技法は、衣洲の作品では異なる方向に展開していくことになる。

3 「戯れ」の可能と限界――「台湾風俗詩」の「台北竹枝詞《ちくしし》」を例として

一九〇三年四月十二日、「台湾日日新報」漢文部主任として同紙の編集に携わっていた衣洲は、社長の守屋善兵衛から解雇を通告された。この日の衣洲の日記には、「是朝社長守屋より手紙来るに付、午前九時新起街の宅に至りたるに、兼て期したる論旨一條に付直に承諾の旨を答ふ。其大意は、貴殿ハ昨年来大患にかかられ未だ全快とも見えず、此分にては台湾ハ到底客住の地にあらず、内地へかへり保養いたされし方かん様存ぜらるるが如何に云々、全く辞職諷喩ニ他ならずされぱこも全く長官の意に出で大橋豹軒をして予に代らしめんがためなるべし。渡台以来身世の風波稀なりしに、昨年大患以来ここに一頓挫を来せり。此際尤も戒慎すべし(25)」とある。鳴り物入りで台湾に迎えられた衣洲にとっては、前年から胃腸の持病で闘病生活を送ってきたのに加えて、解雇の通告は、大きな頓挫だったにちがいない。新聞社の仕事を失った衣洲は二カ月後、知人の紹介で総督府学務課に職を得たが、待遇の悪さに納得がいかない様子が日記にうかがえ、失意の日々を送っていたことが想像される(26)。学務課の任務に就いた衣洲は、漢文教科書や翻訳の仕事に携わり始める。八月三十一日付の日記には「帰路総督府学務課に立より、台湾府志を借用す。夜柳原へ赴き、小談(27)」とあり、翌日九月一日には「晴。是日より台湾府志

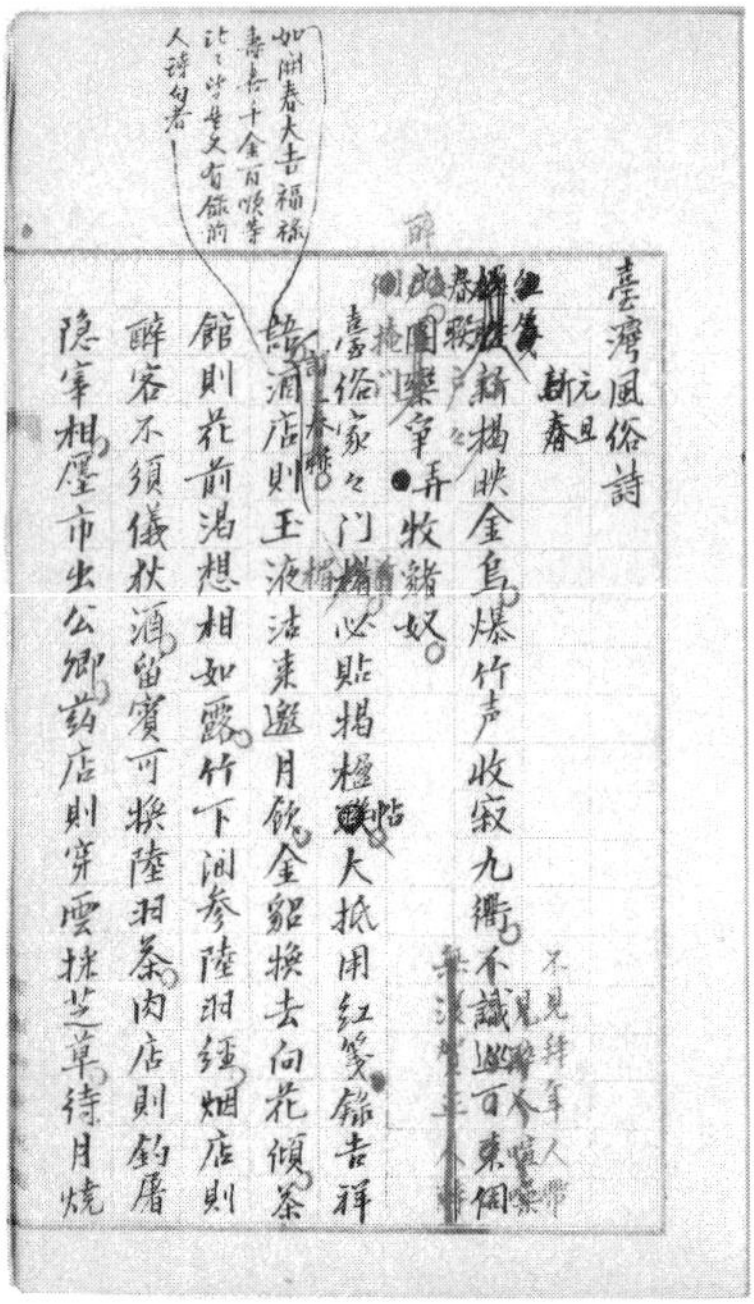

図1 「台湾風俗詩」初稿の一部（大阪府立中之島図書館蔵）

風俗攷の繙訳にかかる。午下横澤君来る。囲棋。夜来小雨(28)」と記している。おそらく『台湾府志』風俗篇翻訳をきっかけに「台湾風俗詩(29)」に着手したのだろう。しかし、理由は明らかにされていないが、衣洲は生涯この作品を公表しなかった。

「台湾風俗詩」の肉筆手稿は現在、大阪府立中之島図書館が所蔵している。本篇は表題の「台湾風俗詩」で、付録に「台北竹枝詞《ちくしし》」「台湾歳時俗尚」を収録している。衣洲はその序で「今年の夏、家居して痾を養い、長い昼に用事なし」と述べ、病気療養の合間にそれまでの五年間の台湾滞在で得た見聞をはじめ、台湾の風俗や伝統慣習、年中行事などについて漢文で綴り、それぞれをテーマにして七言絶句の風俗詩を創作したと述べている。「台湾風俗詩」は歳時記として構成されたもので、何度も清書されたらしく、初稿から完成稿まで大幅に削除したり加筆したりした痕跡が見られる。完成稿を見ると、全編は「歳旦」「元宵」「清明」「端午」「普渡（中元祭）」「中秋」「除夕（大晦日）」などの短篇が年中行事の順に並び、その間に「草虫」「ライチ」「檳榔」「榕樹（カジュマル）」「茶」「毒蛇」「蘭」「芭蕉」「惜字亭」など台湾特有の産物をテーマにした詠物詩や、「鴉片煙（阿片）」「捕蛙」「紙銭（冥銭）」「纏足」など日本には見られない台湾民俗慣習を観察したエッセーが差し込まれている。

例えば、台湾の四季それぞれの虫の声について、「相思樹の上、月朧明なり、地を動かす風来たりて、雲復た生ず。蟋蟀《こおろぎ》秋を悲しみて猶未だ足らず、春宵また不平の鳴を作す（相思樹上月朧明、動地風来雲復生、蟋蟀悲秋猶未足、春宵還作不平鳴）」と詠っている。コオロギが秋に鳴くのは自然だが、それだけでは足りずに、風情のある春の宵にも鳴くのは何か不平を漏らそうというのだろうか、という意味である。衣洲は詠物詩にかこつけて、突然新聞社から解雇された自身の不遇をほのめかしているように読める。また、台湾の墓参りで紙幣を模した冥銭（紙銭と呼ばれる）を焼く慣習について、「蔓草戚戚として暮煙を冷やす。灰余の銀紙、墓前に乱る。黄土、何用を為すや知らず、人間の幾万銭を虚ろに費やす（蔓草戚戚冷暮煙、灰余銀紙乱墳前、不知黄土為何用、虚費人間幾万銭）」と吟じている。墓前で冥銭を焚くのは、台湾道教の伝統的祖霊信仰の一儀礼である。戦争の拡大につれて皇民化運動に拍車がかかった一九四〇年以降は、金銭の浪費と日本の国民性の養成を理由に正式な禁止の対象となったが[30]、植民地統治の初期では旧慣温存として総督府に認められていた。旧慣温存に批判的だった衣洲はやや冷たい突き放した調子で詠っているが、とはいえその態度は日本帝国主義によって台湾文化を改造しようとする帝国主義者というよりも、むしろ無知な庶民を教化しようとする儒教の士大夫に近いように感じられる。

衣洲は「台湾風俗詩」の序で自分の詩観を次のように述べている。詩は事実によって叙述されるものだが、著しく卑俗な語を使えば識者の物笑いを招く恐れがある一方で、文章の技巧にこりすぎると浮ついた実のない表現になってしまうので俗を化して雅とするのが理想なのだが、自分の力がまだそこまで及ばないのは遺憾である[31]、という。庶民生活を主題とする風俗詩が卑俗な言葉を使わざるをえないという問題は、そもそも儒者や知識人の文学意識における雅俗問題と深く関わるものなので、常に関心が寄せられる問題である。とはいえ、衣洲はあえて現地の風土や風俗のリアルな再現に重きを置いたことで、現実に身近で使われる、飾り気がなく素朴な言葉を意図的に回避しないことにした結果、雅と俗との拮抗と乖離という問題を無視せざるをえなくなったのである。もちろん、俗語が回避できないというのは詩人にとって謙遜の常套句でもあるが、ここではそのままの意味で受け取っていいと思われる。

ところが、「台湾風俗詩」の付録に収録され、九つの詩によって構成された「台北竹枝詞」では、作風が一変する。「台北竹枝詞」は台北近辺の人間関係や風物、出来事を主に記録したものだが、その前書きで「台北竹枝詞は本来土俗に干渉せず。巻末に別個に収録し、あえて混同せず」と断り、それゆえ、「台北竹枝詞」は「台湾風俗詩」とは独立したものだと述べている。つまり、「土俗」の有無が風俗詩と竹枝詞を根本的に分けるポイントだと説明している。しかし、中国では、両者はそれぞれの歴史を持ちながらも、形態と内容に高度な相似性があることから、ときに混同されている。では、衣洲の「土俗」の有無という区別の基準はいったいどのように生まれたのだろうか。その答えは、中国と日本の間で竹枝詞のあり方に違いがあることに求められるといえるだろう。

中国では古来、地方の風土民俗、伝説、地理、風景、物産を内容とする詩作は、風俗詩と呼ばれる。『詩経』の「桑中」「溱洧」「七月」や屈原の『九歌』はともに風俗詩のジャンルに属し、ときに風土詩とも呼ばれる。[32]一方、「竹枝」は、本来中国の巴蜀地方（四川）の俗謡である。唐代、中央での政争に敗れて夔州（現・重慶）に貶謫された劉禹錫が、地元の人が歌う俗謡に興味を引かれ、その曲折に合わせて九編の歌を作詞し、「竹枝」と名づけたのが始まりだという説が有力である。[33]その後この詞はほかの詩人たちに注目されて模倣されるようになり、詩体として伝播した。それ以来、竹枝は転じて、某地俗歌とか某地の詩といったように、囃子言葉や歌謡の曲節とは無縁になった七言絶句の形式として定着して、平仄《ひょうそく》、典故《てんこ》の制限が緩み、内容も発生の地の巴蜀を離れ、民間生活を踏まえた各地の風俗や少数民族の民俗人情、庶民男女間の愛情を素朴な言葉で詠む形式となったという。[34]

つまり、竹枝詞が七言絶句の形式をとるのに対して、風俗詩は形式自由の五言か七言の古体詩を中心とするが、[35]ともに地方の風土民俗の描写が中心である点で、中国本土では同一視されることが多かった。特に清代以降、地方志の編纂と研究が盛んになり、風俗詩と竹枝詞が地方史の一次史料として注目されるようになると、それと連動して風俗詩の創作もブームになり、某地雑詩や某地竹枝詞という呼び名が一般化したのである。さらに、風俗詩や竹枝詞は詩だけで構成されるのではなく、現地の風物を詳しく紹介する注釈が付くことも共通の特徴である。詩人にとっては、学問と美学との巧みな均衡を示す腕の見せどころといえる表現形式なのである。[36]

一方、日本では風俗詩といえば、『北里歌』以来の遊里風俗詩がすぐに想起される。この遊里風俗詩は詩体として通常は竹枝詞と呼ばれるのが普通で、遊里の男女関係など繊細な官能描写を中心とするものである。中国本

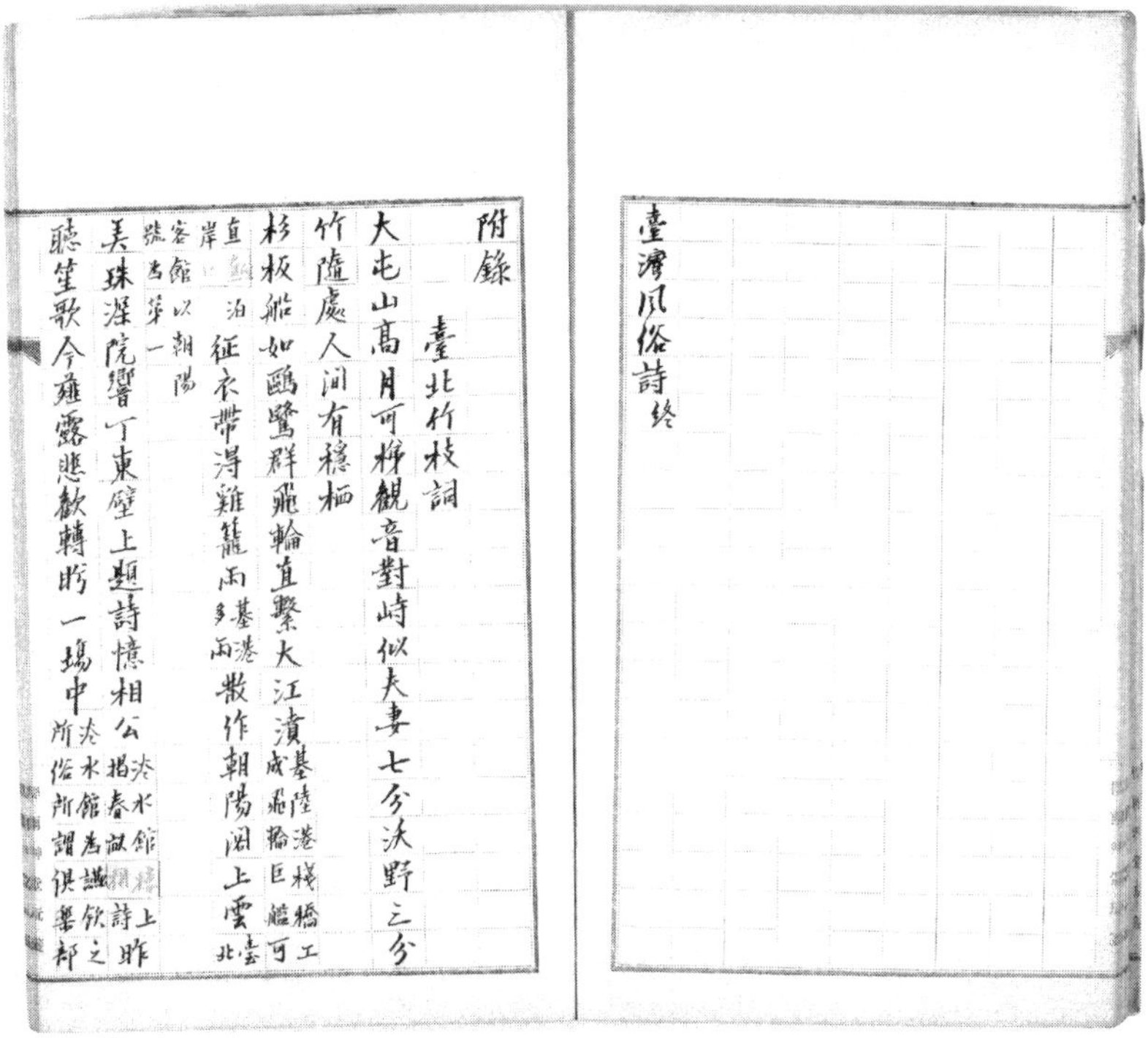

図2　「台北竹枝詩」第二稿の一部（大阪府立中之島図書館蔵）

土では地方風俗詩である竹枝詞が、日本に輸入されるとなぜ都会の狭斜の巷を舞台に、女性の艶情や男女の仲ばかり詠う遊里風俗詩に変貌してしまうのかについては、揖斐高による江戸後期の竹枝詞に関する研究に詳しい。それによれば、最初は祇園南海『江南歌』のような、一時の戯文から出発したが、のちに漢詩創作をめぐる雅と俗との拮抗問題を意図的に解消するために作られた実践作、市川寛斎『北里歌』（一七八六年）が登場して、竹枝の作風に大きな転機をもたらしたという。[37] 揖斐によれば、寛斎が追い求めたのは、単に風景や風俗としての吉原の表面的描写ではなく、客と遊女の間に漂う纖細な感情が詩の行間から感じ取られるほど、抒情性に満ちた表現力だったという。[38] したがって、『北里歌』とその後の一連の遊里を題材にした竹枝詩は「清新性霊の詩の実践的な作品」と評価されている。[39] その後、こうした詩が数多く作られるうちに艶詩の発想がパターン化してマンネリに陥り、「淫艶浮靡、風俗傷害」と評される作品が増えていった。[40]

ところが、明治期になると、遊里生活の徹底して現実的な描写を通して世相を反映するものが現れた。木下彪が『明治詩話』で紹介している一八七七年刊『東京竹枝』の「湯屋行」がその代表例である。江戸時代に始まり、明治に入ってさらにエスカレートした「二階湯」文化――湯屋の二階を色を売る場にすること――について、「湯屋行」は「湯屋の難は湯にあらず水にあらず、唯楼上転覆の間にあり」と評し、湯屋の淫靡で金銭主義的な実態を暴いている。[41] これによって、従来は遊里描写に限定されていた竹枝詞は男女の情愛だけを題材とするという既成概念から解放され、世相の変化を描くという新たな意義を見いだすことができた。

では、衣洲の詩作にはこうした中国と日本の竹枝詞の相違はどのように反映されていたのだろうか。「台湾風俗詩」の構造を見ると、それぞれのテーマに七言絶句の漢詩と注釈用の漢文をつけるという体裁をとっているところは中国伝統の風俗詩の形式をそのまま引き継いでいるといっていい。しかし、「土俗に干渉せず」という点が竹枝詞の本質だとする解釈は中国本土の定義とは明らかに異なり、日本の竹枝詞の伝統を踏まえた部分も大きいといえる。そうだとすれば、衣洲の「台北竹枝詞」は遊里風俗詩である日本の竹枝詞と同一視してもいいのだろうか。衣洲の「台北竹枝詞」にも日本の竹枝詞のような艶情が込められているのだろうか。実際の詩作を読むと、読者はとまどいを感じるかもしれない。「台北竹枝詞」には例えば、台北近辺の基隆港の風景を描写した次のような詩がある。

杉板船如鷗鷺群
飛輪直繋大江浜（基隆港桟橋工成、飛輪巨艦可直繋泊岸口）
征衣帯淂雞籠雨（基港多雨）
散作朝陽閣上雲（台北客館以朝陽号為第一）

杉板の船、鷗鷺の群れの如し。
飛輪、大江浜に直に繋す。（基隆港の桟橋工事が完成し、大型船が港口に停泊できる）
征衣は基隆の雨を帯び、（基隆は雨が多い）
散じて朝陽閣上の雲を作す。（台北の旅館は朝陽号が首位を占める）

日本統治時代に入ると、台湾北部の基隆港《キールン》は国際港として活用する目的で大規模な建設が開始された。一八九九年に基隆港第一期築港工事で、港湾周囲の浚渫工事と防波堤の建設などが進められ、一万トン級の船舶が停泊可能な近代港湾が整備された。「飛輪、大江浜に直に繋す」という描写はそうした事情を描いている。「飛輪」は、中国古典では「太陽」の別称だが、ここでは日の丸を掲げた船体を暗示し、太陽が水平線から昇ってくる様子に例えて、港に停泊する巨大な船の姿を浮かび上がらせている。後半は、雨に降られた旅人が旅館で濡れた衣（征衣）を乾すとその蒸気が雲霧となると詠んでいるが、その背後に男女の間の雲雨の情を連想させ、さらにそれを雨が多い基隆の気候と台北のシンボルである朝陽閣旅館という実景に重ねてみせる。表向きは従来の日本の竹枝詞の伝統を踏まえて男女の情交を主題に据え、巫山の雲雨を想起させる表現で、長旅の客が旅館で一夜を過ごす光景を描いている。しかし、詩作自体はむしろ基隆という土地の地景の変化を第一に伝えようとしている。そこには伝統的な竹枝が持つ特徴も、『東京竹枝』が持っていた「写実性」、つまり花柳界を描くことで社会の暗黒や醜悪を暴露しようとするリアリズムも、もはや見られない。
　前記の特徴は「台北竹枝詞」における淡水館を描写する作品にも明白に表れている。

弄珠深院響丁東
壁上題詩憶相公（淡水館楼上掲春畝公詩）

昨聴笙歌今薤露
悲歓転盼一場中（淡水館為談飲之所、婚礼喪祭亦皆行於此）

深院に珠を弄ぶ、響き丁東。

壁上に詩を題し、相公を憶す。（淡水舘は楼上に春畝公〔伊藤博文〕の詩を掲げている。）

昨日笙歌を聴くも、今は薤露。

悲歓転盼《たちまち》一場の中。（淡水館は宴会場で、結婚式も葬式もすべてここでおこなわれる。）


官員向けの社交場であると同時に上流階級の宴会場である台北淡水館の光景を描いているが、括弧内の注釈を読まなければ、遊女がひいきの客を追憶し、過去の情愛もいまはすっかり消え去ったことを嘆いている哀愁の場面しか思い浮かばないだろう。清朝時代には最大の学問所だった登瀛書院《とうえいしょいん》は日本統治時代には「淡水館」という名称で政府官員の集会場・社交場に転用され、ときには帝国権力を顕彰する場として利用された。そうした例で最も有名なのは、一九〇〇年三月十五日に総督府が台湾人の上流階級を招き、淡水館で「揚文会」を開催したことである。「揚文会」は新政府の文明の高さを台湾の上流階級に向けて宣伝し、台湾人を懐柔する目的で催された[42]。王朝交代を象徴する儀式を通して台湾の上流階級を新たな帝国の統治秩序に組み込もうとした会の開催場所である淡水館は、植民統治の権力構造を象徴する政治的な空間だったといえる。衣洲は台湾に赴任して以来、児玉源太郎総督のブレーンとして一八九九年の「饗老典」をはじめとする台湾人懐柔の場面に何度も参加し、この揚文会にも参席していた[43]。にもかかわらず、淡水館という日本帝国主義の統治構造を象徴する政治的な空間は、衣洲の筆ではその政治性がまったく描かれず、ただ中性的でスナップショット的に描かれている。

むろん、風景描写が中心の衣洲の「台北竹枝詞」が、男女の情事を主題とする同時代の竹枝詞に比べればはるかに「新鮮味」を持っていたことは疑いない。例えば、一八九四年出版の長谷川正直の『柳橋竹枝』は艶やかな文章で女性の繊細な感情と雅な風流人の世界観を描き、三島中洲、依田学海、森槐南、大江敬香、野口寧齋、平井魯堂など当時の漢詩大家に高く評価された。依田学海は『柳橋竹枝』に序を寄せた際、「夫れ貪官汚吏姦商黠賈窃に相会い、以て美姫妖女其の歓心を買い、其の隠私を遂げる。彼豈風流韻事を解するものか。是れ人間の魔障なり。花月の罪過に非ず」[44]と述べている。学海は、最近は淫乱としか見られていない風流世界が政府官員と商人との癒着・応酬の場として乱用されているのはもっぱら世の中が堕落したせいだと述べ、風流世界本来の雅な精神の復興を訴えている。つまり、『東京竹枝』の批判性と風刺性から一変し、明治中期以降の竹枝詞はほとんど社会世相の暴露とは無縁な風流鑑賞の次元に回帰していたのである。[45]他方、衣洲はそれらとは異なり、文章作法と言葉遣いで過去の風流精神を保ちながら、男女関係の内容を描く一方で、その裏で本来の中国竹枝詞が持っていた風俗詩的な要素を回復させようと努め、行間に風景描写を織り込んでいるのである。

しかし、衣洲は目の前の風景を織り込むことに意を注ぐあまり、しばしば現状への反省は見失っていた。『東京竹枝』は、花柳界の話を前景に押し出しながら卑俗な部分も一切回避せずに描くことで、社会の理不尽さを暴き出した作品だった。しかし、衣洲の「台北竹枝詞」は、同じように男女の情の描写を中心に据えているとはいえ、それは世相や風景描写の比喩として活用されるだけである。『東京竹枝』は竹枝詞の可能性を開拓し、「戯れ」というアウトサイダー的立場を通して世相の本質を暴露するのだが、衣洲の場合は、ただ修辞的遊びのために竹枝詞の機能性を活用しただけだといえる。その結果、「戯れ」の性質によって風物を描写することには成功した一方で、字面と本意とのギャップを利用する戯文のレベルにとどまってしまい、社会の深層を暴き出すまでには至らなかった。「台北竹枝詞」の「戯れ」は、言葉遊びによって新奇な対象を描くことで、新生面を開いたといえる一方で、それと引き替えに、『東京竹枝』の批判精神を失い、単純な「現実描写」の次元にとどまってしまったのである。

おわりに

本章は、滞台期間中の籾山衣洲の詩文に基づき彼の思想の分析を試みた。滞台時の籾山衣洲の無用論は、寺門静軒や成島柳北など漢文繁昌記の伝統を意識したうえで展開されたものとはいえ、外部世界の不条理への鋭い観察と自己自身への反省をともに内包していた静軒や柳北の風刺文と異なり、「有用」世界と「無用」世界との緊張関係を把握せず、通俗的な道徳論にとどまっていたといえる。また、同時代の花鳥風月的な竹枝詞とも異なり、衣洲の竹枝詞は隠喩を「戯れ」として活用し、男女の情愛の描写を風景描写と二重映しにするという表現方法をとっている。しかし、その「戯れ」という挑戦は本来の風刺精神を失って戯文のレベルに停滞し、ときに植民地の権力構造に「協力」する方向を示してもいる。

衣洲作品に見られる植民地統治に対する無条件的な支持や支配に対する懐疑とは無縁の追随姿勢は、統治体制とは距離を置きながらそれを批判したりあるいはそのなかで生きている自分を自嘲したりした静軒や柳北作品の政治姿勢とは、まったく別なものである。むしろこうした作風からすると、衣洲に帝国主義への協力者というレッテルを貼ってもいい、と思われるだろう。しかし、衣洲の作品群が持つ体制への協力という性格は、「士人としての自己実現」と「詩人としての自己実現」という、ある意味古典的ともいえる二重の意志に支えられていたということも、否定できない。それは必ずしも、自己の意志を曲げて支配者に追従するという「協力」ではなかったのである。第1節の最後で述べたように、静軒・柳北や『東京竹枝』など批判精神に富む幕末から明治前期の漢詩・漢文作品は、過渡期の産物として一世を風靡したあと、一八七七年以降になると近代的文体の興隆という時代の流れに飲み込まれ、次第に姿を消してしまった。批判精神を盛り込む「媒体」は従来の漢詩文から、散文や小説などの近代文体に移行していたのである。つまり、衣洲の漢詩文に批判精神が欠如しているという問題は彼個人の問題というより、一八八七年以降の漢詩文界の一般的な衰退傾向と、日清戦争直後の一時的な政治利用に翻弄された結果と見ていいのかもしれない。そうだとすれば、むしろこのような時代背景のなかで、衣洲が「戯れ」を重視する技法を磨こうとしたその姿勢は重視されていいだろう。

一八九九年一月二十一日の衣洲の日記には「晴又陰。午前枚淑と総督の官邸に至り、児玉爵帥ニ謁す。爵帥情極めて殷賑なりき」[46]とある。枚淑とは清国の名士、章炳麟《しょうへいりん》のことである。章はちょうどその頃戊戌変法に関わったとして清朝政府に罪を問われ、日本を経由して台湾に亡命して、「台湾日日新報」の編集の仕事に携わっていた。一月二十一日、児玉源太郎は衣洲と章の二人を総督府に招いて会見し、今後の台湾統治について二人に抱負を伝えたようである。この会見について、二人は漢詩を作り、「台湾日日新報」一八九九年一月二十九日付に掲載した。章は児玉に「帝国名勝図」まで送られていたが、その詩には、知遇を得た恩よりも異地に流謫の身となり、故国に帰れない自身の境遇に対する不安の気持ちがあふれている。[47]それに対して、衣洲の詩作は喜びに満ちており、「巡辺の旂旆を蛮夷は仰ぐ、饗老の壺觴に耄耋《ぼうてつ》を共にす。燕寝に林下の士を招く、筆陣を馳駆《ちく》し、気は虹の如し」[48]と詠い、児玉の知遇に応えようと筆を振るっている様子が伝わってくる。権力の中心に近づけば近づくほど、衣洲の詩作の協力的性格は一層明らかになる。一方、衣洲は新聞社免職後も批判的な言動をまったく示さず、ただ自分の運命に抗うことなく現実を受け止め、文筆活動を続け、作品がいつか世に出ることだけを望んでいる。[49]「筆陣を馳駆」するという意識は児玉に優遇されていたときも、その後冷遇されるに至ってからもほぼ変わらず、衣洲の一貫した姿勢であり続けた。この「筆陣を馳駆」するという言葉に表れた衣洲の姿勢とは、植民地統治初期の帝国「協力」者としての行動に親和性を示す「士人としての自己実現」である一方で、政治的現実とは無縁の、「詩人としての自己実現」につながるものでもあった。しかしこの詩人的性格のために、衣洲が修辞表現を極めようとすればするほど、既成政権への無批判、政治協力への無頓着がさらに顕著になってくるのである。

衣洲の事例からうかがえるように、「帝国協力」という実態のなかには個の多様な存在と多重化した認識がひそんでいる。一面的な理解を回避するため、本章は「協力」という言葉を括弧に括って使用した。離台後の衣洲は日本と中国を転々として、天津の「北洋日報」の記者を経て、一九〇六年から中国保定軍備学堂の日本人教官となった。一九一〇年に日本に帰国するまでもっぱら公務として教科書や文章の漢文翻訳に携わっている。その傍ら、衣洲は漢詩の創作や私的な文筆活動を続け、漢詩集と骨董鑑賞の本を出版した。かつては立身出世の抱負を訴える手段だった漢詩文は、実用的な意思疎通の機能を果たす漢文と、抒情性が強い私的で趣味的とも言える漢詩に分裂し、それとともに、衣洲は帝国日本の表舞台から静かに去っていった。戦前、日本帝国の版図拡大に伴って越境し続けた一漢詩人籾山衣洲は、帝国が個人に及ぼしうる力を査定するうえで示唆に富む存在だと言えるだろう。

注

(1) 籾山衣洲の在台経歴については、神田喜一郎/島田謹二「南菜園の詩人籾山衣洲」上・中・下(「台大文学」第五巻第四号〔一九四〇年十月〕、第五巻第六号〔一九四〇年十二月〕、第六巻二号〔一九四一年五月〕、台北:台大文学会)、許時嘉「〈籾山衣洲日記〉初探――日治初期在台日人社会與日台交流(一八九八―一九〇四)」(「台湾史研究」第二十巻四期、台北:中央研究院台湾史研究所、二〇一三年十二月)を参照。

(2) 前掲「南菜園の詩人籾山衣洲」中、七ページ

(3) 許時嘉『明治日本の文明言説とその変容』(日本経済評論社、二〇一四年)の第七章を参照されたい。

(4) 齋藤希史「〈同文〉のポリティクス」、岩波書店編「文学」二〇〇九年十一・十二月号、岩波書店

(5) 前掲「南菜園の詩人籾山衣洲」中、二二ページ

(6) 唐木順三『無用者の系譜』(筑摩叢書)、筑摩書房、一九六四年、一二六―一二七ページ

(7) 同書一二六ページ

(8) 両国の花火、火事場、楊花(義太夫)、女剃師(髪結い)の章では、庶民の倫理違反や無秩序な姿への批判が述べ

られている。

(9)前田愛「寺門静軒——「無用之人」の軌跡」『幕末・維新期の文学——成島柳北』(「前田愛著作集」第一巻)所収、筑摩書房、一九八九年、一〇〇ページ

(10)日野龍夫「寺門静軒と成島柳北」、『江戸繁昌記 柳橋新誌』(「新日本古典文学大系」第百巻)所収、岩波書店、一九八九年、五七五ページ

(11)同論文五八九ページ

(12)日野龍夫「解説 江戸狂詩の世界」、日野龍夫／高橋圭一編『太平楽府他——江戸狂詩の世界』(東洋文庫)所収、平凡社、一九九一年、三〇五ページ

(13)「台湾日日新報」一八九九年三月一日付、一面

(14)蘇軾「答程天侔三首(之二)」『欽定四庫全書・集部三・別集類』「東坡全集」巻八十四、二十八葉。本章は「中国哲学書電子化計画」データベース(https://ctext.org/zh/)を参照。

(15)前掲「南菜園の詩人籾山衣洲」上。当該記事に「柳下泥泥生」という署名があるが、島田は籾山衣洲が書いた記事と判断した。ちなみに、この記事は「幽便配達」という題名が付けられ、成島柳北の手紙とともに何通かの手紙が相前後して並べられている。いずれも受け取り人が実在の人物であるかどうかは確認できないものの、「遺志」を受け継いで、辺鄙な台湾で「奮闘」する姿に欣喜雀躍する先人の感慨が次々と描かれている。

(16)前掲「南菜園の詩人籾山衣洲」上、三七ページ

(17)同論文三七ページ

(18)「台湾日日新報」一八九九年三月二日付、一面。原文:「一夜隠几読書、忽有一麗人至。環珮鏘錚。蘭麝薫馥。揖予曰(略)北里粧樓諸志記、原是判華量月耳、而其中寄諷隠然、責以導淫、呵以蕩志、其可得乎、君宜択之。言迄不知所之。予惝怳如夢醒、因私念吾生好無用之学、長為無用之人。不若役無用之筆、而著無用之書也。(略)随所見聞、而立之小伝、名曰台北夢華録。(略)雖然歌吹之場、銷金之窩、風流才人、以斯下酒、未必不勝黄鸝双柑也」

(19)前掲『江戸繁昌記 柳橋新誌』四二〇ページ

(20)前田愛「成島柳北」、前掲『幕末・維新期の文学』所収、三三七ページ

(21) 秋蓮庵主戯稿「台北夢華録 君子」「台湾日日新報」一八九九年三月七日付、一面

(22) 前掲「南菜園の詩人籾山衣洲」上、三九ページ

(23) 秋蓮庵主戯稿「台北夢華録 助六」「台湾日日新報」一八九九年三月三十一日付、五面

(24) 前掲「南菜園の詩人籾山衣洲」上、四〇ページ

(25) 許時嘉、朴澤好美編訳『籾山衣洲在台日記――一八九八―一九〇四』中央研究院台湾史研究所、二〇一六年、四三一―四三二ページ

(26) 一九〇三年七月十六日の日記には、「晴。午前学務課に赴く。佐藤課長に面して辞令を受取り、家に帰りて披きみれば雇を命ず月俸四十五円とあり、不平ますます耐へがたし。即ち来八月を以て辞表を出すことに決心す」とある。前掲『籾山衣洲在台日記』四四五ページ

(27) 同書四五九ページ

(28) 同書四五九ページ

(29) 「台湾風俗詩」の序に、台湾歳時俗尚と婚姻葬式の記述は現行の民俗行事の作法に準じるもので、清朝の『台湾府志』と相違があることを断っておく、というただし書きがあることから、「台湾風俗詩」は一九〇三年八月から九月にかけて『台湾府志』の翻訳を手がけていたのと同時期に書かれたものと推定できる。

(30) 蔡錦堂『日本帝国主義下台湾の宗教政策』同成社、一九九四年、八五―一〇四ページ

(31) 原文：「詩抝実敘出――聞著鄙俗之語恐為識者所嗤、然専欲字之巧者、往往有浮華少実之弊、化俗為雅、憾吾力未至耳」

(32) 趙杏根選編『歴代風俗詩選』岳麓書社、一九九〇年、二ページ

(33) 揖斐高『江戸詩歌論』汲古書店、一九九八年、一五三ページ

(34) 同書一五三―一五四ページ

(35) 前掲『歴代風俗詩選』三ページ

(36) 同書三ページ

(37) 前掲『江戸詩歌論』一六八ページ

（38）同書一六二―一六三ページ
（39）同書一六九ページ
（40）同書一六九ページ
（41）木下彪『明治詩話』（岩波文庫）、岩波書店、二〇一五年、三四九ページ
（42）「揚文会」の実態に関しては、前掲『明治日本の文明言説とその変容』の第六章「植民地台湾における〈文〉と〈文明〉の乖離」を参照。
（43）一九〇〇年三月十五日の日記に、「午前淡水館に開ける揚文会に参列す」とある。前掲『籾山衣洲在台日記』所収、一二五ページ
（44）長谷川正直『柳橋竹枝』長谷川正直、一八九四年、六葉（国会図書館所蔵）。原文：「夫貪官汚吏姦商黠賈窃相会、以美姫妖女買其歓心、遂其隠私。彼豈解風流韻事者。是人間之魔障、非花月之罪過也」
（45）そのほか、李山情偲の『眉橋竹枝』（一八九五年）も『板橋雑記』にならい、懐古の情から繁栄の時代の揚州で繰り広げられる美妓と英雄の出会いや別れを描いている。
（46）前掲『籾山衣洲在台日記』四四ページ
（47）章炳麟「児玉爵帥以帝国名勝図見贈。賦呈一律」「台湾日日新報」一八九九年一月二十九日付、一面
（48）籾山衣洲「謁 児玉爵帥於公館。恭賦七律一章」「台湾日日新報」一八九九年一月二十九日付、一面。原文：「巡辺旌旆虫夷仰、饗老壺觴耄耋同、燕寝且延林下士、馳駆筆陣気如虹」
（49）中国保定赴任後に出版した『燕雲集』には、以前台湾で書いた「台湾風俗詩」の上梓が実現できない苦悶が表現されている。籾山衣洲『燕雲集』雷啓中、一九〇九年、二〇―二一葉

［付記］本章は、科学研究費助成事業（学術研究助成基金助成金）若手研究（B）（課題番号26870069、平成二十六―二十八年度）による成果の一部である。

第3章

上海に見る遊郭と慰安所の関係性

宋連玉

はじめに

二〇一五年十二月に日韓外相会談が開催され、「慰安婦」問題に関する「合意」が発表されたが、結果的には事態を一層複雑化するものになった。その後、「合意」の一方の当事者である朴槿恵政権は一七年三月に罷免され、新たに文在寅政権が発足した。「慰安婦」当事者の思いを受け止めた解決を実現するために超えるべきハードルは、いまなお残されている。

歴史学会でも、慰安婦は公娼か否か、動員は強制連行か否か、慰安婦は性奴隷か否か、などの議論が続いている。慰安婦と公娼の違いについての論争(1)では、同じだと主張する者と違うと主張する者は互いに正反対の主張をしているようだが、両者はある意味では共通認識を有している。双方が共通して認識する公娼制とは日本「内地」の遊郭に見られる性売買のあり方である。また慰安婦制度と公娼制とは本質的に異なると主張する側はその根拠として、公娼制は、①平時における、②市民法のもとでおこなわれ、③廃娼規定が存在する点を挙げている。しかし、朝鮮や台湾の公娼制は日本「内地」の実態とはかなりかけ離れたものでこの根拠はあてはまらない。

そもそも帝国日本の居留地、租界、占領地では、国家公認の性売買の現場を表す遊郭や貸座敷といった言葉のかわりに貸席や料理店と呼称し、そこで売春する女性も娼妓とは言わずに芸妓や酌婦と呼ぶことで、売春の実態をごまかそうとしていた。

こうした地域の業者のなかには名称の曖昧さを悪用して女性を騙す手口に使ったり、劣悪な条件で女性を酷使したりするなどの問題が生じた。

歴史を振り返ると、国益や国家的体面などの政治的思惑から編み出された「玉虫色」の用語が、公娼や慰安婦をはじめとする女性の実態を見誤らせてきたといえる。

慰安所の曖昧さもしかりで、元来は軍が開設・管理した兵士向けの性的慰安の場を指したが、のちには民間業者が幅広く顧客を呼び込むための流行語として使ったケースも見られる。

本章では、上海のなかの租界が帝国日本の占領地となっていく過程で、いわゆる日本人の性風俗業が、外見と中身をどのように変化させていったのかを追いながら、遊郭・料理店と慰安所の関係性に迫る。

本論に入る前に、まず先行研究と資料について簡略に紹介しておきたい。

上海の日本人社会に関しては、一九九〇年に日本上海史研究会が創立されて以来、多面的な研究と関連資料の復刻が進んでいる。(2)

本章のテーマと重なる研究としては、文化交流の観点から書かれた唐権の『海を越えた艶ごと』(3)、在上海の日本人についての陳祖恩の論稿(4)や高綱博文『「国際都市」上海のなかの日本人』(5)があり、慰安所に関しては、藤永壯の「上海の日本軍慰安所と朝鮮人」(6)ならびに「上海の公娼制度に関する法令資料について（資料紹介）」(7)と、上海の日本軍慰安所についての蘇智良の研究(8)などがある。

本章で用いる一次史料は、『支那在留邦人人名録』（以下、『邦人人名録』と略記）の各年次版(9)と、『上海案内』（第一版、第七版、第八版、第九版、第十版、第十一版）(10)、『外務省警察史　支那之部　中支版』（以下、『中支版』と略記）、『上海叢書』、「上海日日新聞」(11)などである。

1　東洋茶館と領事館の性管理政策

日本の近代の幕開けである明治初期に、外務省発給の旅券を携えて海外に出た女性とは誰だったのだろうか。広く知られているのは津田梅子だが、彼女の渡米（一八七一年）以前に旅券を持って海外渡航した女性たちがいる。それは長崎在留のフランス、イギリス、清国の男性に同行して、上海へ渡った遊女たちである。

一八六八年の「海外旅券勘合簿」第一巻の長崎之部を見ると、六八年から旅券を発給されたのは長崎の丸山遊郭、寄合遊郭の遊女である。例えば、丸山遊郭遊女の羽山（二十二歳）は、六八年二月十三日に出国し、同年九月に帰国している。同じく遊女の司（二十二歳）は、六八年四月五日に最初に出国して以来、その後も六九年十二月三日まで出入国を繰り返している。

定説では、上海に日本人が姿を見せるのは日清修好条規（一八七一年）締結で国交が開かれたあとだとされる[12]が、それ以前にすでに遊女たちが上海に上陸していた。この渡航が契機になって、ゆかりの女性たちが「からゆきさん」として続いていったのだろう。

「からゆきさん」の一般的なイメージは、貧困ゆえに東南アジアをはじめとする海外へ出稼ぎに出た女性たちというものだが、その前史として国家が外国人男性への優遇策[13]として、彼らとなじみがある遊女を同行させたという事実があったのである。上海に上陸した長崎の遊女を「からゆきさん」の嚆矢と見なすのなら、「からゆきさん」は国策が生み出した存在であり、従来の解釈や歴史的評価に見直しを迫るものとなるだろう。

上海に渡航した遊女たちがその後どうなったかをうかがわせるのが次の記録である。

〇明治元年から一四五年迄の上海在留邦人数は十人か二十人位から百人迄で、平均一年に五、六人位増加した割合である。〇その何れの時代も大体男一、女二の割合である。〇男子の方は雑貨、陶器、小間物商人が大多数、次に商社員、官吏の順。女子は六、七分まで外人相手の売女、洋妾であった。（略）此等の婦人は上海に於ける邦人発展の一種の先駆者とも言えよふ。[14]

この記述は一九二一年に刊行された『上海百話[15]』によるものだが、原史料には「洋妾」という言葉はなく、「外人相手の性的商売」とある。男性の大多数も「外人相手の性的商売」の女性相手に小間物などの雑貨商をしていたということから、「からゆきさん」が上海に渡った日本人の先駆的存在だったことがうかがえる。

一八七二年に上海日本領事館が正式に開設され、初代総領事に品川忠道が就任するが、領事館の人手不足から領事裁判の執務などに忙殺されていた総領事にとって、日本女性の売春問題は頭痛の種だった。七六年に開院した浄土真宗本願寺の上海別院で「洋妾の為に本願寺に於て寺子屋式の授業行われたる事実[16]」があったとされるように、本願寺も渡航遊女に啓蒙教育をおこなうことで領事館に協力した。

そもそも清朝は基本的に「禁娼」の政策をとっていて、上海県では十九世紀初頭までは城内にほとんど妓楼がなかったのだが、県城の隣に租界が現れたことで状況が一変した。これは太平天国の乱（一八五一—六四年）と南京占領によって、「難民」となった娼妓が多数上海に流入したためだった。

それと前後して、上海のイギリス租界とフランス租界当局が、中国の「禁娼」政策を無視して、それぞれの管轄内で「公娼制度」を実施し始めた[17]。租界工部局[18]は日本側にも性病治療をおこない、工部局の娼婦管理条例の管轄下に入ることを同意させたという事実が、一八七七年の記録に残っている[19]。

日本女性を置いている日本人経営の娼館は東洋茶館、もしくは東洋茶楼と呼ばれたが、一八八〇年創業の三盛楼や美満寿以外にもそうした茶館は十四軒（総数十八軒）存在し[20]、特に八二年から八三年にかけて全盛を極めたという。

一八八四年五月、記者時代に上海を訪れた尾崎行雄も東洋茶館で性売買に従事する日本女性についての記録を残している[21]。同時期の花柳界の消息を記した中国の刊行物にも「邦人妓館の有名なるものは鉄路大橋（天祐宮橋）の三盛楼、清河坊の美満寿等なり」と言及している。

当然ながら、租界警察は東洋茶楼を取り締まり、そこで働く日本女性の性病検査を要請し、工部局は日本領事館に妓楼の閉鎖を求めた[22]。

品川総領事は東洋茶楼が全盛だった一八八二年六月に外務省宛に、「我国婦女渡清の者取締筋の件」と題した文書を送った。

要約すると、上海総領事館に登録している日本女性は二百余人いるが、未届けで各所に散在する者も数十人おり、しかも彼女たちは外国人に雇われて密売春をおこなっているが、治外法権の状況ながらも外国人と清国人に対する体面からして様々な問題が生じているために厳重に対処することを求めるといった内容である。

品川総領事は井上馨外務卿に宛てた密売春取り締まりについての問い合わせをするが（一八八二年六月）、それに対して外務省は「密売淫を為し又は其媒合客止を為したる者」に刑罰を与えるよう指示し、初犯、二犯、三犯に対する処罰内容と密告者への報奨を決めた「売淫罰則」を定めると回答した[23]（八月二十五日）。

翌年の一八八三年十一月に外務省はさらに精緻に規定を定めた「売淫罰則」の施行を指示したが、その第一条で、「売淫者」「媒合容止及指令者[24]」「寓主[25]」に対し、科料を課すようにした[26]。続いて九月に居留民取締規則を発布し、居留民の服装にまで注意を促した。

一八八四年五月に品川総領事の後任として赴任した安藤太郎総領事は、「売淫者」は三百五十人から三百六十人以内だが、東洋茶館内には六十余人が住み込んでいると外務省に報告している[27]。

結果、安藤総領事は東洋茶館を廃業に追い込むことに成功し、茶館で働いていた「醜業婦も茲に居たたまれず漸次香港新嘉坡に赴いた[28]」。三盛楼もこのときに風紀紊乱を理由に閉鎖させられる。

日清修好条規で日本と清国は互いに治外法権を有していたので、罪を犯した日本人は長崎へ護送することが定められていたが、品川総領事時代は判事役も兼ねた総領事が送還費用削減のために軽微な犯罪については罰金刑という方針で臨んでいた[29]。しかし安藤総領事は、女性の強制退去という強硬な措置に打って出た[30]。

しかし、その強硬策は長く続かなかった。というのも、一八八六年三月には四百人以上の日本女性が上海へ渡航するようになったが、「其過半売淫を目的とする者」と報告されるほど、規模がふくれあがったからである[31]。その背景には七五年に三菱商会が最初の外国航路として横浜―上海（神戸・長崎経由）間の定期便を開き[32]、渡航が容易になったことがあるだろう。長崎―上海間は長崎―東京間より五百キロも近いこともあって、のちには「長崎県上海市」と称せられるほど長崎からの渡航者が増えた。

この短い期間だけを見ても、そもそも外務省には性売買目的の渡航禁止の原則がなかったことがわかる。判断基準になるのは「御国体」だけで、それ以外の点では時期・場所・利権内容によって複数のスタンダードを使い分けていたのである。

一八八五年七月には井上外務卿から長崎県、福岡県、山口県、兵庫県、大阪府、神奈川県の各知事宛に、「上海一港に於て四百余人の多きに及へり此等の婦女は洗濯針仕事又は人の雇と称するも其の実過半売淫を目的とする者[33]」であるため、旅券の下付には厳しく精査するようにという通達が下った[34]。

しかし一八九二年三月に榎本武揚外務大臣が清国、朝鮮、香港、シンガポール、サンフランシスコ、バンクーバーの各領事に送った「海外渡航売淫婦女取締方に関する訓達」には、「我国民の勢力を海外伸暢するの方針を執り候以上は些細の保護策に拘泥致し居り難きことは亦勢の然らしむる所なるに因り以来は我国の法律に抵触せざる以上は我国婦女の海外渡航取締方法亦自ら寛ならざるを得ざる義に有之候」とある。要するに日本が海外に勢力を拡大する国策をとっている以上、女性に対する海外渡航も寛大にならざるをえないということだ。日本の法律に抵触しない限りというのは公娼制を指してるのだろうが、国家財政の観点からすると、女性たちが故郷に送金する外貨も捨てがたかったのだろう[35]。

領事館は性売買業だけでなく強い権限をもって一般居留日本人にも対応した。すなわち在留規則、警察犯処罰令、各種営業取締規則、学校に関する規定などを適用し、五十人以上の警察官を擁して在留日本人の直接保護と行政上の取り締まりを実施していた。違反者には在留禁止、営業停止、科料、罰金、拘留などの行政上または司法上の処分を下した。特に営業に関しては領事館の許可が必要だったので[36]、総領事は全居留民に対して生殺与奪権を握っていたといえる。

また上海での性売買問題の対処の仕方は朝鮮での同様の問題の範とされた。同時期(一八八三年)、在朝鮮の仁川領事も欧米列強の顔色をうかがう外務省と共同租界での性売買業をめぐって激論を交わしているが、外務省は上海の取り締まり方針にならうよう領事館に指示している[37]。

2 日清戦争・日露戦争と料理店の発展

戦争と日本人居留民社会の形成

初期の日本人居留民は「からゆきさん」と彼女たちを顧客にする零細商人が大多数だったが、日清戦争後から居留民社会が形成され始め、日露戦争後には本格的な日本人コミュニティーができていった。一九〇七年の上海居留民団の成立がそれを物語る[38]。

さらに在留日本人の生命財産保護と権益擁護、租界防衛を名分に日本海軍特別陸戦隊が一九一四年から上海に常駐し[39]、あわせて上海日本海軍倶楽部が設けられた[40]。

居留民社会を一層発展させたのは、第一次世界大戦だった。大戦中、西欧列強は中国から後退したので、日本の対中国貿易は激増して、紡績業を中心にした日本資本が上海に進出した[41]。

大戦後の一九一五年に、日本人が在留外国人数でイギリス人を抜いて第一位になり、蔣介石による上海クーデター（一九二七年）以後、日本人数は二万五千人を超え、それからは三七年の第二次上海事変まで二万三千人から二万七千人の間で増減を繰り返していた。

初期に上海に渡って「土着派」と呼ばれた人々は、中小企業、商店、飲食店、旅館、そのほかの雑業に従事して、虹口・閘北に居を構えた。それに対し、日本資本の上海進出で在留した「会社派」と呼ばれるエリートは旧イギリス租界に住んだが、利害関係が異なる両者の間には紛糾が絶えなかったという[42]。

本章でテーマとする料理店は「土着派」に属するが、「土着派」が上海進出・侵略の過程で軍事発動に深く関わった存在とされながらも、その具体的な実像は十分に明らかになっていない[43]。

社交場としての料理店

初期に上海に渡った日本人は単身者が多かったが、「娯楽機関なく少数の飲食店あるも極く低級なる人の肉を満足させることを目的とせるのみ」だった。そこに芸妓を置いた最初の料理店・藤村屋が開業して繁盛を極めた。[44]

上海の代表的な成功者である白石六三郎[45]（一八六八―一九三四）は、最初はうどん屋を営んでいたが、閉鎖された東洋妓楼・三盛楼の跡地に旅館を開業して事業を発展させた。日清戦争後に日本人が増加し、藤村屋が繁盛しているのを見ると、一九〇〇年に料理店・六三亭の経営を始めた。さらに〇七年には租界外の江湾路に六千坪（約二ヘクタール）の新店、六三花園を開店した。[46] この六三花園の位置は日本海軍陸戦隊の司令部である上海陸戦隊本部の北西側に位置していた。

「日露戦役後の邦人の目覚ましき発展と伴に料理店も驚くべき発展を見せ、現在料理店組合なるものさえでき、組合員十八軒、芸妓の総数にして二百人に上り六三亭、月廼家、松廼家は何れも租外に宏大なる花園を有するにいたれり」[47]と『上海案内』に書かれているように、料理店が増加したのも日露戦争後であった。

この変化を背景に、領事館は一九〇五年七月二十六日に全八条からなる領事館令第三号・芸妓営業取締規則を制定した。芸妓営業をする者は総領事館から免許を取得するように定めたものだが、さらに〇六年三月二十八日には領事館令第一号・料理屋営業取締規則が制定・施行された。[48] 上海共同租界工部局の規定では、酒類販売の免許を持ち、客に酒類を提供できるところを料理店と定めたが、領事館は料理店に限り芸妓を置くことを許可した。[49]

それまでは芸妓という名称が、芸妓と娼妓の両方を含むことから様々な混乱が生じたが、宴席での接待をする女性を芸妓と定義することで、売春女性と明確に区別しようとしたのである。

六三亭の経営史は、十九世紀末から二十世紀初頭に貸座敷（遊郭）と料理店が明確に区別されるようになり、宴席と料理を提供する料理店の経営が定着したことを物語っている。なお、中国側の史料には「東洋妓院」として六三亭と月乃家（月廼家）が紹介されている。[50]

表1　料理店の盛衰

所在地[51]	屋号	経営者	1907[52]	1919[53]	1926[54]	1928[55]
虹口乍浦路402	藤村屋	藤村アイ	○	○		
同　　同　　13	与太楼	森田ハル	○			
同　同　　165	月廼家	嶋田徳松	○	○	○	
同　同　170	新六三	白石六三郎		○	○	○
同　同197	叶家			○		○
同　同196	美濃家			○	○	○
同　　同190	京亭	福井芳之助		○	○	○
同　同　450	東語	余語爾一		○	○	○
同　同　174	新月	目方ハル		○	○	
同　青浦路Ｓ２	酔月	長佐ヤス	○			
同　　文路264	六三亭	白石六三郎	○	○	○	
同　　同235	新鵜				○	
同　　同263	都亭	村山一太郎	○			
同　　同2246	松廼家	森ヨシ	○	○	○	○
同　　同39	濱吉	木村清之助		○	○	○
同　武昌路450	三好館	光吉鹿吉	○			
同　同　17	あづま	佐々木豊三郎		○	○	○
海寗路3	若松	塩見喜四郎		○		○
鴨緑路856	若松				○	
北四川路	新六三	白石六三郎		○		○
北四川路厚福里6	新鵜			○		○
同　　同	三福	安部米吉		○	○	○
同　　同6	新陽				○	
狄思威路800	月廼家花園	島田徳二			○	
呉淞路久遠里	喜楽	坂本磯二郎		○		
虹口乍浦路127	生花	植村久吉		○		
宝山県江湾路	六三園				○	
同	新月花園				○	

（出典：「上海」1907年）

一九〇七年の「上海」を起点にして料理店の盛衰を表したものが表1である。六三亭のように、領事館の迎賓館としての地歩を固めた[56]ところ以外は、経営は必ずしも安定していたとはいえず、経営者と所在地が変わる店も多かった。

ちなみに、同年の料理店組合幹部に名を連ねた有力な料理店は表2のとおりである。

芸妓を抱える料理店としては、六三亭、六三園、月廼家、月廼家花園、松廼家、東語、東、若松、浜吉、叶家、美濃家、京亭、新陽、三福があり、芸妓を抱えない料理店としては新月、新月花園が挙げられる[57]。

芸妓を抱える比率が日本「内地」よりもはるかに高いのも上海の特徴である。また、日本「内地」では芸妓が料理店内に居住するのを禁止したため、芸妓を料理店に派遣する芸妓置屋が存在したが、上海では芸妓兼置屋として芸妓を料理店内に居住させたので、当然、料理店内で性売買がおこなわれている可能性は高かった。

表2　料理店組合幹部に名を連ねた有力な料理店

職位	屋号	経営者
組長	六三亭	白石六三郎
副組長	月廼家	島田徳松
幹事	あづま	佐々木豊三郎
幹事	喜楽	坂本磯次（郎）
幹事	浜吉	木村清之助

（出典：同誌）

領事館令第三号・芸妓営業取締規則、領事館令第一号・料理屋営業取締規則が制定された際に、料理店一軒につき抱える芸妓数は二十人までという制限が解かれたため[58]、六三亭と月廼家はともに四十人前後の芸妓を抱えるようになった。

芸妓の出身地は長崎が最も多く、大阪、京都、東京といった大都会の出身者がそれに次ぐ。また、喜楽のように中国人芸妓を抱えている料理店もあった[59]。

日露戦争後に芸妓数の制限が解かれたことからもわかるように、日露戦争が中国での日本人社会のさらなる発展と、それに伴う性管理政策の転換をもたらしたのである。

性売買公認の場としての貸席

表1に挙げた三好館は、武昌路に店を構え、六三亭と同じく「上海」一九〇七年七月号の誌面一ページを使う広告を出している[60]ところから、六三亭と同程度の経営規模を誇る料理店だったと推測される。

上海では、この広告が出た一九〇七年七月から貸席（遊郭）が開業している。[61]貸席とは、日本「内地」でいうところの「貸座敷」だが、中国や満洲ではもっぱら「料理店」「貸席」と呼び、領事館は類似貸座敷と見なしていた。

上海で貸席の開業を認めたのは、貸席と料理店、すなわち性売買と宴席の空間分離、娼妓と芸妓の業務内容を分けようとしたからである。これ以降、貸席の芸妓、すなわち娼妓は乙種芸妓と呼ばれるようになった。[62]

領事館が貸席と料理店を明確に分けようとしたのは、性売買を規制しないと欧米列強に対し国としての体面が保てないが、その一方で居留民社会での性売買の需要の高さにも対処する必要があるという、相拮抗する課題の解決策からである。「貸席」という名称も、租界地での接客業につきまとう性売買の印象を操作する言い換えである。満洲や朝鮮でもこのような言い換え、すなわち前述のように貸座敷を料理店、娼妓を乙種芸妓と、一定期間改称していたのである。

同時に、一九〇七年に成立した上海居留民団は〇八年五月から料理店、飲食店、貸席、芸妓、酌婦に「手数料」（課金、または税金）を徴集すると告示したが、それは民団の財源確保の一部にあてられた。[63]

上海での料理店と貸席の名称の変遷過程を追うために、前述の三好館について見ていこう。三好館が六三亭と並んで見開きページに広告を出してから十年後の『上海案内 第七版』（一九一七年）には、上海料理店組合傘下の料理店二十二軒が二ページにわたって広告を出している。しかし、ここには三好館の屋号は見られず、「姓名検索」欄に見られる三好館の経営者は光吉トキに変わっている。

『上海案内 第八版』（一九一九年）での三好館は、大一、永楽館、小松亭の屋号とともに女郎屋という項目で紹

表3　1926年時点の上海の貸席

	所在地	経営者	①	②	備考
三好館	呉淞路松栢里	光吉トキ	○	○	
永楽館	狄思威路	永井正次郎(67)	○	○	
大一	宝山路	白川ハマ	○	○	②では東宝興路
小松亭	虬江路	小守忠(68)	○	○	②では虬江路大富里5号

（出典：①島津四十起編『上海案内 第10版』金風社、1924年、②上海日報社編『上海年鑑 1926年版』上海日報社出版部、1926年）

介されている。「邦人の女郎屋は日本帝国の体面上租界内に許可せられず皆租界外に」所在しているとあるが、それによると三好館が最も古く、次に永楽館、大一、小松亭の順に開業され、雇用する娼妓数は、三好館が十六人、永楽館が十一人、大一が九人、小松亭が六人となっている。したがって、上海には日本の娼妓が四十二人いたことになる。

抱え妓が多いだけでなく、美妓がそろっているとされる三好館(64)は、六三亭や月廼家には及ばないものの、松廼家や濱吉を上回る数の妓を抱えていた。この三好館と料理店の三好館の関係は不明だが、オーナーの姓は同じ光吉となっている。『上海案内 第七版』には同じく大一と永楽館の屋号も姓名索引に見られるが、小松亭の屋号は見当たらない。一九一八年から「特殊料理屋営業」の新規開業を許可しなくなった(65)ため、貸席の新規参入は見られなくなるが、小松亭はこの直前に開業している(66)。

『上海案内 第八版』を基準にまとめると表3のようになる。

『上海案内 第八版』、『上海案内 第九版』（一九二一年）で使われていた女郎屋という名称は、『上海案内 第十版』（一九二四年）では二等芸妓屋と改称され、娼妓も二等芸妓と呼ばれている。さらに一九二八年に出された『上海一覧』では乙種芸妓とされている。

永楽館は一九二六年に焼失したために、『上海案内 第十一版』（一九二七年）や『上海一覧』(69)（一九二八年）では、貸席は三好館、大一、小松亭の三軒だけになっている。

『邦人人名録』（一九二〇年版）の営業別料理店欄を見ると、老舗料理店の六三亭や濱吉と同じく、三好館や大一（大一サロンと改称）も記載されていて、貸席としての区別はされていない。三好館の所在地は呉淞路租外松栢里二十六号で、大一は宝山路（一九一七年）から一九二〇年には東宝興路百二十五号に移転している。所在地からもわかるように、日本「内地」の貸座敷とは違い、上海での貸席は営業区域が指定されていなかった。

日本領事館は貸席については「日本帝国の体面上租界内に許可せられず皆租界外」に追いやった[70]と述べていたが、実際には、海軍陸戦隊本部から近いところで営業していた。

さらに、在留人口が増加するにつれて料理店でも租界の外に店を設けるところがあった。例えば、一九〇七年に開店した六三花園は租界外の江湾路に位置していたように、日本人街の中心が海軍陸戦隊本部の近くの、従来よりも北にずれた租界の外へと移動していったので、貸席が営業していた地域も決して辺鄙な場所ではなかったのである。

しかし一九二七年に南京国民政府が成立すると、上海で中国が租界回収の動きを示し、虹口地区の境界道路に対する行政権を主張するようになった。そこは、日本人が経営する貸席が多い地域と重なっていた。同時に二八年から南京で始まった廃娼推進政策は各都市に拡大しつつあり、上海特別市でも二九年六月、公安局が中国人公娼を廃止すると布告するとともに、中国人街にある日本人業者に対しても閉鎖を強制しようとした[71]。

これに対し、上海領事館は「同年〔一九二九年：引用者注〕公娼廃止に代るべき弁法として料理店酌婦制度を設け爾来抱酌婦の改善を計り来りたる[72]」という対策を打ち出すと同時に、領事館警察署では芸妓の保護取り締まりと待遇改善を図るために、一九二九年五月に株式組織の検番を設置させ[73]、芸妓置屋と料理屋の兼業を認めた。

貸席に対しては、中国当局が一九三〇年三月に日本領事館に照会し、四月十日限りで営業を禁止して、転業もしくは共同租界への移転を求めた。しかし、上海総領事は「当地特殊の事情殊に船着き場として船員通過客等の出入多き事並に営業者の財産或いは生活の状態其の他抱芸妓の処分等内面的事情を精査すれば端的に之を強行することも如何かと存じ」、当分の間貸席の営業を黙認することにした[74]。

これによって三好館、小松、大一がそれぞれ料理兼旅館業として屋号を光月、松亭、一福に改名したことが一九三一年一月一日付「上海日日新聞」の年賀広告からわかる。一九三一年十一月から乙種芸妓が酌婦と改称され、同時に年期抱え制度も廃止されたが、こうした当局の措置にもかかわらず、三一年初頭の上海の花柳界は不景気知らずで、それによって上海居留民団の財源も潤っていたのである(75)。

領事館は時局に応じた性売買管理をしていたが、現実的必要性から性売買を厳しく禁止しなかった。前述のように一九一八年から新たに特殊料理店営業を許可せず、正業への転業を促す方針を打ち出してはいたが、「尚当業者は何れも支那街に存在し支那側当局に於ても最近此種業者の禁止促進運動に努め居る実情に鑑み今後新に抱入るる事を禁止且適当の時期に於いて自発的に廃業若しくは当館の命令あるときは何時なりとも廃業し得る準備を用意し置く様示達し営業を継続せしめたるものなり(76)」(傍点は引用者)として、事実上営業継続を容認していた。これを貸席の娼妓数の推移から見ると、領事館の方針転換のあとでも、一九一九年には四十二人、二八年末と二九年末にはともに三十二人、三〇年には三十人と一定の数を保ち、三〇年末に十九人と減少したものの、三好館、大一サロン、小松亭で働く娼妓数は三一年には二十八人に回復している(77)。料理店も前年三〇年よりも三軒増加して二十八戸となり、芸妓も十五人増えて百八十八人である。

3 上海事変以降の慰安所と性風俗業の変容

「第一次上海事変」と慰安所の開設

領事館が性売買業の縮小策は講じたものの完全な禁止策を断行できなかった理由の一つに、戦争による軍隊の駐留があった。

第一次上海事変は、一九三二年一月二十八日深夜に戦闘が始まると、二月に陸軍が三個師団を増派、上海北部を占領し、三月三日に戦闘が終息した。以後、日本軍は共同租界北部と東部の広い地域を警備するようになり、事実上、虹口地区は「日本租界」であるという意識を在上海の日本人が共有するようになる。[78]

前述のように「同年〔一九二九年：引用者注。以下同〕公娼廃止に代るべき弁法として料理店酌婦制度を設け爾来抱酌婦の改善を計り来りたる処」だったが、「昭和七年〔一九三二年〕上海事変勃発と共に我が軍隊が当地駐屯増員に依り此等兵士の慰安機関の一助として海軍慰安所（事実上の貸席）を設置し現在に至りたり」[79]と外務省報告にあるように、中国当局や廃娼運動団体の圧力を受けていったんは「料理店酌婦制度」に改編したものの、すぐに兵士のための性的慰安施設へと移行していったのである。

最初に開設されるのは海軍慰安所だが、上海総領事館の「昭和七年〔一九三二年〕十二月末調　邦人の諸営業」によると十七軒が営業、三軒が廃業、酌婦は百六十六人、廃業酌婦は三十一人と記録されている。[80]

三軒の廃業慰安所とは、大一サロン、小松亭、三好館を指し、廃業した酌婦（娼妓）三十一人は前記三軒に雇用されていた女性たちである。したがって、従来の貸席が慰安所に転用されたのは一年にも満たなかったことになる。

既存の貸席三軒が慰安所として存続しなかった理由として、まず考えられるのは、娼妓の性病罹患率があるだろう。「乙種芸妓（娼妓）の健康診断」の結果、一九二八年の有毒者は三十二人中十二人、二九年は三十二人中九人、三〇年は二十七人中十一人となっている。海軍からすると、こうした貸席の高い有毒率は慰安所として適さなかっただろうし、貸席からしても慰安所に編入されるメリットがなかったのだろう。[81]九九年九月に現地調査をした西野瑠美子は、慰安所規定が厳しすぎるのをいやがって兵隊が来なくなったせいで、立派な設備を整えた楊家宅の慰安所が民間経営に移行したケースを紹介している。[82]

開戦前から上海に常駐していた海軍陸戦隊と違って、陸軍が慰安所を開設したのは、戦闘が収まったあとだった。上海派遣軍参謀副長・岡村寧次が長崎県知事に要請して慰安婦団を招いたのは海軍の慰安所運営にならったものだと回想しているが[83]、すぐに陸軍慰安所が開設されたことに注目すべきである。

表4　海軍指定慰安所の屋号と経営者

屋号	経営者	場所	1933[86]	1936[87]	1939[88]	1940[89]
第一大星	関根フジ	北四川路横浜橋傍美楯里	○			
大正館	大家正稲	〃	○			
海楽	曺應道	〃	○			
曙	村上富雄	〃	○	○	○	○
浮舟	山田タメ	〃	○	○		
都亭	間狩源治	〃　　29号	○	○		
上海倶楽部	間狩源治	〃　　26号		○	○	○
梅月	中熊富蔵	〃	○			
千登勢	国本忠太郎	〃	○			
筑紫	田代辰次郎	〃　　36号	○	○	○	○
一心亭	坂井岩吉	〃　　7号		○		
山遊	山中正治	〃			○	○
松竹	佐原又治	〃　　21号			○	○
紅夢	福島勝蔵	〃			○	○
東優園	馬場半三	北四川路克明里4、5、6号（下士官用）[90]	○	○	○	○
上海	宇都宇乃	〃　7、8、9号（下士官用）	○			
大勝館	林田　晃	〃　8号		○	○	○

猪坂威軍医の提案によって開設された陸軍慰安所は「軍娯楽場」と呼ばれた[84]。公娼制度確立の初期から性病検診に関わってきた軍医たちにとっては、海軍の前例に従うまでもなく、性病予防のために、また軍隊内での同性愛を防ぐためにも、女性による兵士専用の性的慰安施設が必要だという共通認識があったのだろう。

陸軍『昭和七年二月二日起　陣中日誌　猪坂軍医』の慰安所に関する記事には、三月二十四日に猪坂軍医が参謀部に出頭し公娼施設を設置することになったが、「之ニ関スル一切ノ施設ハ軍ニ於イテ統制計画スル事トナレリ」と記されている。四月一日の日誌には「目下上海派遣軍各病院ニ入院中ノ花柳病患者ハ九十七名ニ及ブ」ため、花柳病、すなわち性病予防方策として猪坂は「接客婦ノ公認集娼制ヲトリ接客婦検診規定及ビ顕微規定ニヨリ厳重予防消毒法ヲ実行セシム」ことと、「立寄禁止家屋（地域）ヲ設ケ私娼ニヨル花柳病ノ伝染ヲ防止ス」ることを決めたと書かれている。十日後の四月三日には猪坂は「呉淞ノ軍娯楽場ニ至リ接客婦ノ採用身体検査ヲ実施」し、翌日には軍娯楽場取締規則を発令した。猪坂軍医は慰安所を、集娼制と軍という公的機関による性病検査を実施していることを根拠に、公娼制度だと認識していた。

海軍では北四川路横浜橋傍の美楯里と克明里（下士官用）に指定慰安所を開設したことが、一九三三年八月の記録に残されている。[85] 指定慰安所は従来の上海での貸席とは異なり、日本「内地」の公娼制のように営業地域を指定しているが、この慰安所は大一サロンに北接した、海軍陸戦隊本部により近いところに位置していた。

写真1　集合住宅として利用されている現在の美楯里（筆者撮影、2016年8月20日）

十七軒の海軍指定慰安所の屋号と経営者は表4のとおりである。

表4に挙げた経営者名は『上海案内 第七版』の「姓名検索」や『邦人人名録』には見当たらないところから、オールドカマー（以前からの上海在住者）ではなく一九三〇年前後に上海に渡ってきたニューカマーか、軍の要請で慰安所開設のために上海にやってきた業者だろう。

都亭と上海倶楽部を経営していた間狩源治は、図1に見られるように一九三七年十二月に慰安婦徴集の許可を福岡県知事から得るほど優遇されていたし、[91] 同じく海軍指定慰安所・曙の経営者である村上富雄は、慰安婦の徴集の「内地」の協力者が一九三六年十二月に女性の国外移送誘拐の罪（刑法二百二十六条）で裁かれたときも、[92] 女性たちの誘拐に直接関与していないということで懲罰を免れている。[93]

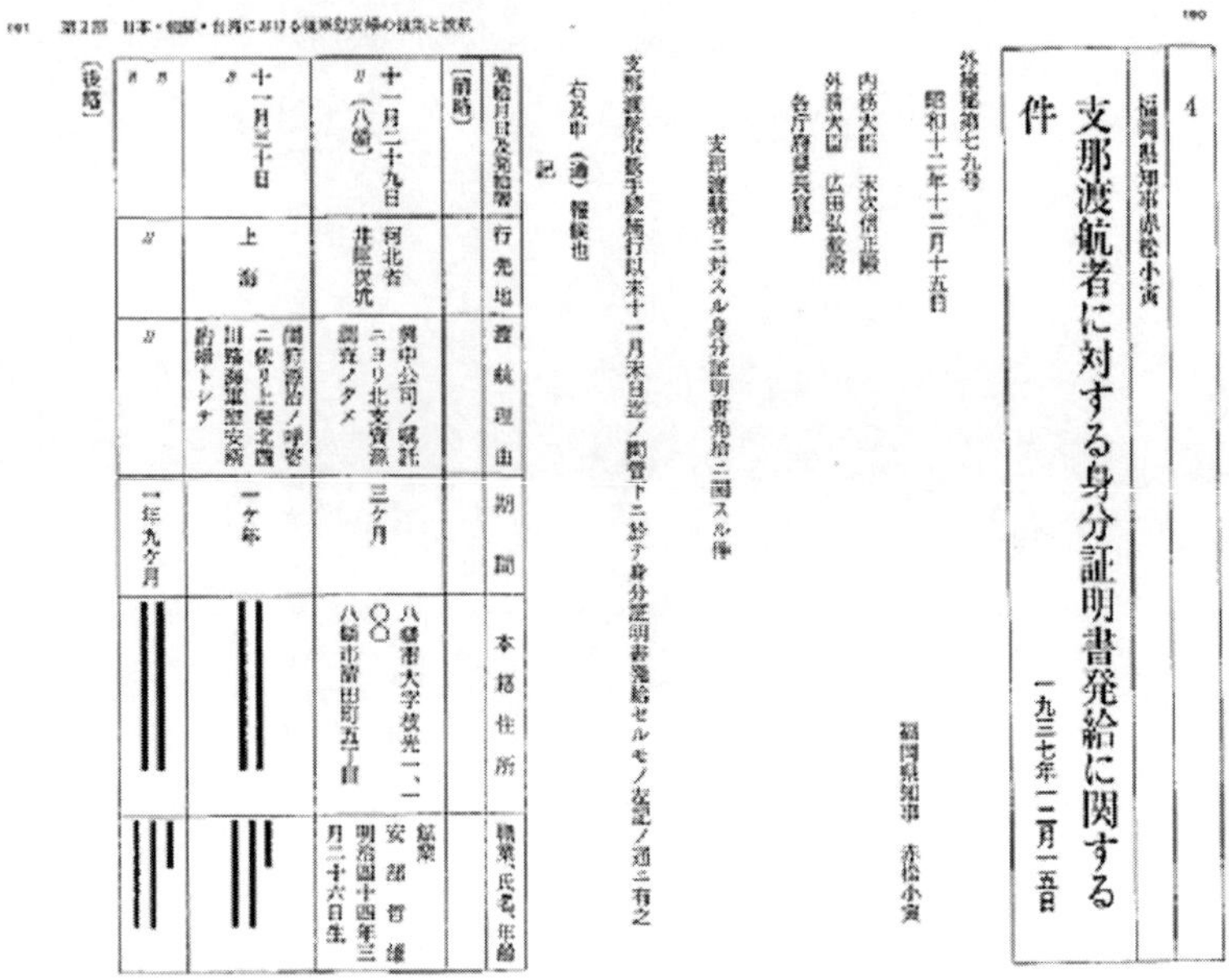

190
4
福岡県知事赤松小寅
支那渡航者に対する身分証明書発給に関する件
一九三七年一二月一五日
福岡県知事　赤松小寅
外秘第七九号
昭和十二年十二月十五日
内務大臣　末次信正殿
外務大臣　広田弘毅殿
各庁府県長官殿
支那渡航者ニ対スル身分証明書発給ニ関スル件
支那渡航取締手続施行以来十一月末日迄ノ間管下ニ於テ身分証明書発給セルモノ左記ノ通ニ有之
右及申（通）報候也
記
191　第2部　日本・朝鮮・台湾における從軍慰安婦の徴集と渡航

発給月日及発給番号	行先地	渡航理由	期間	本籍住所	職業、氏名、年齢
（前略）					
十一月二十九日 〃（八幡）	河北省井陘炭坑	興中公司ノ嘱託ニヨリ北支資源調査ノタメ	三ケ月	八幡市大字枝光一、一〇〇 八幡市前田町五丁目	鉱業 安部哲雄 明治四十四年三月二十六日生
十一月三十日 〃	上海	間狩源治ノ呼寄ニ依リ上海北四川路海軍慰安所酌婦トシテ	一ケ年	[redacted]	[redacted]
〃 〃	〃	〃	一年九ケ月	[redacted]	[redacted]
（後略）					

図1　福岡県知事報告の間狩源治に対する渡航許可証

梅月経営者の中熊富蔵は、長崎の貸座敷・梅月楼経営者でありながら一九三三年からは長崎市議会議員と県議会議員を歴任した地元の有力者である。

慰安所経営者のなかの例外的存在としては、途中から東優園の経営者になった桑原潤次郎(94)と曺應道がいる。桑原は一九〇六年にすでに上海で製靴業を営んでいた土着派(95)、すなわちオールドカマーであり、三三年の領事館記録では公衆浴場（大和温泉）の指定経営者にもなっている。

指定慰安所の経営者のなかで唯一の朝鮮人は曺應道である。曺は、上海から漢口を股にかけて銃器や阿片などの密輸に従事したブローカー出身(96)で、一九三九年には漢口朝鮮人会会長も務めた(97)。いわば、「中支」の裏社会を知り尽くした陰の実力者だ。海軍は、兵士の性管理のためにこのような裏社会のネットワークまでも巧みに利用したのである。

しかし一九三三年の時点では、指定慰安所経営者に曺應道の名が見られるものの、その後の『邦人人名録』などの慰安所経営者のなかにはその名は記されていない。

慰安所に徴集された女性たちだが、美楯里や克明里の慰安所には日本女性だけではなく、朝鮮女性も大勢いた。間狩が福岡から上海に連れてきたのも朝鮮女性だということだが、間狩が経営した都亭には前借金の返済に苦しむ朝鮮女性がいたことが「上海日日新聞」の記事に取り上げられている。[98]

第二次上海事変と慰安所・貸席

第二次上海事変後、上海に在留する日本人の数は、一九三七年の日中戦争開始直前の四倍に膨れ上がった。出身地上位の長崎・東京・大阪・福岡・兵庫・熊本・鹿児島のうちでも特に東京出身者の比率が倍増したところに、国策主導による「権力的人口移動」だったことがうかがえる。上海の産業構造は「時局産業」の重工業中心のものに変化し、日本軍や警察警備関係者が「圧倒的存在となるような都市空間に変貌した」。[99]

地域的には、上海の南北に延びる虹口と閘北地区が従来日本人社会の中心だったのが、事変後は陸軍、国策会社や官公組織勤務者が居住するさらに北の新都市部である市中心区に日本人社会の中心が移っていった。軍事的・政治的・経済的・地理的条件が変化し、上海の日本化が進むなかで、性売買業のあり方も変化していった。外国人、特に欧米列強の目が届かない「外地」では日本の性売買のあり方が移植され、歓楽街が拡大するとともに慰安所と貸席の間の境界も曖昧になっていった。

上海の第一次上海事変以降の接客業は、一九三六年の時点で「料理店兼置屋」の数が二十四軒（一九三一年は二十八軒）、芸妓の数が百四十五人（一九三一年は百八十八人）と減少していた。[100]

しかし在上海総領事館の一九三八年の報告である「昭和十三年中に於ける在留邦人の特殊婦女の状況及其の取締り並に租界当局の私娼取締状況」によると、「支那事変に由る当地情勢は従来の漸減策を持続し得ざる事情にあるに顧み設備其の他の条件を附し増加を認許することとし、十二月末現在料理店及び置屋二十七軒芸妓二百五十七名に上り前年に比し六十名の増員を見たり[101]」とある。いわば、戦争とその後の占領が業者・芸妓の増員をも

表5　陸軍慰安所（慰安所）の経営者の名前

貸席	経営者	出身地	所在地
大一サロン	近藤美津子（ミツ）	東京	東宝興路125号
サロン小松[102]	小森辰太郎	滋賀	海能路30号
滬月	中川ツヨ		東宝興路183号
末広	北村芳平	広島	東宝興路138弄3号
陸軍慰安所[103]			
みよし	松下芳松	長崎	万安路777号（江湾地区）
平和荘	瀧端良介	香川	万安路759号（江湾地区）
立花楼	立脇辰雄	大分	花園路（江湾地区）
第2加茂川	中村忠信	長崎	市中心区桜花園
日東クラブ	中谷三保松	滋賀	市中心区桜花園内
京屋	船津屋政次郎	長崎	市中心区昭和路
敷島楼	西井コヨネ	岡山	市中心区楊家宅
花月	花村鎌吉	岐阜	淞興路232号
玉之家	藤野哲二郎	広島	畑路通

（出典：『邦人人名録 中支版 第30版』1940年）

たらしたのである。『邦人人名録 中支版 第三十版』（一九四〇年）には貸席四軒とそれまでの『邦人人名録』には見られなかった陸軍慰安所（慰安所）の経営者の名が掲載されている。

陸軍慰安所は上海北東部の新開地である「市中心区」に集中しているが[104]、表5の四軒の貸席は旧日本人街に近い場所に位置していた。

また大一サロンは、陸軍慰安所（あるいは慰安所）ではなく貸席に分類されている。在上海総領事館「昭和十三年中に於ける在留邦人の特殊婦女の状況及其の取締り並に租界当局の私娼取締状況」にも「一般貸席四軒は殆ど居留邦人を顧客とし」とあるように、大一サロンも戦時景気の波に乗り、写真2のような立派な店構えを誇った。

一般貸席四軒に三好館が入っていないのは、日本軍（陸軍）の軍事基地が海軍陸戦隊の所在地よりも北部に移動し、地の利を得られずに衰退していったからかもしれない。

一九三二年に十七軒あった海軍慰安所が三七年に七軒に減っているのは、上海で海軍よりも陸軍が優勢になったことと、占領が進むにつれて慰安所以外の遊興業が多様化したことが理由だったと考えられる。

上海総領事館は「昭和十三年中に於ける在留邦人の特殊婦女の状況及其の取締り並に租界当局の私娼取締状況」で、陸軍慰安所に「臨時酌婦」が三百人いたと報告している。海軍が抱える酌婦よりも約一・五倍多いうえに「臨時」という言葉がついているところに、慰安所の枠組みでは捉えられない状況に変化していたことが読み取れる。(105)

写真2　現存する大一サロン建物（筆者撮影、2016年8月20日）

このような状況下で、一九三八年四月に陸海軍省と外務省の三省関係者が南京総領事館で慰安所の監督責任を明確にする会合を持った。(106)要するに、軍と外務省が相互協力して占領地の性管理と統制をしようとしたのである。その一環で、一九三九年に領事館館令第一号として「料理店、飲食店、「カフェ」、「ダンスホール」、芸妓置屋、待合、特殊飲食店、特殊婦女取締規則」が発布される。これは上海での性売買業全般に国家管理が拡大したことを意味する。(107)

一九四二年になると、上海「特殊慰安所」は十六カ所に増え、酌婦数も百四十人になったが、支那派遣軍総司令部はさらに増設するようにと要請している。(108)

おわりに

アジア・太平洋戦争終結時には海外在留日本人総数は三百万

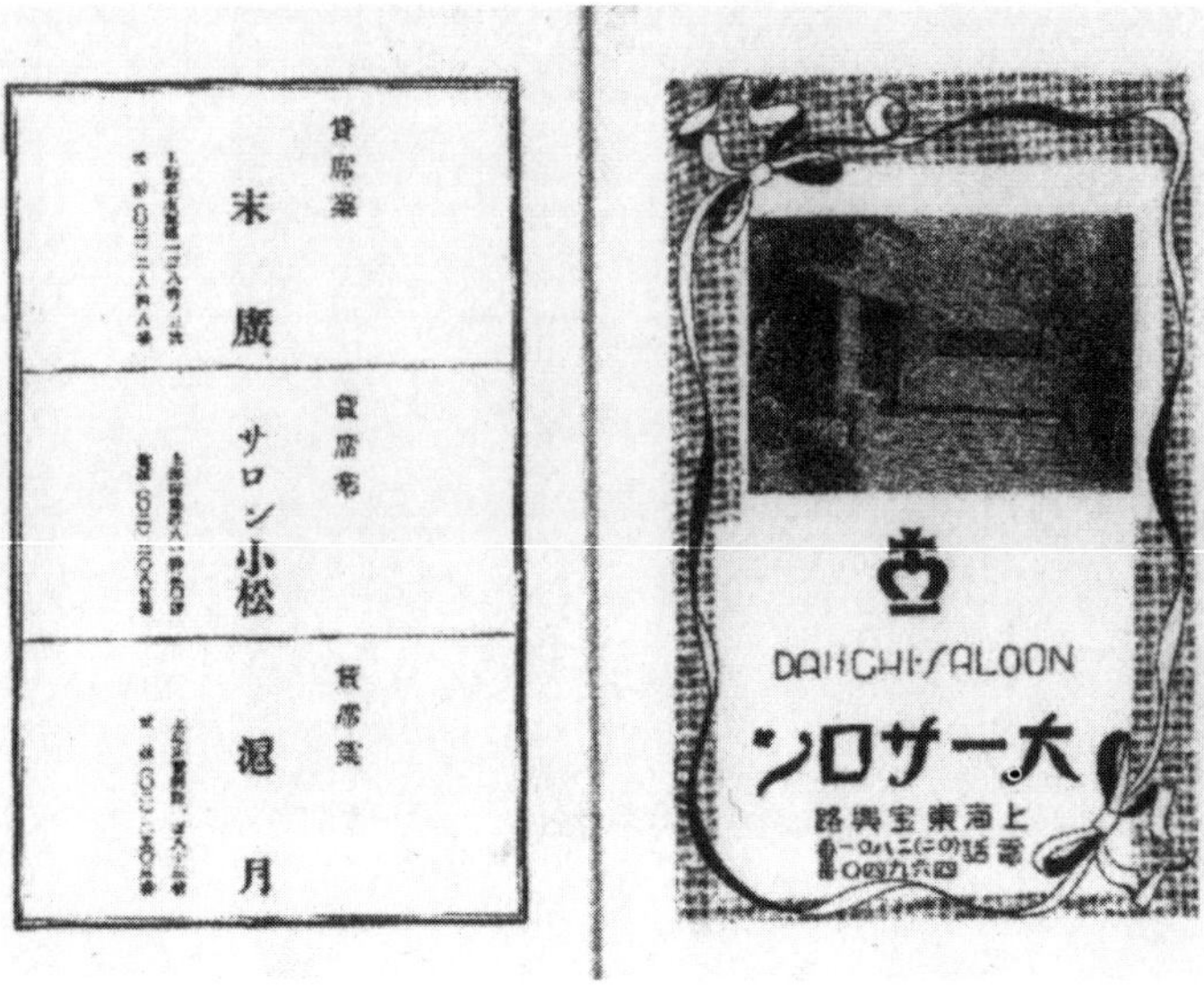

図2　貸席の広告(109)

人となり、そのうちの百万人が満洲を除く中国に居留し、さらにその一割強が上海とその周辺に住んでいた。在留数からすると、上海は日本人の海外在留地域の中核に位置していたといえる(110)。

その上海に明治期に渡った土着組の多くは、料理店や貸席、雑貨商といった、居留民の消費需要を見込んだサービス業を営み、新天地での成功を夢見た。

料理店という名称は、日本の上海支配の展開とともに意味を変えていった。初期には飲食を提供する社交場でひそかに性売買もおこなう店だったのが、第一次上海事変直前には遊郭と同じ意味の貸席・貸座敷もそのなかに含むようになり、第二次上海事変以降は軍慰安所に準じる、兵士のための娯楽施設へと変わっていった。

料理店や貸席での性売買に対しては、上海共同租界工部局や南京国民政府、上海の公安局から廃止要請があっても、領事館は日本の権益拡大のためにフレキシブルに対応し、日本人の性売買業をうまく利用した。

しかしそうしたお目こぼしの性売買業容認では、規模が拡大した日本軍にとってはむしろ性病の感染源となると判断されて、上海で最初の慰安所を直接開設して管理・統制するようになる。

日中全面戦争は上海での在留日本人の増加を招き、一九四三年には十万人を突破するが、[111]人口増加とともに遊興業は拡大した。すなわち軍事基地の近隣の慰安所を中心に、カフェやバーなどの新種の遊興業が展開した。また、一時は海軍慰安所として接収された貸席・大一サロンも、軍や国策企業の幹部を対象にした高級サロンとして生き延びる。

上海は日本軍が占領したことによって、地域全体が軍の将兵や国策会社の勤労者にサービスを提供する場となり、軍事化と不可分に歓楽街化が進んでいった。軍人や警察官僚が増えたことで公娼制を顕在化させ、慰安所とそれ以外の性売買業との境界を絶えず溶解していった。

軍や領事館、国家権力は、多様化する性売買に関わるすべての業態を絶えず管理下に取り込もうとした。その過程で、慰安所は性売買業の基準と位置づけられたのである。

慰安所の運営を軍から委託された業者も、軍や領事館の強い管理下に置かれながらも、それを隠蔽するために自発的に営業を希望したかのように振る舞った。

すなわち内務省警保局「内務大臣決裁書類・昭和十三年（上）」「支那渡航婦女ノ取扱ニ関スル件〈警発乙第七十七号〉」（一九三八年二月）では、「抱主タル引率者ノ選定及取扱／（イ）引率者（抱主）は貸座敷業者等の中より身元確実にして南支方面に於て軍慰安所を経営せしむるも支障なきと認むる者を抱主たる引率者として選定し、之に対し南支方面に軍慰安所の設置を許される模様に付き若し其の設置経営の希望者に於ては便宜関係方面に推薦する旨を懇談し何処迄も経営者の自発的希望に基く様取運び之を選定すること」[112]（傍点は筆者）が指示された。要するに、慰安所運営を任せる性売買業を厳しく選定するが、あたかも業者の自発的応募によるかのように演出するべきだと述べている。

このように日本軍による上海占領の過程で慰安所と性風俗業が入れ子構造をなしている上海では、本章の冒頭で紹介した慰安婦か公娼かという議論は意味をなさない。猪坂威をはじめ、軍医の多くは慰安所の慰安婦を公娼と捉えていた。軍隊にとっての公娼とは、秦郁彦が言う国家的責任を免責する政治的含意の公娼ではなく、徹底した監理下で性病検査がおこなわれた「安全な性器」を指すものである。「内地」の公娼制の場合、それを管理・統制した内務省が責任主体として見えにくかったのに対し、戦地の慰安所の場合、軍は公然たる管理・統制の主体だった。

公娼という名称が、地域、時期、状況によって異なる実態を見せていたことを、明らかにする必要がある。例えば、大一サロンにいた女性たちを、数カ月間は慰安婦だったがその後は貸席の娼妓だったとみなすことで、彼女たちへの責任問題をなかったことにすることはできない。さらに慰安所の周縁に、公娼制や慰安婦制度といった範疇からこぼれ落ちる存在や多様な姿もある。そうした人々を歴史から消却することがない戦争の語り、戦争の日常への想像力が求められているのではないだろうか。

注

(1) 公娼と「慰安婦」とは本質的に異なると主張する側の代表に吉見義明、双方は同じだと主張してそのために慰安婦に対して国家的責任を負う必要がないと主張する側には秦郁彦がいる。
(2) 山下武／高崎隆治監修「上海叢書」全十二巻、大空社、二〇〇二年。孫安石監修・解説『近代中国都市案内集成』(ゆまに書房、二〇一一―一二年）は、二十五巻中十二巻までが上海に関する史料である。
(3) 唐権『海を越えた艶ごと――日中文化交流秘史』新曜社、二〇〇五年
(4) 陳祖恩「西洋社会と日本人居留民社会」谷川雄一郎訳、神奈川大学人文学研究所編、大里浩秋／孫安石編著『中国における日本租界――重慶・漢口・杭州・上海』（神奈川大学人文学研究叢書）所収、御茶の水書房、二〇〇六年、陳祖恩『上海に生きた日本人――幕末から敗戦まで』大里浩秋監訳、大修館書店、二〇一〇年
(5) 高綱博文『「国際都市」上海のなかの日本人』研文出版、二〇〇九年
(6) 上海研究プロジェクト『国際都市上海』（産研叢書）、大阪産業大学産業研究所、一九九五年
(7) 藤永壮「上海の公娼制度に関する法令資料について（資料紹介）」、大阪産業大学学会編「大阪産業大学論集人文科

学編」第八十六号、大阪産業大学学会、一九九五年

（８）蘇智良『慰安婦研究』上海書店出版社、一九九九年、蘇智良／陳麗菲／姚霏『上海日軍慰安所実録』上海三聯書店、二〇〇五年、蘇智良『日軍〝慰安婦〟研究』団結出版社、二〇一五年、蘇智良「上海の慰安所施設――「大一サロン」旧日本軍史上最初の慰安所の真相を暴く」斎藤敏康訳、立命館大学経済学会編「立命館経済学」第六十四巻第六号、立命館大学経済学会、二〇一六年

（９）『支那在留邦人人名録』は金風社・島津長次郎が一九一三年から四四年（第三十四版）まで発行した、上海を中心にまとめた日本人有職業者に関する情報誌である。山村睦夫「戦前期上海における日本人居留民社会と排外主義1916～1942――『支那在留邦人人名録』の分析を通じて」上、「和光経済」第四十七巻第二号、和光大学社会経済研究所、二〇一五年

（10）第一版から第十版までは金風社・島津長次郎が刊行したが、第十一版からは編者も出版社も変わっている。

（11）一九三一年一月から三七年四月（一九三一年九月から三三年四月は除く）。「上海日日新聞」は上海で一九一四年五月に創刊され、中国の政治・経済に通じたものとして上海の日本人居留民から高い支持を受けたようだが、三八年に廃刊したといわれる。

（12）前掲「国際都市」上海のなかの日本人』二九ページ

（13）唐権の前掲『海を越えた艶ごと』一二七ページによると、長崎の唐人貿易が衰退したために、客が減った遊女たちが長崎を去らざるをえなかったと解釈しているが、一八六六年の関税改定交渉で、外国人雇用の奉行人を海外へ出国させることを認めたからである。

（14）上海居留民団編『上海居留民団創立三十五周年記念誌』上海居留民団、一九四二年、四二ページ。『中支版』第四十二巻、二〇四九三ページには、「閘北の日本人墓地を歩くと身寄り薄い此の外地に若くして儚くなった彼女達の為に異人の建てた墓がいくつもある」という遊女たちの最期をうかがわせる記事がある。

（15）池田桃川『上海百話』日本堂、一九二三年、二ページ

（16）前掲『中支版』第四十二巻、二〇四五一ページ

（17）劉建輝『魔都上海――日本知識人の「近代」体験』（講談社選書メチエ）、講談社、二〇〇〇年、一五九―一六〇ペ

ージ
（18）中国の上海共同租界の行政機関。共同租界では市参事会が最高機関で、イギリス人五人、アメリカ人二人（のち日本人二人、一九二五年から中国人五人）の参事会員によって構成されていた。市参事会の指揮下で財政、土木、衛生、教育、警察などの一般行政を担当した。
（19）前掲「西洋社会と日本人居留民社会」
（20）前掲『中支版』第四十二巻、二〇四五二―二〇四五三ページ、米沢秀夫『上海史話――附上海史文献解題』畝傍書房、一九四二年、九五ページ
（21）尾崎行雄「遊清記」、小島晋治監修『幕末明治中国見聞録集成』第三巻所収、ゆまに書房、一九九七年、五五三ページ
（22）前掲「西洋社会と日本人居留民社会」二〇三ページ
（23）前掲『中支版』二〇四六六ページ
（24）売買春を仲介し、場所を提供すること。
（25）盗品であることを知りながら売買すること。ここでは私娼を隠し持つ者。
（26）「吉田外務卿代理発信在清国上海品川総領事宛通達」、前掲『中支版』第四十二巻所収、二〇四六七―二〇四六九ページ
（27）「十中八九長崎港より渡来候共、同市籍中の者は僅々にして多分は其近在村落の賤民且夕の糊口に窮迫する者の婦女に御座候（略）路傍に徘徊行人を誘引売淫候者其数三、四百名も有」。この様子が上海の欧米人はもとより中国人からも侮蔑の対象となっているので、彼女たちに売春婦であることがわかる特別旅券を持たせることと、巡吏の派遣を要請した。「明治十七年七月十五日附在上海安藤領事発信吉田外務大輔宛交信第七十七号」、前掲『中支版』第四十二巻所収、二〇四七〇ページ
（28）前掲『上海百話』一五―一六ページ
（29）松本郁美「初代上海領事品川忠道に関する一考察」、『史窓』編集委員会編「史窓」第五十八号、京都女子大学史学会、二〇〇一年

(30)「「上海の売女送還」上海駐箚領事館は日本の売淫女を禁止し、前の日曜日出帆の三菱会社欣宣名古屋丸に塔《ママ》じて帰国せし者已に二十余人あり、此後猶ほ一般に禁止する筈なりと同地よりの報に見ゆ」(「朝野新聞」一八八五年八月二十五日付)

(31) 前掲『中支版』第四十二巻、二〇四八四ページ

(32) 初期の上海航路はアメリカのパシフィック・メールが一八六七年に開通したサンフランシスコ—上海間の航路だったが、次いで七〇年に横浜から神戸、長崎を経て上海に至る定期航路が開かれた(前掲『中支版』第四十二巻、二〇四五四ページ)。

(33) 本章では外務省警察史に掲載されている公文書を片仮名交じり文からすべて平仮名交じり文に書き換えている。

(34)『外務省警察史 中支版』二〇四八二—二〇四八三ページ

(35) 日清・日露戦争時に海外から多額の献納金を納めたのは日本人売春婦だった(吉見周子『売娼の社会史 増補改訂版』雄山閣出版、一九九二年、一四ページ)。

(36) 菊村菊一『上海事情』(「博文館事局叢書」第五輯)、博文館、一九四一年、四七ページ

(37) 宋連玉「植民地朝鮮の軍事占領と性管理 世紀転換期の軍事占領と「売春」管理」、宋連玉/金栄編著『軍隊と性暴力——朝鮮半島の20世紀』所収、現代史料出版、二〇一〇年、一三四ページ

(38) 前掲『上海事情』三八ページ。居留民団は一九〇五年に公布された法律第四十一号「居留民団法」に基づき、中国と朝鮮で設立された日本人在留者の行政団体である。上海のほかに天津、牛庄、安東、漢口の五つの地域で日本居留民団が設立された。

(39) 高橋孝助/古厩忠夫編『上海史——巨大都市の形成と人々の営み』東方書店、一九九五年、一二五ページ。海軍陸戦隊は一九三二年以降は、日本海軍唯一の常設の陸上戦闘部隊となった。

(40) 前掲「上海の慰安所施設」

(41) 前掲『「国際都市」上海のなかの日本人』三二一ページ

(42) 前掲『上海史』一二四ページ

(43) 前掲「戦前期上海における日本人居留民社会と排外主義 1916～1942」

（44）江南健児『新上海』日本堂書店、一九三三年、一三五―一三六ページ
（45）白石は長崎市銀屋町出身だが、上海―香港航路の外国船の皿洗いをしていた縁で、二十一歳頃に上海に移住した。
（46）松村茂樹「呉昌碩と白石六三郎――近代日中文化交流の一側面」、大妻女子大学編「大妻女子大学紀要 文系」第二十九号、大妻女子大学、一九九七年
（47）嶋津長次郎編『上海案内 第八版』金風社、一九一九年、五三ページ
（48）前掲「上海の公娼制度に関する法令資料について（資料紹介）」一二二―一二三ページ
（49）杉江房造／江南健児『新上海』日本堂書店、一九三三年、一二五ページ
（50）『近代中国娼妓資料』下、河北人民出版社、一九九七年、一六二一ページ
（51）呉淞路は現在も同じ地名が使われているが、文路は現在の塘沽路である。
（52）遠山景直編『上海』遠山景直、一九〇七年
（53）前掲『上海案内 第八版』
（54）上海日報社編『上海年鑑 1926年版』上海日報社出版部、一九二六年
（55）山崎九市編『上海一覧 訂正版』至誠堂新聞舗、一九二八年
（56）領事館の公式行事の会場として使われたため、朝鮮の独立運動家から六三亭は要人襲撃の格好の場と認識されてもいた。六三亭義挙として知られる事件は、一九三三年三月十七日、六三亭での宴会が、上海進駐日本軍司令部と有吉明公使による中国政府要人の買収工作だと知った李康勳ら独立運動家が、襲撃計画を立て、事前に発覚し逮捕されるという事件が起きている（『(独立戦争)』〔「韓国独立運動史」第四巻〕〔http://db.history.go.kr/item/level.do?itemId=hdsr&setId=2576926&position=0〕［二〇一七年十月三日アクセス］）。
（57）前掲『上海一覧 訂正版』
（58）同書一二四ページ
（59）前掲『上海案内 第八版』
（60）『支那在留邦人人名録』（一九二三年版）には、漢口に光吉姓の三好館が存在するが、それによると光吉は長崎出身だという。

(61)在上海総領事館「昭和十三年中に於ける在留邦人の特殊婦女の状況及其の取締り並に租界当局の私娼取締状況」、吉見義明編・解説『従軍慰安婦資料集』所収、大月書店、一九九二年、一八四ページ
(62)『上海案内 第七版』(一九一七年)の名刺索引には芸娼妓紹介所が一軒あるので、一つの業者がすべての芸妓や娼妓をリクルートしていたと思われる。
(63)前掲「上海の公娼制度に関する法令資料について(資料紹介)」一二三―一二四ページ
(64)『上海案内 第十一版』一九二七年
(65)前掲「上海の公娼制度に関する法令資料について(資料紹介)」一二四ページ
(66)外務省外交資料館『在外本邦売笑婦取締並送還関係雑件』(第一巻)K3.3゜0.2゜。同史料での営業開始年は大一が一九一〇年、三好館が一一年となっているが、永楽館は二六年に焼失したあとは営業を再開していない。貸席・三好館の営業開始年が食い違うのは経営者が変わったためだと推測される。
(67)『支那在留邦人人名録』(一九二〇年版)では永井正太郎とある。
(68)同書では小守良蔵、前掲『在外本邦売笑婦取締並送還関係雑件』第一巻では小森忠とある。
(69)山崎九市編『上海一覧』至誠堂新聞舗、一九二八年
(70)前掲『上海案内 第八版』一九一九年
(71)「昭和五年四月十一日附幣原外務大臣発信在上海重光総領事宛訓達要旨　上海支那街に於ける内地人貸座敷類似営業の件」、前掲『中支版』第四十二巻所収、二一〇二四―二一〇二五ページ
(72)前掲「昭和十三年中に於ける在留邦人の特殊婦女の状況及其の取締り並に租界当局の私娼取締状況」一八四ページ
(73)同報告
(74)「昭和五年五月一日附上海重光総領事発信幣原外務大臣宛報告要旨　上海支那街に於ける本邦人貸座敷類似営業の件」、前掲『中支版』第四十二巻所収、二一〇二五―二一〇二八ページ
(75)「遊興課金は予期以上の好成績、検番始まって以来の繁盛振り」「上海日日新聞」一九三一年一月二十九日付、「不景気知らずの花柳界、民団の台所も潤う」「上海日日新聞」一九三一年三月三十一日付
(76)「昭和六年中ニ於ケル在留邦人其ノ他ノ特殊婦女ノ状況及其の取締」、『外務省警察史 支那ノ部』所収、二二一一六三

ページ。上海居留民団は一九二六年三月十九日に新たな「課金条例」を公布し、手数料を特殊課金と改称したうえで三ドルから四ドルに値上げした。このことから藤永は日本当局に貸座敷を全廃する意向はなかったと見ている。前掲「上海の公娼制度に関する法令資料について（資料紹介）」一二五ページ

(77) 前掲『外務省警察史 中支版』二一〇九七ページ。ただし、同書二一一〇四ページには健康診断（性病検査）を受けた乙種芸妓（娼妓）の数は二十七人（一九三〇年）としている。

(78) 榎本泰子『上海――多国籍都市の百年』（中公新書）、中央公論新社、二〇〇九年、一五二―一五三ページ。前掲「上海の慰安所施設」によると、虹口地区に住んでいた広東商人が、満洲事変が真近に迫ってきたことから結集してきた日本海軍陸戦隊や大陸浪人によって強制的に退去させられた。

(79) 前掲「昭和十三年中に於ける在留邦人の特殊婦女の状況及其の取締り並に租界当局の私娼取締状況」一八四ページ

(80) 前掲『従軍慰安婦資料集』九〇ページ。蘇智良は一九三一年十一月、満洲事変が目前に迫り緊迫する上海で、大一サロンが海軍陸戦隊司令部の承認する慰安所第一号になったとしている。またそのほかの小松亭、三好館、永楽館などの貸席も海軍特別慰安所として指定されたと見ている（前掲「上海の慰安所施設」）。ただし、この時点で永楽館は火災によって廃業している。

(81) 蘇智良によると、大一サロンは海軍将兵を接待する慰安所として、一九三〇年代中頃には上海総領事館と海軍陸戦隊が協力して厳格な性病検査を週二回ずつ実施していたという（前掲「上海の慰安所施設」）。

(82) 西野瑠美子「上海の慰安所・現地調査報告――上海に慰安所の記憶と痕跡を訪ねて」「戦争責任研究」第二十七号、日本の戦争責任資料センター、二〇〇〇年

(83) 稲葉正夫編『岡村寧次大将資料――戦場回想篇』上（「明治百年史叢書」第九十九号）、原書房、一九七〇年、三〇二ページ

(84) 野田勝久編・解説「第一次上海事変における第九師団軍医部「陣中日誌」」、同『十五年戦争極秘資料集』補巻第五所収、不二出版、一九九八年。原本は『昭和七年二月二日起 陣中日誌 猪坂軍医』。この史料のような軍医部の戦闘日誌はきわめて少ないとされるが、内容は一九三二年二月二日に金沢から広島を経て上海に上陸してから同年四月三十日までの「戦闘日誌」である。

(85) 横浜橋とは虹口河にかかる橋で、美楯里は橋の北東、克明里は橋の南西に位置する。海軍は慰安所だけではなく宿泊所、下宿、慰安所、食堂、喫茶店、撞球場、活動写真館、娯楽館、公設浴場も指定している。
(86)「上海に於ける外出員心得 昭和八年十一月」海軍一般史料②戦史・満洲（上海）事変、C14120189800（防衛省防衛研究所）
(87)『支那在留邦人人名録 二十八版』一九三六年
(88)『支那在留邦人人名録 二十九版中支版』一九三九年
(89)『支那在留邦人人名録 三十版』一九四〇年
(90) 前掲「上海に於ける外出員心得」には地名だけを書いているが、『支那在留邦人人名録』には番地も記載されている。それによると東優園は克明里四号にあった。
(91) 前掲「昭和十三年中に於ける在留邦人の特殊婦女の状況及其の取締り並に租界当局の私娼取締状況資料」一〇〇ページ。ちなみに間狩は日本の敗戦後、滋賀県の郷里に戻るまで上海に滞在していた（上海邦人帰国名簿発行所『上海邦人帰国者名簿』上海邦人帰国名簿発行所、一九四六年）。
(92) 法曹会編『大審院刑事判例集』第十六巻第四号、法曹会、一九三六年。この史料によると、村上は一九三〇年十一月頃から上海で兵士対象の性売買業を営んでいたが、海軍が指定慰安所を開設することを知り、業者として応募したという。
(93) 裁判の過程では日本が占領した地域への移送だから海外移送に該当しないという弁護側の主張もあったが、誘拐と移送に関わった人物は二年の懲役刑を言い渡されている。
(94) 前掲『支那在留邦人人名録 中支版二十九版』では東優園の経営者が桑原になっている。
(95) 前掲『上海』
(96)「中国 杭州航空学校に入学しようとした 不逞鮮人検挙の件」「警察情報綴（昭和十一年）京鍾警高秘」第一万九百七十五号、一九三六年七月十一日
(97)「D.2.3.0 警察事項、取締処分」「昭和・戦前篇 D門 司法、警察 D2警察外務省」（外交史料館所蔵）
(98)「上海日日新聞」一九三四年八月一日付

(99) 前田輝人「金風社人名録に見る日中全面戦争期在上海日本人社会の変容」(アジア太平洋研究会編「アジア太平洋論叢」第十七号、アジア太平洋研究会、二〇〇七年、四七ページ)によると、一九四三年の上海外務省公館職員のなかの警察・警務関係者の割合は四割以上にのぼり、三九年から四三年の間に約二倍に増えたという。

(100) 「昭和十一年中に於ける在留邦人の特殊婦女の状況及其の取締」、前掲『従軍慰安婦資料集』所収、九一―九二ページ

(101) 前掲「昭和十三年中に於ける在留邦人の特殊婦女の状況及其の取締り並に租界当局の私娼取締状況」一八四ページ

(102) 小松亭は一九三六年版からサロン小松と改称。

(103) 『支那在留邦人人名録』で海軍慰安所となっていないことと所在地から推測して陸軍慰安所と判断した。

(104) ちなみに一九四一年十月末調べで慰安所が十二軒あると記してあるが、これは陸軍慰安所を指すものと思われる(朝鮮銀行京城総裁席調査課『極秘 内地、支那各地在住の半島人の活動状況の関する調書』一九四二年七月)。

(105) 漢口「昭和十三年十二月末調 邦人ノ職業」(『外務省警察史』第四十九巻所収、不二出版、三〇五二三ページ)では料理店と慰安所を区分せずに数値を出している。それによると漢口と武昌を合わせると六十一人がそうした店を経営している。

(106) 「昭和十三年四月十六日南京総領事館に於て陸海軍外三省関係者会同」、『外務省警察史 中支版』第四十八巻所収、二八六九三―二八六九四ページ。「陸海軍に専属する酒保及慰安所は陸海軍の直接経営監督するものなるに付領事館は干与せざるべきも一般に利用せらるる所謂酒保及慰安所に就ては(略)業者に対する一般の取締は領事館其の任に当り之に出入りする軍人軍属に対する取締は憲兵隊に於て処理するものとす」。「将来兵站部の指導に依り所設せらるべき軍専属の特殊慰安所は憲兵隊の取締る処にして既設の慰安所に対しては兵站部に於て一般居留民の利便をも考慮に入れ其の一部を特殊慰安所に編入整理することあるべし」。「軍専属の酒保及特殊慰安所を(陸海共)に於て許可したる場合は領事館の事務処理に便たる為当該軍憲より随時其の業態営業者の本籍、住所氏名、年齢、出生、死亡其の他身分上の異動を領事館に通報するものとす」

(107) 前掲「上海の公娼制度に関する法令資料について(資料紹介)」

(108) 「昭和十七年九月副官会同席上意見、質疑及回答」、前掲『従軍慰安婦資料集』所収、二六九ページ

(109)『大陸年鑑 昭和十六年版』上海大陸新報社、一九四〇年
(110) 前掲「金風社人名録に見る日中全面戦争期在上海日本人社会の変容」
(111) 前掲『上海事情』、田中仁／鄒燦／前田輝人「一九三〇年代上海日本人社会の変容――『金風社人名録』のデータベース化と考察」「阪大法学」第六十五巻第二号、大阪大学大学院法学研究科、二〇一五年
(112)「支那渡航婦女の取扱に関する件」A05032040800、「アジア歴史資料センター」(https://www.jacar.go.jp/)［二〇一八年十月二日アクセス］（国立公文書館）

第2部

「帝国」と「戦後」のはざま

第4章

『琉僑管理案』に見る沖縄出身者の歴史経験

——経験のゆくえと場の関係性を中心に

冨永悠介

はじめに——経験という視座

一九五一年七月二十三日の午後二時頃、那覇港に「新大翁号」が入港した。この船には、台湾から強制送還された十三人の沖縄出身者が乗っていた。八重山出身の並里金蔵（五十七歳）、竹内富春（三十三歳）、上里俊雄（三十一歳）、奄美大島出身の川口茂良（二十七歳）、市田一雄（三十二歳）、玉利敬光（三十八歳）、稲田馨（三十歳）、肥後孫男（三十歳）、前田廣俊（二十五歳）、直岡光男（十九歳）、久永鉄夫（三十歳）、上原源栄（二十六歳）、そして那覇市出身の仲村渠《なかんだかり》世昌《せしょう》（五十歳）である。

当時の新聞によれば、彼らの大半は「密航船で台湾海岸に漂着又は領域内で漁業に従事」していたところを「中国官憲に挙げられたもの[1]」だった。しかし仲村渠に限って言えば「造船技術大尉として中国側に強制徴用中脱走逮捕された者[2]」であり、ほかの十二人とはまったく違う経歴を持っている。

仲村渠は一九一七年に沖縄県立第一中学校を中退したあと、横浜の鉄道省に勤務し、その二年後に沖縄へ帰郷して建築請負業を営んだのち、三七年にフィリピンで建築請負業に従事し、四三年には海南島の日本海軍に勤務している。

日本の敗戦を海南島で迎えた仲村渠は、造船技術員として国民党政府に「強制徴用[3]」「留用[4]」され中国海軍少尉に任命された。その後大尉に昇進した仲村渠は一九五〇年、中国共産党の海南島侵攻のさなかに台湾に避難した。台湾では「日本人ではなく琉球人であるとの理由から、後には出身地琉球島省、氏名は梁世昌という身分証[5]」を持たされることになった。

台湾に撤退した仲村渠は、淡水に位置する海軍造船所に勤務させられる。しかし一九五〇年七月に脱走を試み、沖縄へ向かう密航船を探し回っていたところを同年十二月に検挙され、「台湾省保安司令部円山職業訓導総隊」

に収容されている。そして「日本軍隊のように訓練」を受けたあとに、先の新大翁号で沖縄に強制送還された。

仲村渠は、アジア・太平洋戦争の終結から戦後東アジア冷戦体制へと移行する時代のなかで「強制徴用」「留用」された。時代のうねりとともに、建築請負業や日本海軍に従事していた経験は思いもかけない形へと展開していった。経験の中身もその意味も時勢によって変化し、定常的に捉えることができない経験の揺れ動くさまがその軌跡から見て取れる。

仲村渠の経験の揺れ動きは、フランス文学者であり哲学者でもあった森有正による経験の位置づけを想起させる。

私の生活の中にある出合いがあって、それが人であろうと、事件であろうと、その出会いが私の中に新しい生活の次元を開いて行く、そして生活の意味自体が変化して行く。それを私は「経験」と呼ぶのであって、記憶の中にただ刻みつけられ、年月とともに消磨して行くもの、あるいは、自分の生活の一部面の参考となるに止まって、そこに新しい次元を展くに到らないもの、それを私は「体験」と呼ぶのである。(6)

森は、ある個人にとってのある出来事がその人のなかに新たな生活の次元を開いていくものとして、「経験」を位置づけている。その一方で、新しい生活の次元へと至らないものを「体験」と呼んでいる。だが、経験はひとりでにその意味を変化させていくのだろうか。例えば、仲村渠にとって時代の変遷がそうだったように、経験が新しい生活の次元を切り開いていったり、体験が経験に変転していくのには、何らかの契機があるのではないだろうか。また、ある契機によって経験が生活の意味自体を変えていくのだとすれば、ある時代を生きた人々の生存のあり方は、経験という視座からどのように照らし出すことができるだろうか。

本章は、戦後台湾を生きた沖縄出身者の生存のあり方に光を当てることを目的としている。具体的には、経験の揺れ動きを視座としたうえで、台湾省警務処档案『琉僑管理案』(7)に所収されている個別具体的な案件に依拠した考察をおこなう。考察にあたっては、琉僑[8]の個別具体的な経験をただ掘り起こすだけではなく、それを時代や社会の流れのなかに位置づけていくことが同時に求められることになる。マクロな視点を手放さず、それに対する個人の位置取りにも留意しながら経験の歴史研究を構想していく。

1 『琉僑管理案』について——史料の性格と「口述調書」

本章で取り上げる『琉僑管理案』は、戦後台湾に渡航・滞在した沖縄出身者に関する档案群である。その内容は、琉僑の雇用に関する事務的な案件が大半を占めているが、台湾省琉僑管理弁法や台湾省琉籍技術人員登記規則といった琉僑の在留資格や雇用に関する規定、また、不法滞在・密航・強制送還に関する案件などを含んでいる。

『琉僑管理案』は手書き（ペンや毛筆）と活字印刷などが交ざっている。これらの档案が作成された時期は一九四九年二月から五二年一月までである。保存状態は良好とは言えず、事件や出来事の詳細を追うことが困難な案件も含まれている。また、档案を管理する国史館台湾文献館にはコピー枚数の制限があるため、筆者が用いることができる『琉僑管理案』は一部分に限られることを、あらかじめ断っておきたい。

『琉僑管理案』には、冒頭で紹介した十三人に関する案件も収められている。その内容は強制送還に関する事務的な連絡事項だが、そうした記録をたどっていくと彼らの「不法入国時期」と「不法入国地点」を知ることができる。

表1を概観すると、①と②、③から⑩は、出身地も入国時期も同じだということがわかる。一方、⑫と⑬はそれ以外の人々と比較して半年ないしは一年ほど早く台湾に渡っている。また、①と②は大南方澳、③から⑩そして⑫は花蓮港、⑬は淡水から入国している。[9]

表1　沖縄に強制送還された13人の不法入国時期とその地点

<table>
<tr><th></th><th></th><th>出身地</th><th>不法入国時期</th><th>不法入国地点</th></tr>
<tr><td>①</td><td>並里金蔵</td><td rowspan="2">八重山</td><td rowspan="2">1950年7月20日</td><td rowspan="2">宜蘭県大南方澳</td></tr>
<tr><td>②</td><td>竹内富春</td></tr>
<tr><td>③</td><td>川口茂良</td><td rowspan="8">奄美大島</td><td rowspan="8">1950年10月27日</td><td rowspan="8">花蓮港</td></tr>
<tr><td>④</td><td>市田一雄</td></tr>
<tr><td>⑤</td><td>玉利敬光</td></tr>
<tr><td>⑥</td><td>稲田馨</td></tr>
<tr><td>⑦</td><td>肥後孫男</td></tr>
<tr><td>⑧</td><td>前田廣俊</td></tr>
<tr><td>⑨</td><td>直岡光男</td></tr>
<tr><td>⑩</td><td>久永鉄夫</td></tr>
<tr><td>⑪</td><td>仲村渠世昌</td><td>那覇</td><td></td><td></td></tr>
<tr><td>⑫</td><td>上原源栄</td><td>奄美大島</td><td>1949年4月10日</td><td>花蓮港</td></tr>
<tr><td>⑬</td><td>上里俊夫</td><td>八重山</td><td>1949年9月2日</td><td>淡水</td></tr>
</table>

注1：仲村渠世昌が入国した時期と地点は原典に記載されていないため空白にした
（出典：台湾省警務処『琉僑管理案』〔063000001313A/36783、1951年〕と「台湾から強制送還」〔「沖縄タイムス」1951年7月25日付、2面〕、「中国海軍大尉に任命されたが故郷が恋しさに脱走 強制送還された仲村渠さん」〔「うるま新報」1951年7月25日付、2面〕から筆者作成）

『琉僑管理案』には、十三人が台湾に入国した目的やその経緯は記されていない。しかし先行研究が示唆するように、『琉僑管理案』が作成された一九四五年から五〇年代初期は、沖縄と台湾の間で密貿易が盛んだった時期にあたる。[10]それと同時に、帝国日本の植民地支配から戦後東アジア冷戦体制の構築、そして四七年の二・二八事件[11]を契機とした台湾社会の引き締めなど、台湾内外の情勢が急激に変化していく時期でもある。こうした時代状況を念頭に置けば、『琉僑管理案』は、密貿易を介した予測不能な人の移動や身元不明な琉僑を管理しようとした台湾省政府の公的文書と位置づけられる。

　しかしすべての琉僑が台湾に密航してきたわけではない。『琉僑管理案』に収められた「口述調書」を見ると、上里俊夫（表1の⑬）は船のエンジンが故障したために台湾に漂流したことがわかる。[12]

『琉僑管理案』の特徴はこの「口述調書」にある。「口述調書」はすべての案件に付されているわけではなく、調査の限りでは十八件しかない。また、審問者の関心に沿った尋問がおこなわれることや供述内容が断片的なこと、加えて、供述の信憑性といった諸問題を含んでいる。しかし他方で、この「口述調書」には決して一般化することができない個別具体的な経験が刻み込まれている。「口述調書」の意義と限界を念頭に置きながら、本章では琉僑の個別具体的な経験を照射していきたい(13)。

2　「捕虜」的状況からの脱出――奥平春雄・吉川仁之助の密航

本節では、宮古島出身の奥平春雄（三十六歳）と吉川仁之助（二十九歳）に関する案件について、具体的に分析していく。

奥平と吉川は、一九五〇年に密航を試み台北県警察局に検挙されている。台北県警察局から台湾省警務処に送られた文書に付された「口述調書」(14)（以下、①と略記）から、二人が渡台した経緯とその目的を明らかにしてみよう。

吉川は①のなかで「（一九五〇年）三月四日、琉球の与那国島を出発し小型発動汽船に乗ってきた（約三トン、金剛丸）」と述べている。その「金剛丸」は「三月五日午後十時半（奥平は「十一時」と供述している）」に「南澳朝陽海岸の南端」（吉川）の「海岸二百メートルのところ」（奥平）に到着した。その後、二人は「泳いで岸に辿り着いたが、その十分後、船は機銃掃射にあい逃走、船に戻れなくなりそのまま上陸した」（奥平）。そして「上陸後の翌日、南澳橋の下で」（奥平）警察に見つかり逮捕される運びとなる。二人を逮捕した台北県警察局の記録によれば、奥平と吉川は「山地調査期間」中に発見され「如何なる証明書類も持って」いなかったという。

奥平は、「どうして台湾に来たか。どんな目的があったか」という審問に対し「琉球連盟（基隆の琉僑協会《ママ》）に仕事を探してもらおうと思った。それ以外の目的はなかった」と答えている。さらに、「過去に何回（台湾に）に来たことがあるか」という問いに対しては、「光復〔日本統治からの解放：引用者注〕前、台湾拓殖株式会社で六年間仕事をしていた。光復後は一回目」と答え、「約六年間、台湾拓殖株式会社（現・太平山林場）の牛闘駅の駅長だった。もし可能ならその職に戻りたい」[15]と供述している。

次に、一九五〇年四月に台湾省警務処から「職業訓導総隊」に送られた文書に付された「口述調書」[16]（以下、②と略記）を見てみよう。やや長くなるが全文を引用する。なお、奥平・吉川ともに五〇年三月十八日に審問を受けている。

問：姓名、年齢、戸籍、職業、住所は。
答：吉川仁之助、二十九歳、琉球宮古、漁業、琉球宮古郡平良字西原三百六十五番地。
問：なにで台湾に来たのか。
答：琉球から金剛丸に乗ってきた。
問：台湾に来て何をするつもりだったのか。
答：仕事を探しに来た。
問：金剛丸とどういった関係か。
答：同船主とは何の関係もない。台湾に向かう船があったため、お金を出して乗船し台湾に来た。
問：金剛丸は現在どこに停泊しているのか。
答：日本に行ってしまった。
問：船に何を積んでいたか。どのくらいの人が台湾に留まったのか。船に積んでいたのは誰のものか。
答：船にはいくつかの箱があった。聞くところによると中身は軍事品とタバコで、そのほかに何があったのかわからない。船には十一人乗っていた。他の人は〔台湾に〕来なかった。それ〔箱〕が誰のものなのかわからない。

問：過去に台湾に来たことがあるか。友達はいるか。
答：初めて台湾に来た。琉球人民協会に何人かの友人がいるがほかにはいない。
問：どんな仕事を探すつもりだったのか。
答：どんな仕事をするかまだ決めていない。琉球人民協会を探し当ててから決めるつもりだった。
問：入境手続をしなければ台湾に入れないことを知っていたか。
答：琉球にいたので入境手続が必要だとは知らなかった。
問：琉球での生活はどうだったか。
答：はじめ琉球で商売をしていた。船を一艘買ったが、その後、[redacted]が良くなかったため売り払い失業した。そのせいで琉球の外に仕事をしにいかなくてはならなくなった。台湾への入境が困難だとは知らなかったので台湾に来た。
問：奥平春雄とはどこで知り合ったのか。
答：琉球で知り合った。
問：以上で述べたことは事実か。
答：すべて本当だ。

問：姓名、年齢、国籍、職業、住所は。
答：奥平春雄、三十六歳、琉球宮古、農業。宮古郡平良字西里五百五十九番地。
問：台湾に来た経過をもう一度話しなさい。
答：琉球人民協会から台湾で仕事を探せると聞いたので、金剛丸に乗って台湾に来た。
問：琉球での生活状態はどうだったのか。
答：私の家は兄弟が多く、田畑が少ない。だから自分で何か仕事を探そうと台湾に来た。

問：台湾に来たことはないのか。
答：日本統治時代に約六年住んでいた。
問：以上のことはすべて本当か。
答：すべて本当だ。

奥平と吉川が台湾に来た理由には、共通している点とそうではない点が並存している。二人に共通している理由は、(1)宮古島の生活が困難だったことと、(2)琉球人民協会に仕事の斡旋をしてもらおうと考えていたことの二点である。その一方で奥平には、台湾拓殖株式会社（現・太平山林場）に約六年間勤務したことがあり、その職に戻りたいという事情が関係していた。しかし、ここではまず両者に共通する理由に着目したい。

奥平と吉川が台湾に渡った当時は宮古島の群島政府時代にあたる。そのため宮古島は他の都道府県や県内の他郡・市と自由に往来することが困難だった。そのため、「吾々の生命を維持する食糧問題、特に主食」[17]が不足していた。

食糧不足は、言うまでもなく生存に関わる問題である。台風被害、風潮害、干魃、病害による農作物の不作[18]に加えて、疎開者の引き揚げに伴う急激な人口増加がこの問題に拍車をかけていた。[19]また、台湾に依存していた米の移入が途絶えたこと[20]やアメリカ占領下で日本経済から分離されたこと[21]といった要因も関係している。その結果として「殺人的高物価、物の偏在、生産の不活発、出回りの不円滑等の悪現象[22]」を招き「飢餓戦場[23]」と呼ばれるほどの食糧危機に、宮古島は直面した。

また、アジア・太平洋戦争もこの飢餓状態に影響していたといえる。戦争末期、宮古島には日本軍第二十八師団が配備され、一九四六年二月の復員まで軍と地域住民が混住していた。そのため、日本軍が宮古島住民の生活を圧迫していたという証言が残されている。戦後宮古島から糸満に砂糖を運んで生計を立てていた金城毅は、「日本軍の兵隊達が接収したあと、草ぼうぼうになっており、そのため島の中に米もない状況だった」と述べ、戦後でも「農耕馬を夜中に日本軍が勝手に引っ張り出して行って、食べてしまうこともあった」、「宮古島では軍作業はなく、また産業もなければ黒砂糖もそんなに作れるわけではなかったし、質も悪くなっていたので、宮古島は大変だった[24]」と語っている。

こうした状況下にあった宮古島について、一九五〇年六月二十三日付の「宮古婦人新聞」は次のような論説を掲載している。曰く「終戦後五年日本々土と切り離されて孤立状態がつづき未だにそれがつづいている琉球」で宮古島は「全ての施設がマヒ状態となり、経済の大動脈は切り捨てられて、経済機能は停止され、米軍物資の放出と闇船による輸出入とあえぎ生活をつづけているという現状である」という。さらに、「琉球復興の最大の隘路は日本との取引や渡航がはばまれている点ではあるまいか」と指摘したうえで「マッチ一本でさえ自給し得ない小さな島に捕虜と同様な生活五ヵ年は余りに永過ぎる思いがする[25]」と訴えている。

宮古島住民の生活を「捕虜」に例えている点は、逼迫した宮古島の生活環境や住民の心情の表れだろう。奥平は家族が多いうえに田畑が少なく、吉川は失業に追い込まれていた。詳しいことはわからないが、そうした環境にあった彼らが、宮古島の厳しい経済状況に苦しめられていたことは、想像に難くない。そして「今の宮古は世を挙げてブローカー時代〔を〕なすに、正業なき人々はやむを得ずブローカーと走る外に途はない[26]（略）」と報じられたように、まさに奥平と吉川も宮古島の「捕虜」的な生活から抜け出すために密航を試みたと考えられるのである。

3 「体験」の「経験」化——奥平春雄の植民地台湾

宮古島の密貿易は、「有り合せの船を傭船として家族の引き取りに台湾へと出かけていった」ことが始まりと言われている[27]。その後、バーター物資を積んで行き来にするようになると「疎開民引揚船は、暫くして密貿易船に変わって行った」[28]。

しかし戦後東アジアの政治状況が緊張度を増すにつれ、密貿易の取り締まりも次第に強化されていった。その結果、宮古島の物価は高騰し住民の生活をさらに圧迫することになる。「沖縄タイムス」は一九五〇年一月三十一日付の記事で「支那の内乱は既に台湾に波及したが、これは八重山、宮古にも影響」し、「これまで頻繁にはいった台湾の密貿易船が最近影をひそめ」、「ザラメ糖は今まで十八円のが三十五円に暴騰、台湾茶は十七円から二十円に[29]」なったと伝えている。宮古島の困窮には、先に述べたような引き揚げ者の流入による人口増加や自然災害、アジア・太平洋戦争といった要因だけでなく、東アジアの冷戦も影響していたことがわかる。

他方で同時期の台湾は、戦後経済の過渡期[30]（一九四五年から四九年）を乗り越えて安定期にさしかかっていた。一九五二年四月の台湾は、「沖縄タイムス」が報じるところでは、「物価は下落し、生活も安定して働きさえすれば心配のない生活が出来る様になり、一般大衆が楽な暮らしをしている」、「米は百斤（四斗）で多少の高低はあるが百三十円程度一升約三円で、魚（カジキ）は一斤四円、豚肉一斤五、六円」であり「俸職人の俸給は男の高給が三百円、中二百、女事務員百五十円[31]」だった。こうした台湾経済の安定は、「一九五〇年の朝鮮戦争を契機に再開された年間約一億ドルの巨額なアメリカ経済援助に大きく依存してきた[32]」ことが背景にあった。

国共内戦の影響による密貿易取り締まりの強化とそれに連動した宮古島の物価高騰、さらに戦後台湾経済の復興は同時期に起きていた。すなわち、奥平と吉川の密航は東アジア冷戦体制による宮古島と台湾の非対称な状況のなかで選び取られた生存の手段だったと言えるだろう。さらに加えて、奥平の場合、吉川とは異なる別の事情が関係していた。それは①のなかにあった「約六年間、台湾拓殖株式会社（現・太平山林場）牛闘駅の駅長だった」という供述と関わっている。

太平山林場は現在の宜蘭、台北、桃園、新竹にまたがる山麓に位置していた。そこは日本植民地時代には阿里山、八仙山と並ぶ三大林場の一つで、太平山で伐採した材木を運搬したのが太平山鉄道（羅東森林鉄道）だった。奥平が駅長を務めた牛闘駅はその森林鉄道の駅の一つだった。

奥平は当初から台拓の職員だったわけではない。台湾総督府編『台湾総督府及所属官署職員録』(一九四一年)を見ると「台湾総督府殖産局営林署羅東出張所」の職員のなかに「奥平春雄(沖縄)」と記されている。その後、一九四二年六月に台拓が総督府の出資を受けて太平山林場の経営に乗り出すと「羅東出張所」は台拓の管轄下に置かれるようになった。それに伴って、奥平は「台湾拓殖株式会社羅東出張所」の職員として牛闘駅の駅長に任命されたのである。(33)

奥平は、植民地台湾から郷里の宮古島にいったん引き揚げたのだが、宮古島での暮らしの厳しさから台湾に密航したのである。このことは、植民地台湾での「体験」が密航という新たな「経験」へと展開したことを示しているが、このように「体験」が「経験」化することと、宮古島や台湾といった「場」そのものの変化とは、互いに深く影響しあっている。

文化交流史を専門とする杉原達は「場は決して単なる行政的単位でもなければ、それだけで自己完結するものでもあり得ない(34)」と述べている。杉原によれば、場とは「世界史的条件あるいは国際関係そして国家権力の政策に規定されて変容をとげていくものであるとともに、他方では、地域内部の様々な矛盾に基づく緊張した関係の中から、共同で新しい関係をつくりあげていく側面(35)」を持つのだという。この見方にならって言えば、宮古島や台湾もまた国際関係や国家権力だけでなく地域内部の矛盾から生じた緊張関係が折り重なる可変的な場なのである。

奥平の植民地台湾での体験は年月とともに消え去ってはいなかった。むしろ、宮古島での「捕虜」のような暮らしのなかで、密航――台湾への再渡航――という行動へとつながっていった。台湾での体験それ自体の意味が、宮古島の状況と相まって形を変えながら再生し、継続していったといえる。国際的・国家的条件によって宮古島が置かれた状況に奥平も巻き込まれていったが、その状況を脱するために彼がとった行動――台湾に活路を見いだす試み――は、宮古島や台湾という場と深く関わっている。宮古島や台湾という場の状況が「植民地台湾体験の経験化」の契機となり、場との関係性のなかで奥平春雄の生存のあり方が歴史性を帯びて浮かび上がっていくといえるだろう。

4 「台湾省琉球人民協会」の設立と喜友名《きゆな》嗣正《つぐまさ》

前節では、奥平春雄の個別具体的な経験が宮古島や台湾という場の状況と深く関わっていることを指摘した。次は、奥平と吉川の密航が台湾という場でどのような経験として展開していったのかを論点としたい。

この問題を検討するために、いま一度②の口述調書に立ち返りたい。②は一九五〇年四月一日付で台湾省警務処から職業訓導総隊に送られた案件に付されていた。その案件の冒頭には、奥平と吉川の処遇に関して次のように記されている。

件名：本科職員の呉憲滈が吉川仁之助など二人を[redacted]件。

（一）台北県警察局調査（本年三月十五日代電）による密航で台湾にやってきた吉川仁之助及び奥平春雄両名は即刻送還すべきであるが、現在琉球へ向かう船がないので貴総隊に暫時収容をお願いし、船の準備が出来次第すぐに送還する。

（二）そこで、呉憲滈が該僑たちを総隊まで護送する。

警務処は、奥平・吉川を「即刻送還すべき」としながらも「現在琉球へ向かう船がない」ため職業訓導総隊での「暫時収容」を具申している。実際に、このあと二人は職業訓導総隊に収容されることになるのだが、問題は、二人の収容が琉球人民協会と喜友名嗣正の意向だったことにある。さらに言えば、この件には台湾省琉僑管理弁法や台湾省琉籍技術人員登記規則などの琉僑の在留資格や雇用に関わる規定が関係している。以下では琉球人民協会設立の背景とその目的を確認したうえで、台湾省琉僑管理弁法、台湾省琉籍技術人員登記規則の内容を詳しく分析していきたい。

『台湾省琉球人民協会籌組』という档案によれば、一九四八年六月十六日午後二時から台湾省政府社会処会議室で「台湾省琉球人民協会籌組策進会議」（以下、策進会議と略記）が開かれていた。その「会議記録[36]」を見ると琉球人民協会設立の経緯と目的について次のように記されている。

一九四八年三月二日、喜友名嗣正ら三十四人は台湾省政府に対して琉球旅台同郷会設立の申請をおこなったところ、これに対して台湾省政府は、会の名称を台湾省琉球人民協会に変更するように提案している。そこで、この策進会議で琉球人民協会という名称を正式に決定し「琉僑の保護と密航防止における管理上の便宜」を会設立の目的と定めたのである。

その後、同年七月八日午後二時から「基隆市浜町区公所[37]」で琉球人民協会成立会議が開かれている。こうして、喜友名嗣正を理事長とし、常務理事、理事、候補理事、監事、候補監事の十七人で正式に発足する運びとなった[38]。

写真1　宮城菊の家に保管されていた「琉球人民協会」の看板（筆者撮影、2008年2月16日）

琉球人民協会結成に関わった喜友名嗣正は蔡璋《ツァイジャン》という中国名を持ち、戦後台湾で琉球独立運動を展開した人物として知られている[39]。喜友名は「沖縄の日本復帰に反対し、沖縄の独立か、中華民国への帰属を主張し続けてきた[40]」琉球独立運動家と位置づけられている。

喜友名は、一九七二年の沖縄本土復帰を機にこうした運動から離れて文筆活動をおこなうようになる。そのなかでも晩年に書かれた「孤立無援であっても…——一死硬派の弁[41]」（以下、「孤立無援であっても」と略記）は、自身が関わった琉球独立運動や琉球人民協会の活動を記した文章として興味深い。

「孤立無援であっても」のなかで、喜友名は「「革命」の二文字をはっきりとうちだした「琉球革命同志会」」の活動に携わりながら琉球人民協会を運営したと述べている。[42]「琉球人民協会」の活動に関して喜友名は「戦後、全く何らの保護もなく、棄民的状況におかれていた在台の琉民（僑）を糾合し、全台会員八百余名を組織、自治的会則にのっとって、自給補助の在外活動を行った[43]」と記している。その具体的な活動内容について喜友名は以下のように記している。

その活動内容は多岐にわたり、理事長の職にあったわたしは一面、領事並みの仕事をやることから、会員の雇用のあっせん、冠婚葬祭、個人的身分の問題、戦災地の沖縄から生活苦のため密航してきた老若男女の受入れと保護、沖縄各島の漁船が台湾近海で遭難したものの救助とその善後措置（わたしが取り扱った沖縄の遭難漁船は五十六隻に達し、死傷者の安葬、漁船の修理、燃料の補給、生活の救済、罹災者の遣送等）と文字どおり寧日ない日々の連続であった。[44]

生前の喜友名を知る宮城菊[45]は喜友名について、「本当に信用のある人。また頑固ではあるけど、その頑固だからあれ［「琉球人民協会」の仕事］ができたんだと私は思うんですよ[46]」と話している。別のインタビューでは「協会の活動については知らないが、喜友名は台湾政府に対して沖縄人と日本人とは違うことを訴えていた」と述べており、喜友名の人柄について「人の面倒をよく見ていた。職のない琉球人を集めて仕事を世話したり、台湾に残った人たちのために尽くしたりしていた。その半面、頑固で、潔癖な面があり、些細なおみやげさえも受け取らなかった[47]」と語っている。喜友名の長男にあたる嗣興は「（略）家は漁港の近くで、父は漁師の面倒をよく見ていたので、家にはいつも魚介類があった[48]」と証言している。

喜友名自身の文章や証言などからは、琉球人民協会の活動が多岐にわたっていたことや、喜友名が琉僑の生活支援に奔走していた様子がうかがえる。しかし、奥平と吉川の密航の件から浮かび上がってくるのは、こうした「生活支援」という枠にはとどまらない、琉球人民協会と喜友名のもう一つの姿なのである。

5 追認型就労規則と琉球人民協会——奥平春雄と吉川仁之助のその後

喜友名は「会員の雇用のあっせん」に従事していたと記しているが、これは、前に挙げた奥平と吉川が台湾に密航した理由の(2)と合致している。しかし渡台の経緯がどうであれ、当時、琉僑が台湾で就労するためには琉球人民協会の保証を得る必要があった。

「口述調書」②には「台湾省警務処便箋」が貼り付けられているのだが、それは一九五〇年三月二十七日に呉鉄城から台湾省警務処に宛てられたメモ書きで、以下のような内容である。

該僑〔奥平と吉川〕を調べたところ、密航してきた理由は以上のものであり、その他の不法は見当たらないため、琉僑管理弁法第四条及び第六条に則って琉球人民協会に引き渡し、同会が責任をもって二人を保証したらどうか。[49]

琉僑管理弁法[50]は全十二条で構成されている。その第一条には「本省に居住する琉球僑民の管理は、別の法令による規定を除き、全てこの規則で管理する」と定められている。第四条には、「合法的な手続を踏まずに密航した琉僑（強制送還後に再来した者を含む）は当該地域警察機関が保釈し、登記規則に定められた期限に基づいて、保証人とともに雇用登記手続」をしなければならないと明記されている。そして第六条では、「本規則による保釈者は全て、台湾省琉球人民協会が作成し具申した保証書二部を当地の警察局に提出」することが義務づけられている。

第四条にある「登記規則」とは、「台湾省雇用琉籍技術人員登記規則[51]（修正）」（台湾省政府一九五〇年五月十七日公布施行、以下、「登記規則」と略記）を指していると思われる。全十条で構成する「登記規則」の第一条では、「台湾省政府に属する各機関、学校、公営民営会社の工場、公私が所有する船の琉籍技術員の雇用は全て、本規則の規定に則り申請登記しなければならない」と定められている。

さらに第二条では、雇用に必要な書類と手続きの手順を記している。必要書類は①申請書、②保証書、③顔写真（二枚）、④志願書、⑤琉球人民協会琉籍技術員身分証明書で、その書類一式を県市政府に提出したあとに以下の三点が審査された。⑴被雇用者が特殊技術を有していること、⑵各雇用単位の日常的な業務で必要とされる技術を有していること、⑶密航やスパイ行為の嫌疑あるいはその他不法行為がないこと、である。これらの点に問題がないと判断された場合に限り、台湾省政府による承認を得て準雇用に至る。

第八条は台湾に密航した琉僑の雇用に関する規定である。まず、「本規則施行後に、合法的な手続をおこなわず台湾へ密航してきた琉僑（強制送還後に再来した者を含む）は、台湾省琉球人民協会が琉球籍者であることを証明」しなくてはならないとしている。次に、「当該地域警察機構が保釈し、連帯保証人とともに保証期間一ヶ月以内に、本規則に則り雇用登記手続を行うこと」が定められている。先述した琉僑管理弁法第四条の「登記規則に定められた期限」とは、この「保証期間一ヶ月以内」を指している。

さらに同条では、密航してきた琉僑の「監視を厳格にする」とともに、以下の点に反する場合はすべて職業訓導総隊に収容するとある。第一に、琉球人民協会の証明を得られなかった場合、第二に、同規則第五条[52]に違反する事例が見られた場合、第三に、前記保証期間を過ぎても雇用手続きをおこなっていない場合である。そして、これらの条件をすべて満たし雇用に至った場合でも琉僑には厳格な移動制限が課されていた。

「登記規則」第四条には、「雇用身分証及び臨時身分証を持つ全ての琉僑は、雇用単位がある市町村内に居住しなければならない」とあり、さらに「琉球人民協会が証明した当該地域警察機関発行の許可書を持たない者は、雇用所在地を勝手に移動してはならない」と明記されている。つまり、出生、死亡、婚姻などで居住地を離れる場合、雇用所在地の警察機関と琉球人民協会にその旨を報告しなければならず、「許可書なく雇用所在地を離れた者を発見した場合、即刻職業訓導総隊に送還する」とされている。

しかしこれは裏を返せば、琉僑管理弁法と「登記規則」は渡台の経緯いかんを問わず（密航であろうとも）、琉僑の合法的な就労を認めていたことになる。そしてそのためには琉球人民協会が琉僑を琉球籍者だと認め、その身分を保証する必要があった。[53] この点で、台湾省政府に対しいわば琉僑を斡旋していた琉球人民協会の重要性は決定的であった。

呉鉄城は先ほどのメモのなかで、奥平と吉川の身分を保証するよう提案していた。それはこうした追認型の就労規則を念頭に置いていたからである。つまり奥平と吉川が台湾で就労できるかどうかは琉球人民協会が二人の身分を保証するかどうかにかかっていた。呉鉄城のメモが記された翌日の一九五〇年三月二十八日、喜友名は蔡璋の名義で以下の文章を呉鉄城に送っている。

二人〔奥平と吉川〕の身分は疑わしく、また密航で台湾に来たのも明らかである。本会〔琉球人民協会〕幹部の意見として、この琉僑たちに反省を促すが、職業訓導総隊での暫時訓練をお願いしたい。[54]

琉球人民協会は、「二人の身分は疑わしく、また密航で台湾に来たのも明らかである」ことを理由に職業訓導総隊への収容を具申している。幹部間の審議内容が記されていないので、こうした決断に至った経緯や判断の根拠ははっきりしないが、琉球人民協会の見解と、同協会に仕事の斡旋を求めた奥平・吉川との間になんらかの齟齬が生じ、それが職業訓導総隊への収容という結果をもたらしたものと推測される。琉球人民協会を頼りに密航した奥平と吉川は、その琉球人民協会によって職業訓導総隊に収容されることになったのである。

6 台湾省職業訓導総隊への収容

アジア・太平洋戦争が終結すると国民党政府は台湾省行政長官公署と台湾省警備総司令部を設置した。前者は接収を円滑に進めるための行政機関で、後者は治安維持を目的とした組織である。長官と総司令は陳儀が務めた。一九四七年に二・二八事件が起きると、同年五月に台湾省行政長官公署は廃止され、台湾省政府が設置された。これに伴い台湾省警備総司令部は台湾全省警備司令部に、四九年一月には台湾省警備司令部に改組されている。それから間もない同年九月には台湾省警備司令部は東南軍政長官公署と台湾省保安司令部という二つの組織に分割されることになる。奥平と吉川が収容された職業訓導総隊は保安司令部が管轄する組織である。

職業訓導総隊に関して現在知ることができる情報はあまり多くない。設立された時期に関しても統一された見解はなく、組織内部の詳細も明らかにされていない。こうした背景には職業訓導総隊に関する一次史料の公開・閲覧が制限されていることが関係していると考えられる。職業訓導総隊に関しては今後一層の調査が必要だが、ここでは調査した範囲の先行研究からその概観を述べておこう。

職業訓導総隊の前身は一九四六年五月に設立された労働訓練営である。労働訓練営は「失教失業之人」、すなわち教育や仕事がないと見なされた人々を収容する組織だった(55)。しかし収容された人々のなかには、①台湾本省各地における不良分子のリーダー、②刑事処罰を受けていない窃盗犯、③治安破壊を目的とした組織を結成しようとするすべての者が含まれており(56)、実際にどのような人々がどういった理由と根拠で収容されたのか判然としない。

労働訓導営に収容された人々は「隊員」と呼ばれた。隊員を軍隊式に管理し教育・訓練することで生活態度や思想を更生させることを目的にした。そして、隊員の収容期間は生活態度や訓練の様子で決められた(57)。こうした特徴を持つ労働訓導営を経て職業訓導総隊は設立された。

　職業訓導総隊設立に関して「中華民国後備憲兵論壇」は、台湾警備総司令部が台湾省保安司令部に改組されるとともに労働訓導営も職業訓導総隊に変更されたと記している。[58] その一方で、二・二八事件後に警備総司令部の改組がおこなわれ、それに伴い職業訓導総隊が設立し、一九四九年の年末には職業訓練総隊と游民習芸訓練所に分かれたとする見解も確認できる。[59] 後者の見解に従うならば、奥平と吉川が収容されたのは訓導総隊ではなく訓練総隊だろう。だが『琉僑管理案』には訓導総隊と記載されていることから、本章では職業訓導総隊という名称を用いることにする。

　職業訓導総隊は「第一―四総隊及び第十一―十三大隊」で構成されていた。表2を見ると、第一総隊は台北、第二・四総隊は台東、第三総隊は台中と台東（后里・泰源）に置かれていたことがわかる。また職業訓導隊での「矯正内容」は、三段階に分けられていた。第一段階は新しく入ってきた隊員教育で、三カ月から六カ月の軍事訓練がおこなわれた。第二段階は労働教育で、教育の内容は土木建設だった。第三段階では実習教育、養殖、農産、工芸などの実技訓練がおこなわれた。さらに隊員は甲・乙・丙・丁級に分類され、刑期はそれぞれ四年以上、三年、二年、一年だった。また、甲級丙級の減刑の再評価は一年ごとにおこなわれ、丁級の場合は半年ごとにおこなわれた。[60]

　仲村渠によれば職業訓導総隊は、「中国隊の脱走兵や刑期の■った者等や我々の外国人を入れて訓練するところで、本島人は六ヶ月でここを出る事になっているが、その殆どが直ぐ兵隊にとられ、出る人は百名中十名だった」という。仲村渠は職業訓導総隊での生活を次のように振り返っている。

　△収容所の生活…我々は台湾省保安司令部台北市円山職業訓導総隊に収容され■日本軍隊のように訓練を受けた。点呼は一日で多いときは五回、少ない時でも三回あり〝守レ台湾〟〝克■進行曲〟等中国ご《（ママ）》の軍歌演習、中国ご《（ママ）》「会話」の学科等その他は朝六時から夜十時まで作業でその間ほんの四、五分休みがあるだけだ

表2　職業訓導総隊の概要

名称	場所
職訓第一総隊	板橋、坪林
職訓第二総隊	台東岩湾
職訓第三総隊	后里、泰源
職訓第四総隊	台東東成
職訓十一大隊	緑島公館村自強営区
職訓十二大隊	緑島公館村荘敬営区
職訓十三大隊	緑島公館村荘敬営区

注1：同書には日本語版もあるが、それには職業訓導総隊に関する図は掲載されていない
注2：第一および第三総隊には2つの地名が記載されている。当総隊が2つの場所に存在していたのか、その後場所を移したのか定かではない
（出典：人権之路主編『人権之路——台湾民主人権回顧』〔2008年〕36ページから筆者作成）

った。だが食事は割合によかった。作業は本年二月までは防空壕掘りをやった。噂に聞くと蒋介石将軍用のものだったらしい。その後は雑役だった。[61]

仲村渠の証言からは、労働訓導営を彷彿とさせられる。仲村渠の証言と『琉僑管理案』に所収されているほかの案件から推察できるのは、職業訓導総隊は密航者や不法滞在者などの身分不特定の琉僑を沖縄に強制送還するために収容する組織であり、収容期間中は琉僑を労働力として使い中国語や国民党の歴史を教え込む機関だったといえる。

職業訓導総隊に収容された琉僑は少なくない。一九五〇年三月の時点で、奥平と吉川を含む二十一人の琉僑が収容されていた。その二十一人の連名で台湾省警務処長に提出された「嘆願書」には、以下のように記されている。

米国占領管理下琉球に籍を有する吾々二十一名は、各々貴中国政府の公明正大なる刑を終えて（略）帰国出来る時機を一日千秋の想いにて待ち、円山職業訓導総隊並保安司令部に待機致し已に半年なり一年を経過している者達であります。然るに吾々は故郷に老父母妻子を有し一家の扶養を負う者ばかりであります。吾々が一日も早く帰国なさねば、遺家族は皆路頭に迷うのみで更生の道なく、非常に困窮して居る次第であります。[62]

奥平と吉川は、琉球人民協会を頼りに「捕虜」のような生活状況の宮古島から台湾に密航した。しかし琉球人民協会の保証を得ることができず、身分が疑わしいという理由で職業訓導総隊に収容された。二人は刑を終えてもなお半年から一年もの間、総隊で強制労働を課されていたのである。「嘆願書」が提出されたあとの経緯は定かではないが、奥平・吉川を含む二十一人の琉僑たちは喜友名のはたらきかけで準備された送還船で沖縄に強制送還されたことは確かである。

おわりに

仲村渠世昌と奥平春雄が帝国日本の時代を生きていたのは、それぞれ別の場所だった。仲村渠はフィリピンや海南島で建築請負業や日本海軍の仕事に従事し、奥平は植民地台湾で総督府や台湾拓殖の職員として働いた。アジア・太平洋戦争終結後は、仲村渠は海南島で国民党に「強制徴用」「留用」され、奥平は宮古島へいったん引き揚げたあとに台湾への密航を試みた。

奥平の密航は、かつて従事していた植民地台湾の仕事に戻りたいという個人的な事情が関係していた。奥平にとって植民地台湾で暮らしたことは単なる過去の体験ではなく、未来に活路を見いだすための指針として戦後その意味を変えていった。本章ではそれを「植民地台湾体験の経験化」と捉え、時代や地域による区分では決して切り取ることができない奥平の生存を照らし出そうと試みた。

体験は自然とその意味を変え、経験に展開していくわけではない。仲村渠や奥平の生きた軌跡をたどるとき、そこには海南島や宮古島、台湾という場が深く関係していたことがわかる。奥平と吉川の密航は、帝国日本の崩壊から東アジア冷戦体制へと連なる時代の変遷に加え、食糧危機や自然災害が複合的に折り重なって生じた宮古島の「捕虜」のような生活状況から脱出だった。しかし琉球人民協会を頼りに台湾に渡った二人は、当てにしていたこの協会から「身分は疑わしく、また密航で台湾に来たのも明らかである」と判断され、職業訓導総隊に収容されるという予期せぬ事態に見舞われた。

本章では、『琉僑管理案』に収録された案件を頼りに経験の歴史研究を目指してきた。「口述調書」の記録は、そのときどきの生活環境や時代状況の制約のなかで自らの生を切り拓いてきた奥平と吉川の姿を照らし出していた。それは、奥平・吉川それぞれの生存の形であり、二人の事例をもって琉僑の歴史経験を一般化することはできない。その一方で、その場そのときの状況に制約されながら生きたのはなにも奥平・吉川に限られたことではない。本章の冒頭で言及した仲村渠や『琉僑管理案』に記録された他の琉僑はもちろんのこと、現在を生きる「私たち」もまた時代の趨勢や社会の動きのなかで生きている。

奥平・吉川は一つの典型であり、特殊な時代の特殊な話ではない。東アジアの国際関係や国家権力に絡め取られながら自らの活路を見いだそうとした二人の軌跡を、いまもどこかで生きているであろう「無数の奥平・吉川」そして「私たち」へと連なる広がりのなかで捉えたいと思う。市場原理が最優先される現代社会だからこそ、そうした同時代史的な視野と思考で個別具体的な経験と向き合い、人々の生存を軸に据えた歴史研究が求められているのではないだろうか。[63]

最後に、沖縄に強制送還された奥平と吉川のその後について触れておきたい。吉川については、その後の状況を知る手がかりは一切ない。奥平は、一九六八年に琉球銀行宮古支店主催の囲碁大会に参加したという情報だけが残されている。[64]台湾に密航し職業訓導総隊に収容されたことは、その後の二人にとって新しい生活の次元を開く別の経験へと展開したのだろうか。それを知るすべは、いまのところ皆無である。

注

(1)「台湾から強制送還〝日本式軍教もあった〟」「沖縄タイムス」一九五一年七月二十五日付、二面。なお、①引用に際して、■は判読困難、〔　〕は筆者による注記を意味している。②引用文の補足・訳出・強調は断りがない限り筆者による。また必要に応じて句読点を打った。以下、同。

(2) 同記事

(3) 同記事

(4)「中国海軍大尉に任命されたが故郷が恋しさに脱走 強制送還された仲村渠さん」「うるま新報」一九五一年七月二十五日付、二面

(5) 同記事

(6) 森有正「一つの「経験」」『経験と思想・雑纂』(『森有正全集』第十二巻)、筑摩書房、一九七九年、三一六ページ

(7)『琉僑管理案』を含む「台湾省警務処」档案群は、新北市に位置する国史館が管理していたが二〇一二年十一月に台湾文献館に移管されている。その際に作成された『台湾省政府及其所属機関暨各県、市政府档案』目録を見ると、同档案群は同館に約一万件所蔵されていることがわかる。なお、本章では『琉僑管理案』の引用に際し、簿冊の登録番号(063000001300A—1318A)を記したうえで案件の目録番号(五桁の数字)を明記する。

(8) 琉僑とは一般的に戦後台湾に暮らした沖縄出身者を指し、朝鮮半島出身者は韓僑、日本本土出身者は日僑とされた。

(9) いずれの地域も植民地期に沖縄人集落が形成された場所である。植民地期の沖縄人集落に関しては、又吉盛清「台湾の沖縄人集落跡を訪ねて」(『日本植民地下の台湾と沖縄』〔地域国際交流叢書〕、沖縄あき書房、一九九〇年)三三一―三七七ページを参照。

(10) 沖縄・台湾間の密貿易研究の嚆矢である石原昌家は、「占領期初期の一九四五年から一九五二年までを民衆生活の視点から「密貿易の時代」と捉え「密貿易社会」と規定している」(石原昌家『空白の沖縄社会史――戦果と密貿易の時代』晩聲社、二〇〇〇年、一一四ページ)。

(11) 二・二八事件の発端は闇タバコの取り締まりである。一九四七年二月二十七日、台北市太平町(現在の延平北路)で闇タバコを販売していた中年女性が台湾省専売局台北分局の職員に取り押さえられてけがをする事件が起きた。それを見ていた通行人との間で衝突が起き、一人が死亡している。その翌日の二十八日、これに抗議した人々はまず台北分局に押し寄せた後に行政長官公署の前に集結したが、公署屋上にいた憲兵の機銃掃射によって数十人が死傷し、

台北全市は混乱状態に陥り、その余波は台湾全土へと波及していった。

(12) 台湾省警務処『琉球管理案』(063000001302A/50233)、一九五〇年

(13) 台湾から沖縄に引き揚げてきた人々への聞き取りをまとめた『「沖縄籍民」の台湾引揚げ証言・資料集』(赤嶺守編、中村春菜/松田良孝/本村育恵、琉球大学法文学部)が二〇一八年三月に発刊された。同証言・資料集の調査・執筆に協力した松田良孝によれば「二〇一八年はこの「台湾引き揚げ」がひとつのブームとなっている」という(松田良孝「「台湾引き揚げ」が静かなブームに」「台湾沖縄透かし彫」二〇一八年七月十四日〔http://taiwanokinawa.hatenablog.com/entry/2018/07/14/142858〕[二〇一八年七月十四日アクセス])。その一方で、戦後台湾に残留した沖縄出身者や本章で論じる奥平のように、いったん沖縄に引き揚げた後に再度台湾に渡航する人々がいた。沖縄と台湾の交流や人の移動に関する研究は厚みを増しているが、戦後台湾に暮らした沖縄出身者に関する研究は皆無に近く、研究の進展が待たれる。

(14) 台湾省警務処『琉球管理案』(063000001302A/92326)、一九五〇年

(15) 吉川は「光復前、どこにいたのか」という問いに対し「南洋の安本(anilon ls)島で従軍し、光復興後に琉球に帰った」と答えている(同資料)。なお「安本(anilon ls)島」はフィリピンに位置するアニロン島を指していると思われる。

(16) 台湾省警務処『琉球管理案』(063000001302A/12981)、一九五〇年

(17) 「社説、餓死させるな」「みやこ新報」一九四八年八月一日付、平良市史編纂委員会『平良市史』第五巻資料編三、平良市役所、一九七六年、三五五ページ

(18) 「病害と風潮害で食糧危機に直面」「宮古タイムス」一九五〇年十二月八日付、同書所収、四一六ページ

(19) 「飢餓迫る食料危機」「みやこ新報」一九四六年三月三日付、同書所収、二八九ページ。引き揚げ者には一般引き揚げ者・復員軍人・徴用工員が含まれる。日本本土・沖縄本島・台湾・南洋などの諸地域から引き揚げがおこなわれた結果、一九四六年十二月の時点で「八万郡民をとなえるのも間近か」な状況だった(「七万五千人増加郡人口」、同書所収、六一四ページ)。

(20) 「集団移民の実施」「宮古公論」一九四九年四月二十八日付、同書所収、六六四ページ

(21)「今日の主張、自由取引と自由渡航」「宮古婦人新聞」一九五〇年六月二十三日付、同書所収、四三三ページ
(22)「社説、〝経済再建の好機〟」「宮古民友新聞」一九四六年八月一日付、同書所収、三三〇ページ
(23) 前掲「社説、餓死させるな」三五六ページ
(24) 小池康仁『琉球列島の「密貿易」と境界線――1949―51』森話社、二〇一五年、一六九―一七〇ページ
(25) 前掲「今日の主張、自由取引と自由渡航」四三三ページ
(26)「社説、正業を与える術なきや」「みやこ新報」一九四八年九月十九日付、同書所収、三五七ページ
(27) 琉球政府文教局教育研究課編『琉球史料第4集社会編1 復刻――自1945年至1955年』那覇出版社、一九八八年、一八九ページ
(28) 同書
(29)「双目糖が急に値上がり」「沖縄タイムス」一九五〇年一月三十一日付、二面
(30) 経済学者の劉進慶によれば、戦後台湾経済の「過渡期」とは「異常なインフレーションに集約して現れた台湾経済の混乱」であり、「たんなる台湾一地域の問題ではなく、いわば中国全体の経済混乱にかかわる性質のものである」という(劉進慶『戦後台湾経済分析――一九四五年から一九六五年まで』東京大学出版会、一九七五年、四六ページ)。
(31)「楽になった食生活 密航者の語る台湾の姿」「沖縄タイムス」一九五二年五月十二日付
(32) 同記事。なお、「アメリカの経済援助」とは中国語で「美援」と言われ、一九五一年に始まった対台湾軍事援助のことを指す。
(33) 台湾拓殖林業部羅東出張所「林業部羅東出張所技手吉田武夫等二十九名職員異動報告」一九四四年九月二十二日、台湾拓殖林業部羅東出張所、一ページ
(34) 杉原達『越境する民――近代大阪の朝鮮人史研究』新幹社、一九九八年、二一二ページ
(35) 同書
(36) 外交部『台湾省琉球人民協会籌組』(020000037733A/06500630)、一九四八年
(37)「浜町」は日本植民地時代の名称で、一九三四年に築港された基隆漁港(現・正濱漁港)を中心に発展してきた。

この基隆漁港を中心とする地域は俗に「水産」と呼ばれている（拙稿「基隆「水産」地域の形成と発展――国際都市・基隆としての面目」「現代台湾研究」第四十三号、台湾史研究会、二〇一三年）。

(38) 前掲『台湾省琉球人民協会簿組』。なお、「琉球人民協会」のほかにも一九四八年には「台湾韓僑協会」、四九年には「基隆韓国教会」が浜町に成立されている。これには、浜町一帯が沖縄・朝鮮（韓国）出身者を中心とする多民族集住地域だったことが関係している。

(39) 近年、喜友名嗣正に関する研究は厚みを増している。例えば、許育銘「1940年～50年代 国民政府の琉球政策――戦後処理と地政学の枠組みの中で」（鬼頭今日子訳、西村成雄／田中仁編『中華民国の制度変容と東アジア地域秩序』所収、汲古書院、二〇〇八年）、石井明「中国の琉球・沖縄政策――琉球・沖縄の帰属問題を中心に」（「境界研究」第一号、北海道大学スラブ研究センター内グローバルCOEプログラム「境界研究の拠点形成：スラブ・ユーラシアと世界」、二〇一〇年）、楊子震「戦後東亜国際秩序与中華民国対琉球群島政策――以在台琉僑的政治運動為中心」（周恵民主編『国際秩序与中国外交的形塑』所収、政大出版社、二〇一四年）などがある。しかし、これらの先行研究は、喜友名が展開した琉球独立運動を戦後東アジアの政治的状況との関連で考察しているが、琉球人民協会に焦点を置いた研究は皆無に等しい。

(40) 比嘉康文『「沖縄独立」の系譜――琉球国を夢見た6人』琉球新報社、二〇〇四年、一九二ページ

(41) 喜友名嗣正「孤立無援であっても…――一死硬派の弁」、沖縄タイムス社／川満信一編「新沖縄文学」第五十五号、沖縄タイムス、一九八三年。この文章を正面に据えた論考として、拙稿「喜友名嗣正が見た「日本」――琉球独立運動と「台湾省琉球人民協会」の活動から」（大阪大学大学院文学研究科日本学研究室編「大阪大学日本学報」第三十一号、大阪大学大学院文学研究科日本学研究室、二〇一二年）。

(42) 前掲「孤立無援であっても…」一二八ページ

(43) 同論文

(44) 同論文

(45) 沖縄県那覇市に生まれた宮城菊は一九三六年に旅館女中として台湾に売られ、朝鮮半島出身の鄭用錫と出会い、結婚し、帝国日本崩壊後も夫とともに「水産」地域（注（39）参照）で半世紀近く暮らし続けた（拙稿「宮城菊と鄭用

錫の出会い——その経験のゆくえと基隆「水産」地域での暮らし」、大阪大学大学院文学研究科日本学研究室編「大阪大学日本学報」第三十三号、大阪大学大学院文学研究科日本学研究室、二〇一四年）。
(46) 筆者による聞き取り（二〇〇八年三月一日、於：宮城菊宅）
(47) 前掲「『沖縄独立』の系譜」二〇八—二〇九ページ
(48) 同書一九六ページ
(49) 前掲『琉球管理案』(0630000001302A/12981)、一九五〇年
(50) 台湾省警務処『琉球管理案』(0630000001300A/16665)、一九四九年
(51) 台湾省政府秘書処『台湾省政府公報』夏字第十五期、一九五〇年、二二九ページ。「台湾省雇用琉籍技術人員登記規則」は一九四八年一月二十六日に施行された（『台湾省政府公報』春字第三十六期、一九四七年、五七八ページ）。本規則が施行された当時「琉球人民協会」はまだ結成されておらず、「琉球人民協会」が琉僑の身分を保証することはできなかった。しかし後述するように、五〇年に修正された「登記規則」では「琉球人民協会」の役割が明確に位置づけられることになる。先のメモ書きは「登記規則」が修正される前に書かれたものだが「登記規則（修正）」が公布施行されることを念頭に置いて作成されたと思われる。なお「登記規則（修正）」によって「琉僑管理弁法」は廃止、その後の琉僑の管理は「登記規則（修正）」に一元化されていく。
(52) 同条には、雇用期間中に密航、スパイ、あるいは、不法行為をした者、雇用期間満期以前に政府の許可なく勝手に職を離れた者は、その情状に準じて法による懲罰、あるいは職業訓導総隊に送還すると記されている。
(53) 琉球籍者であるかどうかを判断する明確な基準は定かではない。ほかの資料や案件を見ると、喜友名の裁量次第だった可能性も否めない。この点は今後の課題としたい。
(54) 前掲『琉球管理案』(0630000001302A/12981)
(55) 林瑋婷「台湾戦後流氓控制（1945—2009）——一個社会学的考察」台湾大学社会科学院社会学系修士論文、二〇一一年、四三ページ
(56) 同論文。現在閲覧できる資料には、労働訓導営に収容された人々がどのカテゴリーに属したのかや収容の際の根拠となる法律も明記されていないという。そうだとすれば、収容者の対象は広範囲だったと考えられる。

(57)同論文四四ページ
(58)「中華民国後備憲兵論壇」ウェブサイト(http://mp.rocmp.org/kind/lagger/)[二〇一七年九月三十日アクセス]
(59)黄恵貞「国民党政権流氓取締制度起源研究(1927―1955)」台湾大学歴史学研究所研究所修士論文、二〇〇九年、一〇五ページ
(60)前掲「中華民国後備憲兵論壇」
(61)前掲「中国海軍大尉に任命されたが故郷が恋しさに脱走 強制送還された仲村渠さん」
(62)台湾省警務処『琉僑管理案』(0630000001304A/38196)、一九五〇年
(63)ここで念頭に置いているのは、杉原達「中国人強制連行と私たち――安野・西松を中心に」(広島県教職員組合教文部編「広島教育」第五百五十四号、広島教育会館出版部、一九九九年、一四―二五ページ)である。戦時中、広島安野発電所には多くの中国人が強制連行・強制労働させられた。それを強いた西松建設の企業責任を問う裁判で、受難者である呂学文、宋継尭、邵義誠の三人が本人尋問に立った。それを数日後に控えていた一九九八年二月、杉原はある講演会のなかで当事者の証言――ここでは宋継尭の証言――を「一体どのようなものとして聞いていくのか」と問い、山東省から安野に連行された宋は、「満州国」や朝鮮、華北内の労働現場に連れていかれた「無数の宋さんたち[他の中国人:引用者注]の中のお一人」であり、決して特殊な例ではないと述べている。そこには「証言が自分の中に響いて、何かを分裂させて、そして、自分の中の一部になっていくような聞き方、さらには、自分の明日を突き動かしていくようなきっかけとして、私たちは証言を聞いていく必要があるのではないかと私は思います」という自分自身に連なるものとして証言を聞き、歴史や人間との向き合い方、その方法をたぐりよせようとする杉原の姿がある。
(64)「沖縄タイムス」(統合地方版)一九六八年一月二十三日付、六面

第5章

二つの「大広島」

――「軍都」と「平和都市」の貫戦史

西井麻里奈

はじめに

一九四五年八月六日の原爆被害を経験した広島について、明治期以降に帝国陸軍第五師団衛戍地となった歴史が語られることがある。また広島研究で、「平和」が戦後広島の都市のマスターナラティブとなったことで生じた過去の「忘却」への批判から、「軍都広島」を対となる都市像と位置づけ、被爆地広島の戦前・戦中の歴史もまた問われるようになってきた。その点を問題にする研究の多くが、日清戦争時に大本営と臨時の帝国議会が置かれたことや、実際に多くの兵士が滞在・出征し、かつ軍需生産を担い、その現場に地域住民だけでなくアジアから人々を動員してきた広島の過去について言及している。[1] 特に戦後の「復興」との関係では、「平和」を冠して進められた「復興」によって、原爆被害とアジア侵略の双方に関して「忘却」と責任放棄が生じたという指摘がある。あるいは、戦時には「軍都」を、戦後には「平和」を掲げる広島の翼賛的「大勢順応主義」（「軍都根性」）を批判し、「軍都広島」が構造・心性として連続している、とする指摘も見られる。[2]

いずれの場合も、広島の軍事的な過去が問題とされるのは、「平和」の語りを中心に据えることで「軍都広島」が「忘却」されたことを指摘し、「平和都市」の内実や戦争に対する認識・語り方に再考を迫ろうとするからである。つまり、「平和」を掲げることでどのように戦争協力が「隠蔽」され「忘却」されたか（断絶）、「平和」を掲げてもなお、どのように「軍都」的市民性が残存しているか（連続）、が中心的な視点だった。だが、それ自体歴史の厚みを持っている地域史・都市史のなかに「軍都広島」を位置づける実質的な研究は少ない。[3]

それに対して本章では、この街の歴史の底流にある志向、すなわち昭和初期から戦後復興期（一九二〇年代から五〇年代）にかけて構想された「大広島」化とその顛末に注目する。「軍都」にせよ、「平和都市」にせよ、ある理念のもとに街を駆動させてきた経験の底流には、地方都市である広島が断続して抱いてきた「大広島」への志向が存在する。本章の目的は、「平和都市広島」のなかで「軍都広島」の過去がどのように語られてきたのかを「記憶」の問題として探ることではなく、どちらの「広島」にも共通する地域の欲望とその動態としての「大広島」に目を向けることで、「軍都広島」の経験とその歴史化のありようが「復興」とどのように関係するのかを「貫戦史」的に明らかにすることにある。

「大広島」が「発展」の方針として登場する契機は、大きくは二度あった。一度目は、大正期から昭和初期（一九一〇年代から五〇年代）の市域拡張・人口増加と商工業発展構想を伴う総体的な都市近代化を企図した「大広島」で、そこには帝国の版図も含まれていた。二度目は、戦後の「復興」の過程と、それが達成されたものとしてさらなる産業発展を展望する際に語られた「大広島」である。戦前・戦後の断絶と連続の様態に注目するのが貫戦史の特徴だが[4]、本章ではそれを政治・経済制度や秩序編成から明らかにするというより、地域で「軍都」と「復興」に共通する近代化と発展への志向を、歴史・社会的状況のなかで考察する指針として位置づける。

1 帝国日本の「大広島」——「大広島の建設」から広島港の建設まで

「大広島の建設」

まず、「大広島」構想が登場した背景について確認しておこう。一八八六年に第五師団が置かれるとその四年後の九〇年には、千田貞暁《せんださだあき》県令の構想のもとで宇品《うじな》港が建設された。宇品港は都市近代化の一環として建設されたもので、「軍都化」が目的で造られた港ではない[5]。九四年六月十日に山陽鉄道が広島駅まで開通したことが宇品港の軍事利用の画期となり、東京に直結する鉄道線の最西端に築かれたこの港は日清戦争勃発によって軍事輸送基地としての利用価値が見いだされたのである。日清・日露戦争の経験は、戦争の終結後も一層の軍事施設の拡張を呼び込み、戦間期にも機能再編が相次いだ。また、都市インフラ整備が「軍都化」と連動して進められた例として、九八年八月に通水式がおこなわれた軍用水道とそれに接続した市水道がある。このように軍事施設整備は「広島の都市の近代化を追い越す速さで進んでいった[6]」。都市近代化は、軍事機能が都市に組み込まれるのと同時に進んでいったのである。

一九二九年に広島市は近隣市町村と合併して市域を拡大した。この市域拡張によって人口増加に対応し、地域経済のさらなる発展を目指していたのだが、大戦間期にあたるこの時期には「軍都」としての成長に限界が見え始めていた。ちょうどこの頃、「大広島」という言葉が登場する。二七年に広島商工会議所は、「広島商工会議所月報」（以下、「月報」と略記）の臨時増刊号として「大広島の建設」（以下、「建設」と略記）を発行した。表紙には、煙を吐く工場群と、軍港呉のイメージに重なる巨大なクレーンを持つ造船ドックを描いている（図1）。「大広島の建設」とは、軍事を契機に始まった広島の都市近代化のなかで、戦間期にあって軍事経済を頼れないという現状に対応した産業基盤整備をおこない、「中国文明の中心地としての商工の大広島」を建設する計画だった。ここには「関西の首都を以て任じ」という言葉もあり、中国地方の中心都市であるという自負はもちろんのこと、阪神をも含む地域の中心都市であろうとする意気込みが垣間見える。ほぼ同時期の大阪市では、関一市長を筆頭とする大阪都市協会が二五年から月刊誌「大大阪」を発刊している。だがこの月刊誌では、大阪と比較・対照される地域は東京をはじめとする六大都市であり、「建設」刊行と同時期の「大大阪」には、「大広島」に関心を向ける様子は見られない。「関西の首都」という言葉は、いたって内向きな、すなわち広島自身に呼びかけた野心の鼓舞だった。

図1　広島港のイメージ
（出典：広島商業会議所『大広島の建設』月報臨時増刊号、広島商工会議所、1927年）

「大広島」は、大阪都市協会のような「大大阪」建設のためのブレーン組織によって提唱されたものではなく、両大戦間期に進展した工業化や人口増への対策をとる市の動きに商機を見いだした商工会議所が提唱したものである。「建設」は、市政がこれまで「市の発展策について余りに消極的」だったことを批判している。「大広島」建設を産業の側面から提唱するために商工会議所が「建設」のような総合的な発展方針を打ち出したところに、「大広島」が単なる都市の大規模化ではなく、それを経済・商業活動の好機にしようという意思が表れている。「建設」は、都市計画や高等教育機関の設置、交通網の整備についても言及するが、紙幅の約半分を割いて産業発展の方策を論じている。ここに、そのための設備の不備や、広島市の産業発展の遅れを嘆く言葉が多く見られることに注意したい。例えば、「都市として商工業を振興さすべき施設の不完備・不十分」、「工業の振興や商業の発展を阻害するものあるを肯定せざるを得ない[7]」といった憂慮である。

港湾整備を阻害するもの——軍事との相克

「建設」が主張するところでは、広島には、缶詰製造業をはじめ製針・畳産業など伝統的な産業が盛んである一方で、新規誘致や対外通商といった発展の可能性が阻害されているという。その主な原因としては開港問題がたびたび指摘されていた。「宇品開港問題が未解決の儘に置かれ、対外通商発展の特筆するに足るものがない[8]」というのが、広島商工業界の現状認識だった。商工会議所は、宇品港の開港運動に長年取り組んでいて、「建設」発行と同じ頃には、大陸航路の寄港を活発化する方策を検討している。しかし軍港としての宇品港は、民間使用できる範囲が二割（七割を陸軍運輸部、一割を水上警察署などが使用）しかなく、現実に港湾整備は遅れていた。それに対して、「大広島」構想は「日清・日露戦争で他動的に発展してきた成果に安住してきたのを反省し、今後多少の犠牲はいとわず過去の消極的姿勢をすて、積極的に産業基盤および都市基盤の整備に邁進すべきである[9]」という意思を示している。

第一次世界大戦以後、台湾・満洲・朝鮮との貿易が盛んになると、宇品港は複数の定期・不定期航路の寄港地になり、商工業界も宇品港を経済発展に活用しようとした。だが、「軍事機密保持」の観点から宇品港周辺が商業に活用されることを嫌ったのは海軍だった。宇品港は日本国籍の貿易船だけが寄港を許されたため、広島の出入貨物の多くは大阪・神戸に迂回するか、関門港を経由する。外国船が広島や岩国周辺に貨物を荷揚げしたい場合、神戸港から揚送するか、もしくは日本郵船汽船などに積み替えて宇品港から荷揚げしていたため、運送・積替に余分な経費がかかった。一九三一年には、岩国での荷揚げを希望するイギリス船に対し、海軍が宇品・岩国のどちらへの寄港も許可しないという事態も起こっていた。海軍は、洋上で日本郵船に積み替えをして荷揚げをすれば多少不便でも営業できないことはないのだから、あとは「契約上自己の責任なり」として、それによって生じる不利益は関係者の責任に帰した。例外的に寄港を認めることについても、「一箇所の除外例を作ることは将来各方面に類似の事情の下に請願ありたる場合拒否する根拠薄弱となり又事実上取締も困難となる」という理由から、「絶対に許可せざる方針に進むを適当」[10]という判断を示した。港とその海域を海軍が占有すればその後背地の経済発展が妨げられるので、商工業界の反発や開港の要求が強いことは、軍も十分に承知していた。だからこそ船一隻の例外も許さないことで開港に対する軍の姿勢を示し、権益を守り続けたといえるだろう。

一九三一年、広島県議会は港湾修築事業案を通過させ、呉鎮守府に対して正式に商業港としての「広島港」の港湾整備を具申した。だが、「呉要塞地帯及陸軍運輸部と隣接」[11]していたため、機密保持の観点から鎮守府は反対の立場を繰り返し示した。呉鎮守府は海軍省軍務局に三一年四月二十二日付で提出した意見書でも、「出来得る限り開港問題に対する予防線を固守するを適当と認む」としている。商業港建設によって開港要求が強まることを危惧したものと考えられる。三二年十月一日付で内務省から海軍次官に交付された商業港建設の認可に対しても、「海軍としては広島港を開港することには反対なる旨言明」とのメモが残されていて、最後まで商業港建設に否定的だったことがわかる。

商業港着工後、満洲事変を契機とする宇品港域軍事取締法（一九三三年五月二十日施行）が制定され、宇品港域（広島市、船越町、海田市町、矢野町、府中町、坂村の一部）での漁業・航行・工場建設・撮影などには軍の許可が必要になった。実質的な規制対象は宇品港と、呉と隣接する海田湾《かいた》だが、必要によりさらに西の江波を含む広島湾のほぼ全域まで拡大される。商業港として開発したはずの広島港もまた、結局は軍港としての来歴と軍事情報を持つ宇品港の処遇に左右されてしまうことを、広島の商工業界は認識させられていくのである。

2　昭和産業博覧会にみる地域と軍隊――満洲事変前後

「大広島の建設」と昭和産業博覧会の齟齬

広島商工会議所は、「建設」のなかですでに「大広島の建設と博覧会」と題した章で博覧会開催の意思を示していた。「広く内外の製品を一堂に蒐集陳列して、一大産業的パノラマならしめ、一目の下に展開観覧せしむる」という博覧会のスペクタクルを求めたのは、当時として広島だけではない。昭和不況のなかで、産業・製品を向上させるため、地方都市は地方産業の発展を全国に示す好機として博覧会を捉えており、各地で開催された。(12)広島では、「嘗ては日清、日露の両役に広島市の名は天下に紹介されたけれども、産業的には未だ一般的に全国に紹介されたることな」く、共進会(13)以外では独自の産業博覧会の開催経験もなかった。そのため、この博覧会は「大広島を建設する門出の表象」と位置づけられ、「外に向て大に広島市を紹介することに努めねばならぬ(14)」とされた。このような使命を背負って、昭和産業博覧会（以下、昭和博と略記）は、一九二九年三月二十日から五月十三日にかけて開催された。同年四月一日をもって隣接七カ町村（仁保村、矢賀村、牛田村、三篠町、己斐町、古田町、草津町）の合併も完了し、市域拡張後の「大広島」の発足を記念する意味も込められていた(15)（図2）。

しかし、「大広島の建設」が力説した「大広島」の構想と実際の博覧会との間には、ある点で齟齬があった。一九三一年に広島商業港の建設が不開港を条件に海軍から許可されるが、その二年前に開催されたこの昭和博のありようは、軍と地域の関係を考えるうえで興味深い。昭和博は、国内各地と植民地から寄せられた十二万八千二百三十点の出品物を展示し、二百二十五万九千人あまりが訪れる大規模なものだった。産業展示は第一会場

図2　昭和産業博覧会第一会場
（出典：昭和産業博覧会協賛会編『昭和産業博覧会写真帳』昭和産業博覧会協賛会、1929年）

（西練兵場）に集中していて、工業製品を中心に集められた本館は、博覧会の中軸と位置づけられた。このほか、貿易館、化学工業館、機械館、通信事業を中心とする参考館などが設置された。だが、第一会場に集中する産業展示のなかには、先述の開港問題や貿易振興の現状、あるいはそれを踏まえた産業発展の展望などに関する展示は見当たらない。第二会場は明治天皇の御便殿と陸軍墓地がある比治山であり、陸軍参考館がおかれた。これは主に陸軍の装備や軍事技術の展示であり、一般人に理解可能なように「平易に、興味深く、しかも組織的に配置して、能く軍事思想涵養の資料たらしめ[16]」ることが目的とされた。第三会場は元宇品の西海岸、すなわち宇品港西側の軍港ではない領域があてられた。島の西岸には海水浴場「別世界」、そして海軍参考館と水族館が設けられた。こうした展示について、「広島市主催昭和産業博覧会誌」（以下、会誌と略記）では次のように述べられている。

図3　昭和産業博覧会第三会場「海軍参考館」
(出典:「広島市主催昭和産業博覧会絵はがき」)

海辺に巍然と聳へたった軍艦型の海軍参考館、さては竜宮城を髣髴せしめる水族館の壮麗美観は更なり、沖合遥かに、呉海軍より派遣の艦艇が巨軀を横たへ、夜ともなれば、各館の電飾鮮やかに静かな海面に美しい影を投じ、サーチライトは五色の光芒あやなして海陸を照射する等、その状能く筆舌に尽くし得べきにあらず、実に特異の光彩ある会場として、観覧者引きも切らず、無慮五十万の大衆を吐して大盛況を呈した。[17]

海水浴場と、瀬戸内海の水産業を紹介する水族館とともに、「館全体を軍艦に模造」した地上六階建ての高さに相当する海軍参考館が置かれ、海軍大将や海戦のパノラマ、戦艦の模型が展示された(図3)。特に潜望鏡などの装備が注目を集めたほか、宇品港には呉から艦隊と軍楽隊が派遣され、一般公開(「拝観」)された。つまり、一九二七年の「大広島の建設」では港湾整備の重要性が強調されていたが、この時期に課題だった商業港建設などの構想を扱った展示は、その現場に近い第三会場でも見られなかったのである。昭和博では特設館として朝鮮館や台湾館、満蒙参考館といった植民地に関する展示が多く見られた。「異色ある植民地関係は云はずもがな、当代産業界に、特殊の地位を確保している大会社、大工場、大商店等の特設館」を設置することが、「対外的信望を測知するバロメーター[18]」だとされている。だが、広島県内の「大会社、大工場」の展示は現状を反映して少なく多くが中小商工業であり、「大広島の建設」で強調された港湾修築という課題をPRする場も、結局はつくられなかったようだ。商業港建設はこの二年後にかろうじて承認されるが不開港を条件にされたことは、すでにこのようにして昭和博に表れていたのではないか。また、山路勝彦は昭和博が軍用地を会場として使用せざるをえなかった事情について、交通の便と広大な敷地という好条件を満たす場がまさに軍用地を除いてほかになかったことを指摘している(19)。そこには、市の中枢部の多くが軍事施設に占有されているという現実があった。

「建設」で示された産業発展構想は、軍事に頼る経済から一定の転換を図り、また全国に広島のプレゼンスをアピールすることを目指すものだった。だが、常態化する軍の存在は、転換を容易には許さなかった。事実、軍の存在を認め、利用しながら、可能な発展策が模索されることになった。

アジアと「大広島」

地域の発展は確かに軍によって阻害されていた側面もあったが、一方で道路建設や都市計画など「大広島」の都市整備は進められてもいた。そうした都市整備の現場で発生する労働力需要は、植民地などの他地域からの出稼ぎ労働者を引き寄せていった。「建設」が発行される前後にあたる大正末・昭和初期から敗戦に至るまで、近隣市と結ぶ交通網の敷設工事や、市内の工場、軍事施設、発電所工事などの厳しい労働現場には朝鮮人労働者の姿が見られた。また、昭和産業博覧会協賛会がまとめた「大広島案内」は、博覧会来場者に向けて観光情報や観光ルートを紹介し、軍事施設や神社仏閣などの名所だけでなく、「夜の広島」として中島本町のカフェ、新天地の露店とともに、東遊郭、西遊郭の案内も載せていた。男性が単身で集まる街としての「大広島」はそうした男性を相手にする女性たちも吸い寄せ、それを都市としての魅力の一つにしてもいた（図4）。

そして、先に述べた港湾などの産業インフラ整備の進捗状況から、「大広島」を背負って動く中小商工業者をはじめとする人々の欲望が先行するさまも見えてくる。一九二七年の昭和博が満洲や朝鮮を射程に入れていたように、商工業者はすでに「満蒙産業視察隊」を送っていて、「満蒙進展号」と題する一九三二年三月の「月報」では、この視察隊の視察と開拓の成果を報告している。それによれば、「満鉄や軍部の非常なる後援を得て広島

図4　「大広島案内」（広島市主催昭和産業博覧会協賛会、1929年）の表紙

市特産品の多額の商取引を行ひ、予想以上の収穫を得」たとのことで、実際に視察団一行十二人のうち、一人は大連で酒類商、一人は錦州で雑貨店を開くために現地に残り、「広島産業のため新天地を開拓することとなった[20]」としている。

四月の「月報」では、商工業者の役割は、「慰霊の誠を捧ぐると共に事変鎮定後我経済戦の第一線に立ちて我国権の擁護と国勢進展に寄与し以て之等忠勇烈士の英魂を慰むる」ことだとされた。「経済戦の第一線」で戦うことを商工業者の役割とし、満洲権益を戦場と見定めたのである。そして、「経済戦」のあとには「平和の経済的活動に於ても亦全国に魁して、彼地に進出し産業及び貿易の振興に貢献し都市の興隆、国運の進展に貢献する処あらねばならぬ」と述べている。戦勝国として、「我国民進展の新天地」に奥深く突き進み、資本を展開することが「平和の経済的活動」だとされたのである。[21]

交易の相手はあくまで現地に日本式の生活を持ち込んで暮らす軍人、民間人、そして文化的に「日本人」化し、「日本人」的消費をおこなう中国人と見られていた。広島県蘆品《あしな》郡戸出村出身で奉天商工会議所副会頭と広島県人会会長を務めた入江英一郎は、現地経済人として「月報」一九三二年四月号に報告記事を寄せている。それによれば、現地で広島の物産に「需要のないものはな」く、特に畳については「元来邦人として彼の地に行って特に変わった生活状態を営むと云ふ者はない（略）畳の上に寝ると云ふ日本人の習慣は廃らないのでありますから要らない物はない」というように、広島産の生活用品の必要性を述べている。また、「日本人が早く来て文化の向上を図り、日本人程度の高い生活を支那人にやらせるように努むることが肝要であります」として、日本の物資の「必要を感じさせる」までに「支那人」の「生活程度」を高めなければ、貿易に支障をきたすと主張している。日本の習慣を広めることで日本の商品への「欲望を起させる」ことが、広島・満洲貿易を盛んにし、「内地の貿易を振興させる」(22)とされたのである。

軍事優先の論理による産業発展の阻害は、特に港の不開港化の徹底という点に現れた。だが他方で、満洲事変は地域経済発展の活路と見なされた。中国人の生活を日本化するという前提のもと商業活動が展開される一方で、港湾整備という点では引き続き軍の規制を受け、宇品港域軍事取締法ができたことで戦中の対外通商発展の展望もほぼ絶えた。そして、一九三二年には時局博覧会が開催され、体験実演型の軍事テーマパークとして住民の「軍事知識」の啓蒙がより一層おこなわれた。時局博覧会の会場から宇品は除外され、海軍の国産兵器の優秀さを誇るための、海ではなく街中にある広島城の外濠で水雷を爆発させるという、危険で無理がある内容でなされている。広島港はいまや、自由な産業・交易の場ではありえなかった。だが、それでも昭和博に見られたような大陸権益に関わる産業展示も継続された。広島の商工業界の「平和の経済的活動」は、この戦争の先にこそあると信じていたからである。

3　広島工業港の構想と挫折

「広島工業港」構想の顚末

一九三三年六月十四日に起工した広島商業港は、「大広島」の工業化の要石としてすでに二七年の「建設」に提起されていたが、満洲事変以後の取り扱い貨物量の急増と工業化の促進のため、宇品町と隣接する元安川から東を商業港、元安川川口よりも西を工業港とする修正が加えられて、四〇年に起工した。

工業港建設の事業誌『広島工業港』にも、広島に経済の伸びしろがないことを憂う文が掲載されている。広島は「将来何処に伸びて行く余地を見出すだろうか」「産業経済の上から合理的な工場の一つも建つる敷地[23]」もない、という嘆きが述べられ、その閉塞感を打ち破るものが工業港建設だとされている。しかし、前述のような状況に加え、満洲事変や日中戦争開始以降の国家の「時局」によって、広島は商業都市としての自律的発展を阻害もしてきた軍事と再び一体化する。「官民一致協力して、速かに工業港の修築に着手し、工業広島躍進を計り国策の順応に邁進すべきである」として、相川勝六・広島県知事は「広島県が名実共に経済的に軍とタイアップする」こと、すなわち軍需工業化に工業港建設の重点を置いた。「将来の広島市が活き然もより以上大きく成るべき方策」を考えることが「愛市の熱情」からも「将来又国策上」からも喫緊の課題とされたのである。商工会議所会頭の森田福市は、工業港建設に「戦後の経済経営」の意義を見いだし、元会頭の山縣元兵衛も戦勝後の「北支一億の民衆の購買力」の回復を、アジアに近い広島の産業発展のホープと見なした[24]。広島工業港の建設は、その軍事的役割を積極的に打ち出すことで広島経済が「活き」「伸び」るべく着手されていった。

だが、広島工業港構想は、思惑どおりの成果を生み、「大広島」としての「軍都」は完成したのだろうか。広島県港湾課作成の「秘　広島工業港修築事業施行計画要領」では、埋立地の売却について「埋立地ハ工場誘致ノ目的ヲ以テ時局喫緊産業等ニ対シ随意契約ヲ以テ売却スルヲ得セシムルコト」とされている。「埋立地買受申込者」の一覧が作成されていて、合計百十一万六千坪（約三百六十九ヘクタール）分の申し込みがあった[25]。それによれば、造船に関係する六企業（三原造船所、海岸船底塗料製造所、きしろ発動機広島出張所、油谷機械工作所広島工場〔一九四〇年に地元機械工場を買収して創立〕、渡辺製鋼所、浪速船渠）、機械工業（日本発動機、旭製作所）のほか、忠海兵器製造所（製缶・製材・木製品）、東洋製缶（製缶と製缶機械）、呉鎮守府（貯木場、軍需品集積所）、巣守商店（アルミニウム製品工場）、貯炭・貯木関係企業（山陽木材防腐、広島材木商工同業組合）、広島電機（変電所変圧器、電気機械器具）などが埋立地使用を申し込んでいる。軍需色が濃いと思われる企業が多くを占めていることが確認できる。

しかし、戦後に作成された「広島工業港建設事務所概要」[26]（一九四六年四月。以下、「概要」と略記）によれば、「計画当初ハ各種ノ工場誘致ニ努力シ予期ノ盛況ヲ見ツツアリシモ大東亜戦争ノ開始ニ応シ軍方面ノ厳重ナル要望アリ戦争ト直接スル三菱重工業株式会社及陸軍航空本部ノ使用スル敷地ニ限定セラレタリ」とあるように、実際にここに工場を建設して操業した企業は、一九四二年に誘致が決定する三菱重工広島造船所と機械製作所だけだった。一区から八区までの敷地のうち、実質的に工場建設などの申し込みがあったのは二区から五区だが、二区（吉島地先）は陸軍航空本部敷地（吉島飛行場）になって、当初は買い受け予定だった鉄道省、大阪油谷造船所、興亜石油会社、広島木材会社は申し込み破棄となる。三区（江波地先）の大部分は東京の渡辺製鋼所が買収する予定で、実際に製鋼所の建築を始めていたが、戦時下で軍当局から中止を命令された。四区（江波地先）は渡辺製鋼所、大阪油谷造船所の申し込みを破棄し、全区域を三菱重工広島造船所に売却した。「埋立敷地ハ相次テ大工場ノ建設ヲ見、中央以東ノ埋立地ハ殆ド利用セラレ六千屯級汽船数艘ノ建造ヲ見タリ」と三菱への売却の成果を誇る記述が見られるように、五区も三菱の機械製作所となった。三菱重工の誘致ばかりが強調されがちだが、未遂ながらも広島港は「大広島」の工業港という名のもとに、呉の造船や忠海の毒ガス製造に加えて、全国規模で資本を展開する大企業と複数の密接な関係を持ちながら、軍需を一層大規模かつ多岐に担っていた可能性があった。だが、「大広島」の完成という意味で、広島は「軍都」として完成しなかった。

排除・流動・「移入」

広島の軍事都市化が進んだことは、市民にどのような影響を与えたのだろうか。前掲の『広島工業港』には、広島市の経済発展の停滞を憂い、産業構造の転換を提起する議論が載っているが、そのなかに従来の産業を劣ったものとする見方が現れている。成長しない「牡蠣、海苔の生産の殷盛に幻惑せられて居た」状態から、広島は目を覚まさなければならず、「市中に散在する家庭工業に毛の生へた様な工場」[27]で満足してはならない、といった意見がそうである。だが、工業港建設に伴う埋め立て工事は、在来の産業である漁業を犠牲にしていた。埋め立ての結果、関係出漁世帯五千戸・八千余人のうち二千六百戸・四千八百余人の漁業者に対して転廃業を強いた。工業港建設に伴う漁業者の転業対策部は、広島県知事が統括する県の組織で、広島県総務部長の後藤耕造を部長として、県・市・軍・警察・商工会議所の関係者・学識経験者によって構成された。そのなかには、敗戦後に広島市長となる浜井信三の姿も見られる。軍と警察が介入している点からは、戦時体制下の軍事的要請に応える工業港建設について、漁業補償面での失敗による騒動を抑え込もうとしたことがうかがわれる。また、漁業補償問題に関する相川知事と漁業組合長との間の交渉については、生業に関わる問題が知事の温情によって円満かつ感動的に解決されたとして、漁業者側が知事に「白紙一任」したことを模範的態度であるとして礼賛する報道があった。[28] 行政は漁業補償のほかに、別途「金一封」として「慰労金」給付をおこなった。家族が出征中、戦死・戦病死、あるいは傷痍軍人である場合も、家族に対して一人五十円の「見舞金」が支払われている。[29]

漁場を奪われた人々の一部は、満洲国錦州省錦県天橋村に「錦県広島村開拓団」として一九四一年四月三日に入植し、渤海であさり漁業や毛蝦漁業などをおこない、農業も営んだ。大部分が沿岸部の工業化や港湾建設によって漁場を奪われた向洋、江波、草津、安芸郡倉橋村の漁業者だった。結成当初の団員数は四十一戸だったとされるが、途中で四十人が軍に入隊（四人が戦死、十三人がシベリア抑留後に復員）し、約四年で敗戦を迎える。病死や「事故」死などで、四六年五月に葫蘆島から乗船して日本へ引き揚げるなかで、多くが死亡した。

また、工業港建設は、中国・朝鮮半島からの強制連行による労働力「移入」と密接に関わる。関係する広島の事業場は多く、すべてを記すことはできないが、[30] 一九四二年三月に土地の売買契約を締結し、観音・江波地先に進出した三菱重工広島造船所・広島機械製作所もそうした人々を使役した企業の一つである。戦況悪化で船舶の喪失が相次ぐなか、埋め立てと工場建設、生産工事を同時並行で進める異例の突貫工事がおこなわれた。埋め立て工事自体にも在広朝鮮人労働者が含まれていたと考えられるが、四四年春以降「徴用」が本格化し、合わせて約二千七百人が三菱での労働に従事させられた。「大広島の建設」で工業化が目指されて以来、電力需要の拡大への対応は課題であり、その影響は太田川水系での電源開発として山間部に波及する。ここでは朝鮮人が、そして戦争末期には強制連行された中国人が、単純肉体労働力として危険な労働を担わされ、作業中の事故などによって亡くなり、そして過酷な労働条件に抵抗して広島市内の警察に送られた者は原爆によって亡くなった。[31]

4　復興のなかの「大広島」

「平和都市」──「大広島」に代わるもの

大日本帝国の版図拡張のなかで軍需への対応と近代化が同時に進んだ戦中の「大広島」は、頼みとしていた戦況が悪化することで停滞し、最終的に原爆によって頓挫した。以後、敗戦から約十年間は、広島市と産業界にとって、目前の課題である都市復興と産業・経済の再建をどのように進めるのかが焦点になる。一九四〇年代から五〇年代にかけて都市復興政策のテーマはそのときどきで変容していった。そのなかで最も大きな契機となったのが、四九年に制定・施行された広島平和記念都市建設法であり、「平和都市」建設としての「復興」という考え方は、イデオロギーとして大きな影響を与えた。

だが、「平和」という新たな都市政策イデオロギーの登場をもって、即座に都市の軍事的過去が「忘却」されたとはいえない。河西英通は「現実的には〔軍事運動それ自体に対する：引用者注〕拒絶は、「軍都」の拒否や、まして「戦争」「軍事」の否定という方向ではなく、「軍都」からの脱皮、産業都市への転換という形をとらざるをえなかった」[32]と指摘する。戦前期に「大広島」を実現しようとした歴史は、軍事施設や部隊の配備といった軍事的機能の展開の歴史だけを意味しないことは、すでに確認してきたとおりである。この点でも「大広島」概念が戦後どのように変化するのか、あるいは近代化と軍事化のなかで作られた都市の現状を戦後どのように「平和都市」のなかで再解釈・活用していくのか、という点が重要だろう。以下では、「軍都」から「平和都市」への

「転換」と「大広島」について、当時どのような都市の現状や認識があったのかということを、「産業都市」化をめぐる議論に注目しながら整理したい。

原爆被害と敗戦で、「大広島」を目指す道はいったん途絶えたにもかかわらず、「大広島」という言葉は「復興」を語る場に間もなく再登場することになる。一九四七年四月に広島市復興局が編集した戦災復興事業の情報誌は、「大広島」というタイトルで世に送り出された。[33] 発行者である大広島研究会の会長は、広島印刷社長の松井富一であり、企業の広告も掲載されていた。地元企業の協力を得たうえで行政を中心にまとめられた雑誌であることがわかる。広島市復興局の手によるこの雑誌の主な内容は、復興のあり方の模索や都市計画面での復興事業に対する市民への協力要請といったものだった。原爆症や区画整理の情報などを載せた市民生活のための情報誌という性格と、復興局による復興事業の広報誌的性格とを兼ねるもので、企業関係者の寄稿は少ない。この雑誌の名称の「大広島」は昭和初期の「大広島」をそのまま継承するものではなく、「大広島」が何を意味するのかを具体的に論じた記事は見当たらない。それでも、広島市長木原七郎は創刊号巻頭言で「今や広島の復興如何は国際的トピックとなっている。（略）こうした情勢の中に「大広島」と題する雑誌が郷土で発刊されるにいたったことは、眞に当を得たもので慶賀に堪えない」と述べている。「広島復興に正しい進路を与え、市民に真に明朗で民主的教養を身につけしむる」という「使命」を帯びた「世界的雑誌」だと市長は述べている。[34]「大」という語には、広島の原爆被害からの復興には世界が注目しているとの思いが込められるとともに、困難な復興に向かうために市民を鼓舞する意味もあったことが、読み取れるだろう。

商工業界が提案する産業復興対策でも、戦前の「大広島」的な構想や提言は影をひそめていた。商工業界や一九四六年に発足した広島復興審議会での議論で出てきたのは、もはや第五師団衛戍地ではなくなった広島の目指す現実的な姿は「産業都市」だという意見だった。その実現に向けて目指すのは、戦前同様の重工業化なのか、あるいは観光業や貿易に重点を置くのかが問題だった。浜井信三は、「大広島」第四号に「広島復興に際しての私の気もち」と題して寄稿した際、産業復興のあり方について述べている。浜井は、「土地が狭隘」で工場敷地を得られないことから、戦前・戦中のような重工業化よりも、市の将来の経済力の基盤になっていくのは中小商工業の発展だと述べている。[35] 戦時中に埋め立てを開始した工業用地や戦前の「大広島」構想の中心だった臨海工業地帯の活用も論じてはいるが、浜井の考えでは観光業と貿易のほうに比重があった。

だが、浜井は産業の再建や戦前・戦中以来の都市近代化の継続に完全に消極的だったわけではなく、「軍都」以後の地域の基幹産業の導入を目的に、一九五一年八月には工場設置条例を制定してもいる。これは、市の産業発展に寄与する工場の設置や増設に奨励金を交付するなどの優遇措置を定めたものだった。商工会議所はこの条例と、工業化を基礎とする広島県の生産県構想（一九五二年―）のもとで、独自に大企業へのアプローチを試みていた。生産県構想の背景には、五〇年からの国土開発の流れもあった。商工会議所でも民間貿易の再開や産業復興に対応するために、すでに所内に広島建設委員会（一九四八年八月）を設立していて、この委員会は復興資金調達のために、海外に移民した県人にはたらきかけたり、旧軍用地の払い下げ運動をおこなったりしていた。そうした運動の延長線上に、先述の広島平和記念都市建設法が制定されるのである。

朝鮮戦争と「発展」の可能性の再確認

しかし、誘致運動ははかばかしい成果をあげず、浜井が目指した貿易振興もなかなかうまくいかなかった。一九四七年八月十五日から民間貿易が再開されたことは開港論を再度活発化させ、四八年一月一日付で広島港は念願の開港指定を受けた。戦時下では厳しい規制を受けてきた民間貿易の再開に備えるため、四七年四月十五日には商工会議所を母体に広島県貿易協会が設立されている。だが、県下の輸出品は約六割が繊維製品や軽工業品で、開港後も広島港での貿易額は少額にとどまり、閉港も危惧されるほどだった。積出港は相変わらず神戸や大阪に頼っていて、貿易港としての経済効果にはいまだ展望がなく、産業再建と経済発展の方向性も見えないままだった。四九年以来「平和都市広島」を掲げた浜井市政について、商工業界は軍需という支えをなくした広島の新たな「産業都市化」の実現に貢献していないと感じ、いらだっていた。「平和＝原爆市長」としての浜井と、「平和都市広島」に対する商工業界の評価は低かったようである。[36] 戦後初代市長の木原七郎とそれに続く浜井信三の市政は、「大広島」や「平和都市」という構想を国際性や平和主義のイメージにつなげることで広島を復興させようという戦略をとっていたのだが、それが具体的な産業インフラ整備や経済発展の着火点にならないことが、商工業界の不満の原因だった。商工業界も一方では、四六年以降、八月六日の原爆忌をイベントとしてもり立てていく役割を担い、「平和」というスローガンが広島の経済に貢献する可能性があることを感じ取ってはいた。だが、戦争のダメージから抜け出せない状況下にある商工業界が「平和都市」に求めたのは、かつての「大広島」に代わるものだった。彼らにとって「平和都市」は、都市開発と経済発展のイデオロギーとしても機能しなくてはならなかったのである。

だが一九五〇年の朝鮮戦争で戦争特需が生じると、広島市産業局商工課は一九五三年に『広島市の工業調査』をまとめている。朝鮮戦争の経済的影響と電源開発をはじめとする地域産業の現況について総括し、戦争による一時的「特需」にとどまらない今後の計画と展望を示したものである。今後十年間のうちに第三次世界大戦が起きないこと、冷戦が継続すること、朝鮮戦争休戦で軍需景気が終わった後も景気が徐々に好転すること、といった条件を将来予測の前提としている。そして、ここではあらためて「広島市が、将来において工業を主体とする経済的発展を期待するならば、むしろ中間工業都市として、方向を第一義的に考慮さるべき」とし、土地が狭い広島ではそのための場所は広島港域内に作る臨港地区だとされている。調査報告の基調は明るいものではないが、「必ず将来の繁栄を掴むことができる」[37] と前向きに結んでいる。冷戦構造のなかで平和的な状態が持続することを前提に、産業構造の整備を検討している。ここには、かつての「大広島」構想で目標とした臨海工業地帯の建設が、「産業都市」化構想のなかであらためてよみがえっていることが読み取れる。

「軍都広島」をめぐる時代認識

一方で、まだ記憶に新しい過去である「軍都」について、市長や商工業界はどのように認識していたのだろうか。一九四六年九月二十日に新たな広島商工会議所が発足した。設立の趣意は、「戦時中歪められ圧へつけられた御互商工業者の自由を取戻し商工業者のために商工業者に依って運営される商工業者の機関として民主的に商工業の再建と発展とを促進し以て平和日本の建設に寄与しやうとする(38)」ものである、と述べている。また、浜井信三は前記の寄稿で、軍都の時代の広島には「工業資源の見るべきものが殆ど」なく、「過去に於ても軍需産業以外には、人絹工場を除いて殆ど存在しなかった(39)」と述べている。港湾関係者はかつての広島港について、「軍用に供せられその機能を充分に発揮出来ず」、「多年陸軍が使用していたにかかわらず近代的港湾施設に乏しい」という低い評価を下している。現実の使用収益に耐えうる基本的な港湾整備さえできていなかったために満足がいく収益をもたらさなかったことを、戦時中の抑圧の結果と捉えているため、軍事の遺産としての既存の港湾設備への評価も低い(40)。

　だが、前記の認識には同時に、「数次の戦役事変に際会し陸軍船舶運輸の総基地として活動を続けてその偉大なる港湾機能については広く一般に知られるところとなった」など、日清戦争以来の日本の戦果に貢献したという自負もうかがえる(41)。一九四六年に作成された「広島工業港建設事務所概要」でも、他企業を排してつくられた吉島飛行場の建設と三菱誘致が「大東亜戦に基與（ママ）せし事多大なり」として軍事的成果を自賛している。三菱重工自身も、工業港建設とその成果に社史で紙幅を割いて言及している(42)。

　軍事の遺産も活用しなくては「復興」は困難であるとき、「軍都」とは戦後価値としての「平和」に対置されるものではなく、未達成の「大広島」であり、単なる直近の過去であり、そして現在の「復興」の資源として有効かどうかで評価された。それゆえに、軍都の遺産の活用は、過去の「忘却」だけではなく、再認識も引き起こした。つまり、軍都としての過去は、現在の復興の必要性に則した様々な観点で成果や欠点を評価され、同じ観点で軍へも批判した。それらはあくまでも、「産業都市」化の視点、言い換えれば「産業都市」としての「平和都市」化の視点に立った過去の評価で、戦争をどう認識するかという問いとは、まったく異質のものだったといえる。

5 広島復興大博覧会と「大広島」——昭和産業博覧会の想起をめぐって

　では、その「復興」が達成したとされるときに、「軍都広島」「大広島」「平和都市広島」は、それぞれどのように位置づけられていくのだろうか。以下では、「軍都」がどのように歴史化されたかを軸に見ていこう。

　一九五五年、「産業都市」の建設を掲げて渡辺忠雄（任期一九五五—五九年）が広島市長に就任した。商工会議所はその年史で、渡辺市政時代を、経済を基軸とする「「大広島」への飛躍を志向した時代」と位置づけている(43)。五五年十月七日には、県選出国会議員と地元行政とをつなぐ広島建設促進協議会が第七回の会合を東京で開き、協議会の規約中の「平和記念都市建設の促進をはかる」という文言を「産業都市建設」に書き換えた(44)。また、渡辺は一九五七年一月三日付「中国新聞」に掲載された柴田重暉市議会議長との対談で、「私は従来の〝平和都市建設〟をさらに進めて〝産業都市建設〟へ全ての施策を持っていきたい(45)」（傍点は筆者）と述べている。ここには、「復興」をなすための「平和記念都市」と、さらなる発展をなすための「産業都市」との間に、段階的区別を設けようとする意思が見て取れる。つまり「復興」はこの段階で「達成されたもの」になっていなければならず、「平和都市広島」は「所与の前提」とされなければならない(46)。それを体現しようとしたのが、五八年四月一日から五月二十日にかけて開催された「広島復興大博覧会」（以下、復興博と略記）である（図5）。

　広島市が主催したこの復興博では、「原子力科学館」や「観光館」「復興館」など約三十のパビリオンが、第一会場（平和記念資料館周辺）、第二会場（平和大通り）、第三会場（広島城）に立ち並び、約九十一万人が来場した。「軍都広島」の遺産が「復興」に流れ込んでいったことはすでに述べたが、ここで重要なことは、渡辺市長の「大広島」計画の経済的な担い手だった商工会議所がこの復興博をどう捉えていたかである。すなわち、復興博は戦争と原爆による破壊という「挫折」を乗り越えて、「大広島」という「大構想」が「ふたたび市のビジョンとして蘇生した」（傍点は論者）ものであり、復興博の開催は昭和博の開催と「ほぼ揆《ママ》を一にする」ものだと認識されているのである。(47) かつての「大広島」が、復興後のイメージとしての「大広島」と結び付きうるものになることではじめて、かつての「大広島」の積極的な想起が可能になったといえるだろう。二つの「大広島」の連続性は、行政と商工会議所だけに見られるものではない。「大広島案内」のデザインと復興博のポスターが、色彩（桜＝ピンク）とモチーフ（広島城、モダンな構造物）の点で共通していることには、文化的イメージの回復と連続性が表れているといえる。一九二九年の「大広島案内」で「夜の広島」として紹介された歓楽街や花街に関する情報も、一九五六年から刊行された「広島の昼と夜」(48) という観光案内にも引き継がれている。

複数の先行研究が復興博について論じているが、そこには広島城の再建やアメリカ軍パレード、海上自衛隊の艦船乗艦体験といったイベントを、特に「軍都」が有していた軍事文化の再来として捉える見方がある。広島城再建は、ラン・ツウィゲンバーグによれば、前近代の城と現在の平和都市という「輝かしい近代」を接合・架橋する意味があるという。そうすることで広島は「平和の街として主張するために、軍事的な過去を超越する必要があった」と指摘する。「この城の軍事的な機能と、明治以降続いた大陸に対する日本帝国主義の野心との深い関与」は、数種類ある復興博のポスターに見られるように、平和記念公園をはじめとする平和記念施設、イサム・ノグチの平和大橋、広島城という「聖三位一体」（holy trinity）によって、覆い隠されなければならなかったのだとツウィゲンバーグは見ている。(49)

図5　広島復興大博覧会ポスター
（出典：広島復興大博覧会会誌編纂委員会『広島復興大博覧会誌』広島市役所、1959年、巻頭）

広島城がもつ軍事的な意味を説明するために、ツウィゲンバーグは満洲事変を受けての時局博覧会以降の軍事色が強い博覧会を復興博と比較しているが、昭和博との関係については言及していない。だが、本章のこれまでの考察からすると、これはツウィゲンバーグが言うような「隠蔽」でも「超越」でもないと思われる。むしろ復興博は、戦争と都市近代化と産業発展が絡み合いながら歩んできた過去を、「発展」の歴史として積極的に示そうとしているのである。かつての昭和博の場合は、広島の都市としての「発展」を前面に打ち出そうとしたにもかかわらず、結局は軍の意向に縛られた展示になった。それに対し、復興博に見られる「軍都」的要素は、帝国日本の経験の「超越」や「隠蔽」を目指して取り上げられているというよりも、郷土史のなかに溶け込んで平準化されているといえる。それは、「発展」の歴史と矛盾せずに語ることができる要素として、展示されているのである。

広島城が「郷土館」として再建され、日清戦争以降の戦役は前近代の歴史的遺物と同列の博物的対象として示されていることに、それは表れている。復興博の会誌を見ると、近代の戦争も前近代の戦争から時系列的につながる「古い歴史」の一部であり、太平洋戦争の遺物なども、刀剣や絵巻物といった前近代の戦争の遺物と同様、「面白」く「珍しい」ものとして陳列されていたことがわかる。(50) 広島市の近代化の歴史を紹介する部分には、「満韓支貿易」が盛んだった頃の広島港の紹介がある。第3節で述べたように、帝国日本の海外侵攻に完全に組み込まれた結果犠牲になった人々がいたのだが、復興博はそのことにはまったく触れず、「殷盛」の歴史を拾い上げて通史を編み、現在につなげている。つまり広島城という「郷土館」は、軍事的な過去は「古い歴史」として博物的対象にし、街の起源と発展の歴史に関係する部分だけを現在の「飛躍」につながる「郷土」の歴史として語るパビリオンなのである。そして、軍事的な過去は、戦後「復興」を成し遂げたと宣言したときには、「古い歴史」として文化資源化されたのだ。

復興博は、ツウィゲンバーグが比較した時局博覧会のようなあからさまな軍事色を打ち出した催しよりも、「大広島」構想のもと成長と発展を目指そうとした昭和博と、むしろ連続している。そして、かつての「大広島」構想が目指したものは、「復興」構想のなかに受け継がれたのであり、したがってあくまで「復興」という枠組みのなかで構想された「平和都市」は、復興を達成したとされる一九五〇年代末には「産業都市」へと置き換えが可能になったのである。

おわりに

本章では、「大広島」をめぐって、地域の欲望とともに展開してきた歴史を明らかにし、またその経験がどのように位置づけられてきたのかを、商工業界の動向を軸に分析した。六鎮台制以来の「軍都」で、六大都市には含まれない一地方都市の広島が権力中枢に引き上げられるなかで変化していく過程とその顚末を考察したことには、あえて言えば次のような意味がある。すなわち、「軍都」と「平和都市」——戦争と平和——を対立するものとして捉えるのではなく、一地方都市の広島が戦中・戦後を通してどのように街を構成しようとしてきたのかを歴史的に明らかにすることで、記憶の政治ではなく広島の歴史経験を捉え直す糸口が見いだせるという点に、意義があるのである。その作業を通じて見えてきたことは、「軍都広島」は単に「平和都市」にとって不都合な「忘却」され「隠蔽」された歴史ではなく、発展の歴史を語りうる限りで「郷土史」になっていることである。それを可能にしたものの一つに、「復興」の経験があり、「復興」によってそれを発展史として「郷土史」に組み込むことができたからである。そしてそのときには、「大広島」を目指してこの街がときに利用しときに搾取されてきた国家権力との関係性は、すでに見えない。

だが、「郷土」・地域の過程として歴史化されているものを再度活性化させることとは、その歴史化から取りこぼされた歴史経験を絶えず発見していくことである。アジアに野心を抱く一方で、自分たちの海を奪われ、労働を強い／強いられ、博覧会の華やぎを楽しみ、夜を行き交う人々の歴史は、この街が誰とともに、どのように生きてきたのかを、この街のいまに問うているのであり、それはなお筆者の今後の課題である。

注

(1)米山リサ『広島 記憶のポリティクス』(小沢弘明/小澤祥子/小田島勝浩訳、岩波書店、二〇〇五年)、柿木伸之『パット剝ギトッテシマッタ後の世界へ――ヒロシマを想起する思考』(インパクト出版会、二〇一五年)など。

(2)直野章子『原爆体験と戦後日本――記憶の形成と継承』岩波書店、二〇一五年、前掲『パット剝ギトッテシマッタ後の世界へ』

(3)歴史学の分野での「軍隊と地域」研究の成果のうち、本章の対象時期については坂根嘉弘編『西の軍隊と軍港都市――中国・四国』(〔「地域のなかの軍隊」第五巻〕、吉川弘文館、二〇一四年)があり、軍隊誘致の経済効果や広島の地域産業に注目しているが、中・四国という広域の考察であり、「大広島」への目配りはない。また、移民県としての広島と「軍都」化との関係については、鄭暎惠『〈民が代〉斉唱――アイデンティティ・国民国家・ジェンダー』(岩波書店、二〇〇三年)がある。

(4)中村政則『戦後史』(岩波新書)、岩波書店、二〇〇五年。なお、アンドルー・ゴードンは中村の歴史研究に対する総括的評価として、戦中・前後の「断絶か連続かという二者択一」ではない動態に注目しようとした中村の「貫戦史」概念の力点は、最終的には「戦後の変化」の重要性に向けられたと位置づけている(アンドルー・ゴードン「批判と反省 中村政則と日本の環太平洋史・貫戦史」、歴史学研究会編「歴史学研究」第九百六十号、績文堂出版、二〇一七年)。

(5)石丸紀興/沖野恒巳「都市計画広島地方委員会議事録からみた戦前・戦中都市計画の研究――軍都化と都市計画」、日本建築学会中国支部編「日本建築学会中国支部研究報告集」第九集第二号、日本建築学会中国支部、一九八二年

(6)同論文二四二ページ

(7)「大広島の建設」広島商工会議所、一九二七年、一〇ページ

(8)同誌一〇―一一ページ

（9）広島商工会議所『広島商工会議所九〇年史』広島商工会議所、一九八二年、一八二ページ
（10）「広島憲高普第一〇号 英国汽船の不開港たる新港に寄港計画に関する件報告」一九三一年四月二日
（11）「一般港湾沿岸取締 其他 広島湾取締に関する覚 広島湾（宇品）修築計画 要塞地帯内土木工事許可願（一）」防衛省防衛研究所海軍公文備考類（アジア歴史資料センター）
（12）山路勝彦『地方都市の覚醒――大正昭和戦前史 博覧会篇』関西学院大学出版会、二〇一七年、iiページ。同書の第二部第五章には、昭和産業博覧会に関するまとまった記述がある。
（13）共進会とは、明治期以降に各府県でおこなわれていた物産会であり、博覧会よりも小規模な地域商品の展示会のこと。
（14）前掲「大広島の建設」七七ページ
（15）広島市『新修広島市史 社会経済史編』第三巻、広島市、一九五九年、六一五ページ
（16）広島市編「広島市主催昭和産業博覧会誌」広島市、一九三〇年、二六〇ページ
（17）同誌二六七―二六八ページ
（18）同誌二八二ページ
（19）前掲『地方都市の覚醒』一六〇ページ
（20）広島商工会議所編「広島商工会議所月報」一九三二年三月号、広島商工会議所、一八ページ
（21）同誌三ページ
（22）広島商工会議所編「広島商工会議所月報」一九三二年四月号、広島商工会議所、二三ページ
（23）広島県『広島工業港』広島県、一九四二年、一〇ページ
（24）「広島工業港座談会速記録」、『工業港一件』所収、広島県・広島市・広島商工会議所主催、一九三七年十一月二十日（広島県立文書館）
（25）「秘　広島工業港修築事業施行計画要領」、『工業港修築一件』所収、広島県港湾課、一九四〇年（広島県立文書館）
（26）「広島工業港建設事務所概要」、『工業港一件 港湾』所収、広島県開発第二課、一九四六年（広島県立文書館）
（27）広島県『広島工業港』広島県、一九四二年、一〇ページ

(28) 経緯については当時県の水産関係部署を歴任した川上雅之による『広島太田川デルタの漁業史 第三輯』(エイト出版社、一九七八年)などを参照。
(29) 「交付ニ当リ知事ノ付言」、前掲『工業港一件』所収
(30) 強制連行と強制労働の現場に関するまとまった調査としては、朝鮮人強制連行真相調査団編著『朝鮮人強制連行調査の記録 中国編』(柏書房、二〇〇一年)。
(31) 広瀬貞三「太田川水系発電所工事と朝鮮人労働者」(紀要編集委員会編「新潟国際情報大学情報文化学部紀要」第九号、新潟国際情報大学情報文化学部、二〇〇六年)、西松安野友好基金運営委員会編『西松安野友好基金和解事業報告書』(西松安野友好基金運営委員会、二〇一四年)など。なお、西松組はすでに太田川上流の吉ヶ瀬発電所の建設をおこなっていて、同じ西松組監督、職員、朝鮮人労働者が安野の工事にも着手した。朝鮮人は約八百人いたとされるが詳細が不明のままである。
(32) 現在確認できる「大広島」は、一九四七年四月の創刊号から七月号の合計四号分だけである。
(33) 河西英通『せめぎあう地域と軍隊――「末端」「周縁」軍都・高田の模索』(戦争の経験を問う)、岩波書店、二〇一〇年、二〇六ページ
(34) 広島市復興局編「大広島」第一巻第一号、大広島研究会、一九四七年、三ページ
(35) 広島市復興局編「大広島」第一巻第四号、大広島研究会、一九四七年、五ページ
(36) 広島商工会議所百年史編纂委員会編纂『広島商工会議所百年史』広島商工会議所、一九九二年。また、『広島新史』の行政編と経済編とでは、浜井市政期と平和都市法の位置づけが異なる。前者では「大広島建設への礎石」とされる浜井市政は、後者では平和都市法に経済成長のための具体策がない点で批判されていて、その認識は商工会議所編纂の諸年史でも同じである。
(37) 広島市産業局『広島市の工業調査』広島市産業局、一九五三年、広島市編『広島新史 資料編2』広島市、一九八二年、三九五ページ
(38) 前掲『広島商工会議所九〇年史』三二二ページ
(39) 前掲「大広島」第一巻第四号、五ページ

（40）広島県広島港事務所編『広島港要覧昭和二六年版』広島県広島港事務所、一九五三年
（41）同書
（42）広島製作所50年史編纂委員会編『三菱重工広島製作所五十年史』三菱重工業広島製作所、一九九五年
（43）広島商工会議所百年史編さん委員会『広島商工会議所百年史』広島商工会議所、一九九二年、四〇八ページ。「大広島」計画は渡辺市政下で、広島市『大広島計画区域総合企画資料』上・下（広島市、一九五八、一九六〇年）として大規模開発計画として立案された。
（44）「平和都市から産業都市へ　広島建設促進協議会が新発足」「中国新聞」一九五五年十月八日付、八面
（45）「中国新聞」一九五七年一月三日付、八面
（46）「平和都市」概念の所与の前提化については、仙波希望「日々の喪失、平和の喧伝――相生通りと動員される「平和都市」」、「特集〈広島〉の思想――いくつもの戦後史」「現代思想」二〇一六年八月号、青土社
（47）前掲『広島商工会議所百年史』四〇九ページ
（48）「広島の昼と夜――観光の手引」はみづま工房から第一号が一九五六年に、第二号が六〇年に刊行されている。
（49）Ran Zwigenberg, *HIROSHIMA: The Origins of Global Memory Culture*, Cambridge University Press, 2014, pp. 128-129.
（50）広島復興大博覧会誌編集委員会編『広島復興大博覧会誌』広島市役所、一九五九年、一七五―一七六ページ

［付記］本稿は二〇一七年九月三十日に脱稿したものである。

第6章

戦争への想いを抱えて

——ブラジル日系社会と戦後

ソアレス・モッタ・フェリッペ・アウグスト

はじめに

戦後が残した課題を考える際、ブラジル日系社会のことを思い起こす人は少ないが、アジア・太平洋戦争が終結したとき、ブラジルには十九万人以上の日本移民とその子孫が暮らしていた。戦時中、この人々の心情はアジアで営まれている前線に向けられていた。[1]しかし、帝国日本の虚像が消えるとともに、日本の戦後には彼らの居場所がなくなった。日本敗戦の報に揺れ動いたブラジル日系社会は、「祖国」日本と「養国」ブラジルとの関係の再定義を迫られ、おのずと戦後と向き合わざるをえなくなった。この状況に直面した日系社会は、戦争経験を中心とする新しい日系社会の歴史を戦後に産出した。それは、多くの残滓や傷、隠蔽や忘却をはらんだプロセスだった。

日系移民が戦後に経験した葛藤と惑いは、一つの事件に象徴される。日本の敗戦を受け入れず本当は勝ったのだと信じ続けた「勝ち組」と敗戦を受け入れ勝ち組に現実を認識させようとした「負け組」の間の対立と衝突、いわゆる「勝ち負け抗争」[2]。この抗争は長年タブーにされてきたが、二〇〇〇年にブラジル人作家フェルナンド・デ・モラエスが *Corações Sujos*（『汚れた心』[3]）を刊行したのを嚆矢に、近年注目されつつある。この事件をめぐる記憶と歴史を取り上げる際、ブラジル日系人移民史研究者は日系社会の歴史が叙述されるプロセスを批判的に捉え、その言説が秘める複雑性を突き詰めるだけではなく、歴史叙述者たる移民知識人の言動と思想を、時局を意識して考慮しなければならない。また、従来の移民史に反映されていない戦争経験の多様性をあぶり出す工夫を、方法論的にも史料的にも見つけなければならない。本章では、戦後の日系社会史の問題領域を確認し、正史からこぼれ落ちた敗戦の経験を移民による文学作品を通じて分析してみたい。[4]

1 正史からこぼれ落ちた経験

「勝ち負け抗争」——記憶と歴史

アジア・太平洋戦争が激化したとき、ブラジルはジェトゥリオ・ドルネレス・ヴァルガス（Getúlio Dornelles Vargas）大統領による「新国家体制」（Estado Novo 。一九三七—四五年）の国家主義的独裁政権が絶頂期を迎えていた。新国家体制は思想的にはファシズムに近かったにもかかわらず、アメリカに圧力をかけられたブラジルは、連合軍側で参戦して、ヨーロッパ前線に出兵している。ドイツのアドルフ・ヒトラー政権の崩壊とともにヨーロッパでの戦争が終息したあと、ブラジルは遅れて一九四五年六月六日に日本に宣戦布告した。しかし、日本移民に対する弾圧は両国間の国交断絶よりも早く戦前の同化政策から始まり、戦時中には枢軸国からの移民が「敵性国民」と見なされて一層強化された。四五年八月十五日に日本が無条件降伏するが、祖国の勝利を熱望していた日本移民の大半は敗戦を信じなかった(5)。

半田知雄は、一九四五年九月には「日本戦勝を信じるものがますます多くなり、各地に戦勝団体続々と結成され」たと当時の様子を述べている。また、のちに勝ち負け抗争を煽動したとされた臣道聯盟は同月「二三日に本部をサンパウロ市ジャバクワラ区パラカツ街九八番に堂々と構え、地方に対しても積極的な組織づくりに乗り出し、数カ月を出ずして家族二万、総人員十万を擁する一大組織を結成した(6)」と記している。

この状況を憂慮した日系社会の指導者は、一九四五年十月三日に「在伯邦人諸君」宛に日本が敗戦したことを説く文章を発表する（通称「終戦伝達趣意書」）。この趣意書に署名したのは、日本陸軍退役大佐の脇山甚作、元駐アルゼンチン公使の古谷重綱、日系社会の経済界を代表する実業家である宮坂國人、山本喜誉司、蜂谷専一、元アルゼンチン代理公使で元海外興業ブラジル支店長の宮腰千葉太、そしてコチア産業組合理事長の山下亀一の

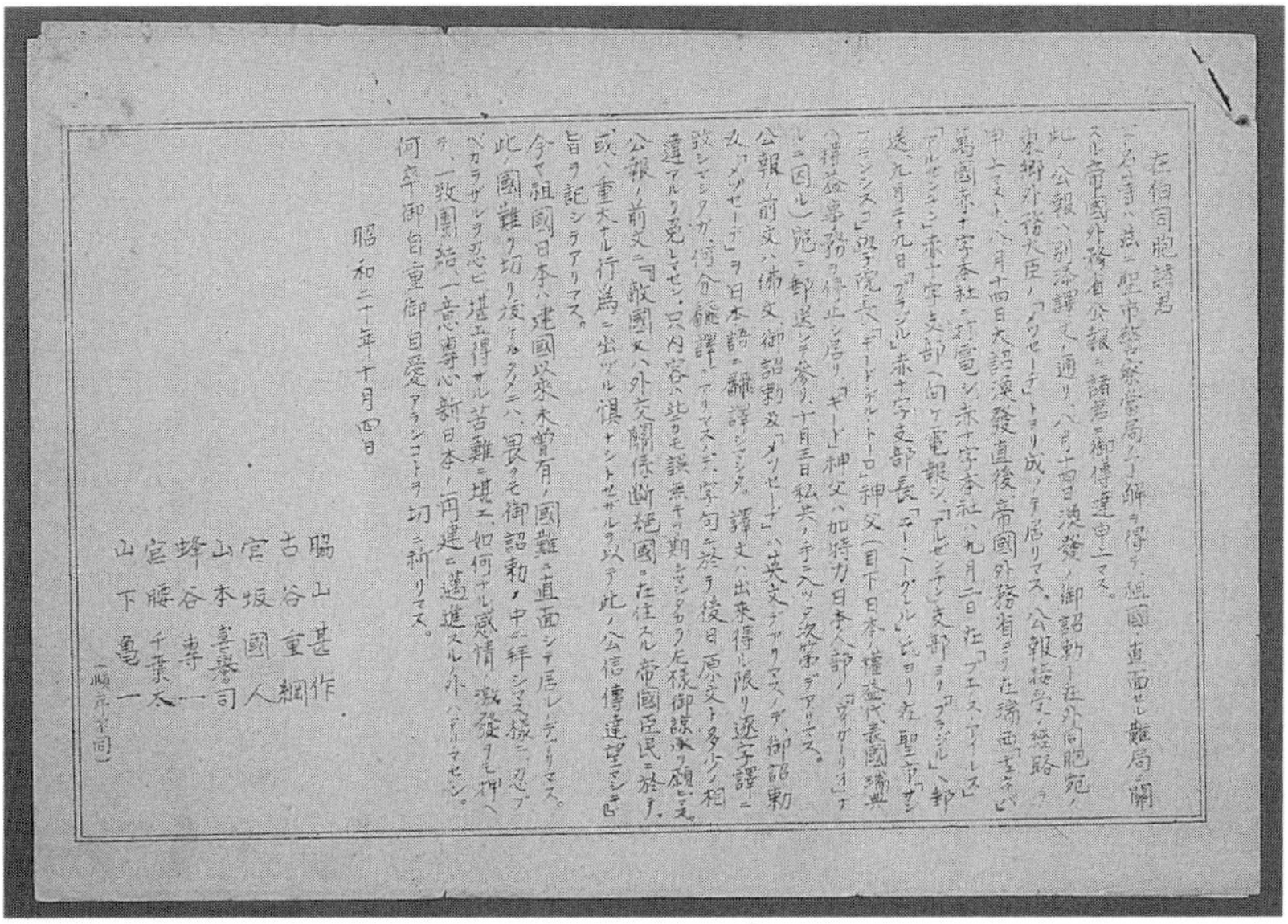
在伯同胞諸君
本書ハ茲ニ聖市警察當局ノ了解ヲ得テ、祖國ガ直面セル難局ニ關スル帝國外務省公報ヲ諸君ニ御傳達申上マス。
此ノ公報ハ別添譯文ノ通リ、八月十四日渙發ノ御詔勅ト在外同胞宛ノ東郷外務大臣ノ「メッセージ」トヨリ成ッテ居リマス。公報接受ノ經路ヲ申上マスト、八月十四日大詔渙發直後、帝國外務省ヨリ在瑞西「壽府」萬國赤十字本社ニ打電シ、赤十字本社ハ九月二日在「ブエノス・アイレス」「アルゼンチン」赤十字支部ニ向ケ電報シ、「アルゼンチン」支部ヨリ「ブラジル」ヘ郵送、九月二十九日「ブラジル」赤十字支部長「ニー・ヘーグル」氏ヨリ在聖市「サンフランシスコ」學院長ノ「デードー・デル・トーロ」神父（目下日本ノ權益代表國瑞典ノ權益事務ヲ停止シ居リ、「ギード」神父ハ加特力日本人部ノ「ヴィガーリオ」ナルニ因ル）宛ニ郵送シテ參リ、十月三日私共ノ手ニ入ッタ次第デアリマス。
公報ノ前文ハ佛文、御詔勅及「メッセージ」ハ英文デアリマスノデ、御詔勅及「メッセージ」ヲ日本語ニ飜譯シマシタ。譯文ハ出來得ル限リ逐字譯ニ致シマシタガ、何分飜譯ニアリマス丈ニ字句ニ於テ後日原文ト多少ノ相違アルヲ免レマセン。只内容ハ此カモ誤無キヲ期シマシタカラ左様御諒承ヲ願ヒマス。
公報ノ前文ニ「敵國又ハ外交關係斷絶國ニ在住スル帝國臣民ニ於テ、或ハ重大ナル行爲ニ出ヅル惧ナシトセザルヲ以テ此ノ公信傳達ヲ望マシ」ト旨ヲ記シテアリマス。
今ヤ祖國日本ハ建國以來未曾有ノ國難ニ直面シテ居ルノデアリマス。此ノ國難ヲ切リ抜ケルタメニハ、畏クモ御詔勅ノ中ニ拝シマス様ニ、忍ブベカラザルヲ忍ビ堪ヘ得ザル苦難ニ堪ヘ、如何ナル感情ノ激發ヲモ抑ヘテ、一致團結、一意專心新日本ノ再建ニ邁進スル外ハアリマセン。
何卒御自重御自愛アランコトヲ切ニ祈リマス。
昭和二十年十月四日
脇山甚作
古谷重綱
宮坂國人
山本喜誉司
蜂谷専一
宮腰千葉太
山下亀一
（順不同）

図1　認識運動の一環として伝達された「在伯同胞諸君」に向けた文章（通称「終戦伝達趣意書」）1945年10月4日。日系社会の重鎮の署名が並べられている
（出典：「ブラジル移民の100年」「国立国会図書館」〔http://www.ndl.go.jp/brasil/data/R/065/065-001r.html〕［2017年9月22日アクセス］）

七人である。この終戦伝達趣意書はサンパウロ州政府の許諾を得て配布されたが、日本の戦勝を信じる人々を説得するどころか、逆に敗戦を説く人々が「非国民」や「国賊」といったそしりを受ける結果になった。

一九四六年一月一日、サンパウロ州ツッパン市で、ブラジル人警官が押収した日本国旗でブーツの泥を拭いたという噂が広まったため、日本移民らが警察署に駆け付けてその警官の厳罰を訴える「日の丸事件」が起こる。このように、敗戦が十分に認識されないなか、「勝ち組」と「負け組」との対立が激しくなるにつれて日本移民に対するブラジル社会の不信感も高まり、日本の敗戦は事実だと説得しようとした溝部幾多（バストス産業組合専務理事）が四六年三月七日に勝ち組の日系人に殺害される。次いで、四月一日には野村忠三郎（元「日伯新聞」編集長、元・文教普及会事務長）の殺害と趣意書署名者だった古谷重綱の殺害未遂が起き、六月二日、脇山甚作もサンパウロ市の自宅で殺害された。暴動がエスカレートし、七月には、サンパウロ

図2　最後の勝ち組団体といわれる桜組挺身隊のサンパウロ市街頭デモ（1955年5月16日）
（出典：ブラジル日本移民資料館／ブラジル日本移民百周年記念協会百年史編纂委員会編『目でみるブラジル日本移民の百年』〔「ブラジル日本移民百年史」別巻〕、風響社、2008年、109ページ）

州鉄道のノロエステ線とパウリスタ線沿線（日本移民の集住地）で負傷者が続出する。このときには、勝ち負け抗争はすでに大きな社会問題としてブラジルのメディアに取り上げられていた。この状況を憂慮したサンパウロ州執政官のマセド・ソアレス（Macedo Soares）は、七月十九日に勝ち組代表者六百人を州政庁に招いて説得を試みるが、結局納得させられずに終わった。七月三十日には反日感情の高まりから、日本移民リンチによる市民騒乱が発生する。四七年一月六日に勝ち組によって鈴木正司が殺害された。半田知雄によれば、「この鈴木殺害を最後にテロ事件は終結したが、この一年、カチ、マケをめぐって起こされた事件は百件を超え、内殺害による犠牲者数は二十三人、そのほとんどはカチ組によるマケ組認識運動者の暗殺事件であった。暗殺テロ団は臣道聯盟員だったものが多かったところから、これらの事件は一般に「臣道聯盟事件」と呼ばれる」(7)ということだった。

勝ち負け抗争の関係者だけではなく、無関係の日本移民までがブラジル警察に検挙・拘留され、身体的拷問のほかに、皇族の御真影を踏まされる「踏み絵」などの精神的拷問も受けた(8)。この検挙で暴動は表面的には終息したといえるが、勝ち組と負け組をめぐる対立や日本の戦勝を信じる団体の活動が途絶えたわけではない。五三年五月に活動を開始した愛国的団体・桜組挺身隊が五五年一月にサンパウロ州セー広場でおこなった街頭デモが勝ち組による最後の公的な活動とされるが、戦後十年たってもなお問題が継続していたことがわかる。

以上が「勝ち負け抗争」の概略だが、ではこうした敗戦をめぐる日系人同士の対立はいままでどのように論じられてきたのだろうか。

日本では、勝ち負け抗争はメディアでもアカデミズムでもたびたび取り上げられてきた。勝ち負け抗争がまだくすぶっていた一九五〇年代後半にブラジルを訪れた大宅壮一は、日系社会の思想的遅れと戦前の移民の明治気質を指摘している。(9) 同じく五〇年代にブラジルを訪れた高木俊朗は、主に負け組との接触を通して勝ち負け抗争を取材し、勝ち組を狂信者の集団と捉えている。(10) 角田房子は勝ち負け抗争を主なテーマにしていないが、移民の愛国心と日系社会の保守的性格を捉えて分析するなかで同抗争に言及している。(11) 田宮虎彦は日本の軍国主義とブラジルの国家主義に板挟みにされたことが勝ち負け抗争の主因だったと解釈している。この解釈は太田恒夫にも受け継がれているが、それに加えて移民の出稼ぎ根性ゆえの帰国願望を指摘している。(12) 学術研究としては、ブラジル日系社会をフィールド調査した文化人類学者の前山隆は、勝ち負け抗争を移民の日本回帰運動の一環として捉え、移民の自発的な「不適応」の選択に起因するものだったと論じた。(13)

一方、ブラジルでは、マリオ・デ・ミランダ（Mário de Miranda）は、親日家で通訳としてサンパウロ州社会政治警察（DOPS）に移民検挙で協力したが、「勝ち組」を狂信者集団として捉えた報告書を書いている。アレクシャンドレ・フェルナンデス（Alexandre Fernandes）は社会学的手法で分析し、日本移民のブラジルへの貢献も評価したうえで、勝ち負け抗争をより中立的に論じた。(14) 近年では、マルシア・タケウチ（Márcia Takeuchi）による黄禍論や反日感情をめぐる研究、(15) ジョルジ・オクバロ（Jorge Okubaro）による個人史、(16) ロジェリオ・デゼン（Rogério Dezem）によるDOPS資料館を生かした研究などが挙げられる。(17)

後述するように、ブラジル日系社会の歴史は戦後に書かれるようになるが、その「正史」は勝ち負け抗争をめぐる問題をできるだけ最小限に扱うようにしたため、そこからはアジア・太平洋戦争に対する移民の思いや経験の多くが抜け落ちているといえる。「正史」としてのブラジル日系社会の歴史の成立過程の詳細は次項で論じるが、ここではそうした「正史」のあり方を批判する新しい歴史の動向について紹介する[18]。

文献史料だけをもとに書かれた日系社会の歴史に対し、戦後の移民でジャーナリストの外山脩は、勝ち負け抗争に直接関わった移民とその遺族への聞き取りを重ね、従来とは違う角度からこの問題を取り上げようとした。外山の功績は、勝ち組側の関係者、特に「日の丸事件」と脇山甚作の殺害事件に関わった人物への取材を通して、従来はテロ事件を主導したと見られてきた臣道聯盟の役割を相対化したことだった[19]。

外山と同様の問題意識から、深沢正雪も従来の歴史叙述を批判し、新聞記者としてこの問題をテーマに日本語新聞で連載を続け、勝ち負け抗争の歴史を究明しようとしてきた。前述のモラエスの小説の刊行についても「パンドラの箱が開いた」とし、それによってこの問題に関する議論が活発化したことを評価している[20]。

モラエスの『汚れた心』に触発され、日系三世の映画監督の奥原マリオは、制作に十年をかけたドキュメンタリー映画『闇の一日』を二〇一二年に公開した。この映画で奥原は、勝ち負け抗争をめぐる日系社会の歴史の「闇」を解明しようと試みた。また奥原は、ジルマ・ルセフ（Dilma Rousseff）政権が設立した「真相究明委員会」（Comissão da Verdade）に率先してはたらきかけ、第二次世界大戦中から勝ち負け抗争の時期にブラジル政府が日本移民を迫害したことを認めさせ、同委員会は一三年にブラジル政府を代表して謝罪文を公表している[21]。

このように、勝ち負け抗争に対する関心は近年増してきたといえる。特にオクバロと奥原は日系二世や三世で、この世代による移民史への関心の芽生えにもそれは表れている。戦後七十周年が過ぎ、二〇一八年はブラジルへの日本移民の開始から百十周年を迎えている。この時期に、勝ち負け抗争の歴史が見直されつつあるのは、様々な意味を含んでいるといえる。

戦後日系社会の歴史の誕生

民族的・言語的マイノリティー集団である日系人の内的紛争だったにもかかわらず、勝ち負け抗争はブラジル社会で大きな問題として取り上げられた。大手新聞社「フォーリャ・ダ・ノイチ（Folha da Noite）」（以下、「フォーリャ」紙と略記）は、抗争が激化しつつあった一九四六年四月に「十万人を数える秘密結社シンドウレンメイ」についての記事を載せている。四月九日付には、「日本人狂信者による反政府的な活動」を取り締まり警察が「四百人を検挙した」様子を写真付きで報じている。同十一日付には、「サンパウロ州奥地に蔓延しているシンドウレンメイの支部」のリストを大々的に掲げ、十二日付には、「広範な反ブラジル活動の日本人秘密結社」についての扇情的な記事を掲載している。

　ブラジルの新聞が「シンドウレンメイ事件」と呼んだ勝ち負け抗争をめぐる報道は、抗争がひとまず鎮圧されたあとも続いた。「フォーリャ」紙は一九五〇年三月に「日本人狂信者の秘密結社」はまだ残っていると強い口調で訴えている。また、五一年十月の記事には、「狂信者」に「ハラキリを強要された」日本人の自殺未遂事件を報じている。五五年十月二十日付から八回にわたって連載された「シンドウレンメイの遺産」という記事では、「詐欺と恐喝を用い、勤勉かつ尊敬に値する日系社会の善心と愛国心を悪用」し、移民を「狂信化させる」「人殺しの団体シンドウレンメイ」の後身と見られる愛国団体を糾弾していて、戦後十年が過ぎてもまだこの問題がくすぶっていたことを指摘している。[22]この影響でブラジル社会での反日感情が高まり、四六年には新憲法に日本移民の入国を全面的に禁止する条項が盛り込まれる寸前までに至った。[23]勝ち負け抗争はブラジル日系社会の存亡そのものに関わる問題になったと言っても過言ではない。こうした背景のもとで戦後の日系社会の歴史が叙述され始めた。

EMPREITADA SINISTRA
PARA ELIMINAR OS PATRICIOS
FOLHA DA NOITE

図3　「フォーリャ・ダ・ノイテ」紙1946年4月5日付。大見出しは「同胞を抹殺するための邪悪な計画」、その上に「動きだした百人の狂信者」となっている。写真付きでサンパウロ州警察による日本人移民の検挙を報じている

　戦前・戦中は自分たちを祖国に属すると捉えていたブラジルの日系社会は、敗戦をきっかけに独立した共同体としての再出発を促された。[24]そのためには、①自立した共同体としての日系社会と「祖国」との区別化、②移住

の意義の再検討、③ブラジル社会での日系社会の位置づけ、④ブラジル政府による国家主義的同化政策と戦時中の弾圧の記憶、⑤勝ち負け抗争がもたらした内的亀裂に対する答弁、といった課題を解決しなければならなかった。これらの要素が不可避的な課題として反映されなければならなかったが、勝ち負け抗争はまさにこれら五つの課題すべてを集約していたといえる。

なお、日系社会の歴史がどのようにして書かれていったかを理解するには、日本語新聞の存在が重要である。戦前から、日本語新聞社が『年鑑』や地方史の刊行に携わってきたことに加え、移民知識人は多くの場合、記者か、または新聞に頻繁に寄稿する人物だった。一九四六年に日本語刊行物の禁止令が解かれると、雨後のタケノコのように日本語新聞が復刊・創刊される。これらの戦後の新聞も勝ち組派と負け組派に分かれ、刊行する書籍にもその性格が表れていた[25]。

一九四七年一月一日に創刊された「パウリスタ新聞」は負け組派に属するが、五六年に『コロニア戦後十年史――一九四七―五六年』(以下、『十年史』と略記)、五八年に『コロニア五十年の歩み』(以下、『五十年』と略記)を刊行している[26]。これらの歴史書には、戦争がもたらした祖国の喪失と勝ち負け抗争による内的亀裂に意味が付随され、その経験の意義が再解釈されている。その経験を移民史の流れのなかに取り組み、それに意義を見いだすこと自体は新しい歴史観の出現を暗示しており、我々はこれらの歴史書を日系社会の戦後史の誕生として見なしてもよい。ここではじめて体系化される歴史観は、その後に再生産され、ほぼ批判されることなく後続の歴史に継承された。『五十年』の「序に代えて」では、二年先立って刊行された姉妹篇『十年史』で素描しているその歴史観が整理・拡大され、はじめて完成された一つの言説として提示している[27]。

『五十年』の序文は、一九〇八年に始まるブラジル日系移民史について書かれた歴史書を概観したのち、自立したブラジル日系社会の歴史でありたいという抱負を綴っていく。四一年と五三年に東京で刊行された青柳郁太郎編『ブラジルに於ける日本人発展史』の上下巻(ブラジルに於ける日本人発展史刊行委員会、以下、『発展史』と略記)、そして四九年の香山六郎による『移民四十年史』(香山六郎、以下、『四十年史』と略記)を日系社会の「正史」として位置づけたうえで、「前者が「官史」であるに対して、後者は「民史」といえるだろう」と区別している。『発展史』は日系社会を「海外邦人」という日本社会に属する集団として位置づけ、日系移民社会の独自性を認めていないが、自己の歴史を模索する戦後の日系移民社会にとって、日本の「延長」としての位置づけはもはや不十分だと指摘している。他方で、『四十年史』には、戦争を十分に論じていないところに問題点があると自ら指摘し、それに対して、『五十年』は新しい歴史観を掲げているとして、以下のようにその意義を述べている。

> 題名が示すように、ブラジルの日系人が歩んできた五十年の歳月をふりかえり、コロニアの成長――もし「成長」という言葉が当たらなければ――コロニアの移りかわりの姿を眺めたものだ。その意味では、コロニアの人間形成の物語り《ママ》であり、コロニアの自叙伝といった方が適切かもしれない。他人様の歴史でもなく、借りものの歴史でもない。[28]

「コロニアの自叙伝」とは、いわば「移民による移民史」ということである。このように新しい歴史としての抱負を述べる『五十年』は、「他人様」の歴史ではなく、「コロニア」によって叙述される歴史であることを従来の歴史との違いとして強調している。戦前期に「在伯邦人社会」として執筆された従来の歴史との違いは、共同体の自称の変化に最も顕著に表れているとして、その点に関して以下のように述べている。

> 題名についた「コロニア」という言葉は、コロニアに関係のない読者には耳慣れしない字句かもしれないが、実はこのコロニアという言葉そのものが、われわれ日系社会で生活するものの姿をあらわしている。（略）今ではちょっと訳語のない言葉となってしまった。直訳すれば「日本人とその子孫が形成し営んでいる社会」と言えるかも知れないが、コロニアという語は、その本来の語意からすら離れて、いまでは訳しようも

ないものだ。[29]

ポルトガル語の「移住地」から派生した「コロニア」という語は、戦後に日系社会の自称になったが、「コロニアに関係のない」者には「耳慣れない」し、「ちょっと訳語のない」名称だと述べているところに、共同体の構成員の共通性の主張と、他者とのはっきりした区別が宣言されているといえる。ここで想定している他者とは、戦後移民および祖国にいる日本人である。同じ国家語（国語）を使いながら、「コロニア」が「いまでは訳しようもないもの」になっているという主張は、戦後において、戦争経験の相違によって他者として見なされる戦後日本社会に対する強い決別のメッセージだ。なお、その決別の原動力は「戦争」の経験の相違である点が興味深い。他者と共有不能なその歴史的経験をめぐって、序文はこのように記す。

戦時中、戦争直後を通じての約十年間ほどブラジルの日系人が、自分たちのおかれている立場を痛切に意識したことはあるまい。（略）戦争直前まで「在留民」の血の純潔を唱え、民族精神の高揚を強要しながら、一たん戦争となると、彼ら〔公館員や大商社の幹部：引用者注〕は同胞を「敵国」におきざりにして引揚げたのだ。（略）あの戦争という暗いトンネルは、われわれブラジルの日本人にとって陰惨で、不安な、そして重苦しい圧迫ではあったが、われわれはその代償として、現実と対決できるだけの自信と勇気とを得た。戦時・戦後の空白時代というけれども、実は空白どころか、コロニアのもっとも充実した成長期であり、人間形成期だったのではないか。戦争のトンネルをぬけて、再び晴天が訪れたとき、ブラジルの日系人はもうかつての「在留民」でもなく、「ブラジルの本邦人」でもなかった。われわれはコロニアとしての成長をとげていた。[30]

細川周平は、戦時中を意味する「暗いトンネル」を産褥に、戦争経験を陣痛に例えているが、「コロニア」の誕生の必須条件として挙げられている。[31] それによってブラジルに居住する日本人を結ぶ共通性が生まれ、その共通性こそがコロニアの基盤となったというのである。祖国やその「外地」とは区別される、コロニアの共通性となる戦争経験について、『五十年』は「共通の運命につながっており、共通の経験を通して伝統を形成したものだ」と述べ、「これは同じ移民といっても、日本帝国の銃剣に護られて、満洲の、南方の経営を唱えた人達の運命とは縁の薄いものであり、それは「皇道」の美名の下に南方の「現地民」の宣撫にあたった選民ニッポン人には味わえない体験のかずかずであった」と言い切っている。そして、最後に「このようなコロニアの背景を理解するのでなければ、今日のコロニアの実態を把握することは不可能であろう」[32] と断言している。

『五十年』の序文は、「コロニアをしてコロニアたらしめている」要素を共有できる史的経験に依拠して、日系社会の歴史の再編成にあたっている。しかしながら、「暗いトンネル」、つまりその史的経験の複雑性はこの言説でまったく議論されない。

　やがて平和が来た。苦難の夜が明けて、平和の朝を迎えたコロニアは、一だんと深くこの国に根を張り、葉と枝をひろげ、逞しく成長していった。もう「異邦人」でもなく、「在留民」でもない。この国の土着の民であり、この国「全体」の一部となった。[33]

「平和が来た」とは勝ち負け抗争の鎮静化と対立の終息を意味しているようだが、この「平和」がどういうものだったかはまったく問題にされない。「暗いトンネル」を抜けたというのは、日系社会の共通性と強い連帯感を得たことを意味しているが、戦前と戦時中の弾圧、さらに勝ち負け抗争をどのように体験し記憶しているのかについては意図的に排除している。また、古い対立が癒えることなく続いていることもここでは触れられていない。

戦争による弾圧と財産凍結を経験し、勝ち負け抗争のせいでブラジル社会で「狂信者」というレッテルを貼られ、そのために日本移民入国禁止の危機に見舞われた日系社会にとって、そこからの「恢復」と「再生」を宣伝するのは死活問題だった。治癒していない傷があったとしても、「戦後の歴史」はそれに触れないことを意識的に選んだのではないかと思われる。

『十年史』と『五十年』は、勝ち負け抗争の記憶がまだ生々しい時期に刊行された。それゆえに、日系社会の存亡がかかったブラジル政府による弾圧と取り締まりの記憶も、日系社会を揺るがした勝ち負け抗争の記憶もまだ新鮮だったといえる。その状況を考慮すれば、負け組だったそれらの主な書き手が少なからず恨みをもって『十年史』の執筆にあたったという事態が理解できるのだろう。要するに、戦後史の源流に位置されるそれらの歴史書には、戦争と勝ち負け抗争に対する客観的な立場を取っているとはとても言い難い。前述のとおり、戦争と勝ち負け抗争を単眼的に扱うその歴史観はまたそれ以降の日系社会の歴史に大いに汲み取られ、継承されたことが言える。しかし、勝ち組を加害者＝狂信者、負け組を被害者＝啓蒙者とする単純化された構造に疑問を持つ者もいた。次項で取り上げる半田知雄もその一人である。

「省略された」経験、そして文学

半田知雄（一九〇六―九六）はブラジル日系社会を拠点に活躍した画家であり、移民史研究家である。十一歳のときに渡伯した半田は、戦前から移民の知識人グループに参加し、戦後はサンパウロ人文科学研究所とブラジル日本移民資料館の創設に関わった。一九七〇年にブラジル日本移民史を総合的に論じる『移民の生活の歴史――ブラジル日系人の歩んだ道』（家の光協会）を刊行する。戦前から日本語新聞と多数の機関誌にブラジル日系社会の歴史と文化をテーマにした評論を寄稿し、『移民七十年史』（移民七十年史編さん委員会編、一九八〇年）の執筆にも参加している。

戦争と勝ち負け抗争をめぐる半田の思いは複雑だ。半田の日記帳の記述を日付とともに追うとそれがよくわかる。ドイツ降伏、ブラジルによる日本への宣戦布告、広島と長崎の原爆、敗戦、勝ち負け抗争による殺害事件、ブラジル警察の取り締まりについて綴っているが、何よりも、敗戦に対する戸惑いと絶望は彼に大きな打撃を与えた。それにもかかわらず、半田は「啓蒙運動」（敗戦を認める人々が勝ち組に敗戦の事実を受け入れるよう説明する運動）に参加するなど、「負け組」であった。しかし、負け組の一員として日系社会の戦後史の執筆に参加した者であったにもかかわらず、半田は戦後の日系社会の歴史があえて触れるのを避けた戦争をめぐる記憶と感情を、一九六六年の「省略されたジグザグ」という文章で取り上げている。

文学誌「コロニア文学」（日本移民による文学作品や評論などを掲載する文学雑誌。一九六六年創刊、七七年廃刊。七九年に「コロニア詩文学」と改名され、九九年にさらに「ブラジル日系文学」になって現在に至る）の第二号に掲載したこの文章で、半田は「移民の生活を題材にした文学の中で、私が興味をもつものの一つは、ブラジルの自然的社会的（文化的）環境の中で、われわれ移民が、どのような心理的変化をたどってきたかという、いわば同化の問題につながっているものだ」と前置きしたうえで、移民の感情と歴史経験を反映した文学作品を書くことの重要性を説く。勝ち負け抗争の原因をめぐって、半田は第二次世界大戦という出来事そのものの非日常性を指摘したうえで、「私の立場からすれば、あの事件はただ日本における戦後の混乱の一つのミニアッツーラ〔ポルトガル語で縮図：引用者注〕とはみないで、ブラジルという異国におこった移民社会の特殊的なできごととみるのだ(34)」と、歴史的現象としての特殊性を指摘している。同抗争を「未曾有の事件」と位置づける半田は「勝ち組と負け組とのあらそいとして」片付けられてしまうには「あまりに表面的なコトバを苦々しくおもう」と述べ、次のように続けている。

たしかに、表面的には、勝った負けたのあらそいではあった。そして、あるいは負け組の人たちの中には、勝ち組の人たちの無知をわらったものがあったにちがいない。しかし、勝ち組の人たちの心の底を理解し、その苦悩の深さをくみとったものは少なかったように思う(35)。

半田は、勝ち組と負け組の共通点である「その苦悩の深さ」への理解を訴え、その底に流れる移民の感情を顕在化する必要性を強調する。勝ち組と負け組の多くは「敗戦」に対する感情では類似するところがあり、戦前・戦中の移民がどのような精神状態にあったかという点では違いがなかったことが何よりも重要だと主張する。

いずれにせよ、戦前の日本移民は「在留民」あるいは「在伯同胞」以外のものではなく敗戦を契機として、ただの個人としてブラジル人の社会へなげだされたのだ。私は、こともなげに、なげさだれたと云ったが、これは今まで、自分たちが尊奉してきた精神の支柱をことごとく否定され、逆に、否定してきたものを、シャニムニ肯定しなければならない立場においやられることであった。抵抗のないのがむしろ不思議な位だ。私の極く親しくしていた一先輩は、戦勝信者の心境を告白してしみじみ語るのであった。「自分はもう老さきがみじかい。あくまでも日本を信じ日本の国体をこの世の至高なものとみとめる以外に、絶対に考えようがないのだ。どうか、このまま、それを信じさせておいてくれ。私のところに来て敗戦を宣伝しようとしても無駄なことだ」と。[36]（傍点は引用者、以下同）

半田は「在留民」から「コロニア」へと日系社会は転換したという考え方にある程度同調しているが、それによってもたらされる単純化には、明らかに疑問を持っていた。同化政策による圧迫と祖国の喪失という経験によって移民が精神的支柱にしていた信念を覆される苦悩を、半田は重く見ていた。「シャニムニ肯定しなければならない」のは敗戦の事実だけではなく、帰国の不可能性、祖国との文化的・民族的な乖離でもある。親しい先輩の挿話は、信念を覆されるだけでなく、「敗戦」を受け入れるよう強要するという、自分自身もかつて加担した「啓蒙運動」に対する反省のようにも読める。以下の引用部分には、勝ち負け抗争を狂信集団が起こした異常な事件として片づけるのではなく、なぜそれが起きたのかという根本原因を究明したいという意思と、また移民それぞれの個人経験を理解し尊重したいという思いが表れている。

だから、これをもって、戦争の体験をもたなかった在外移民のうわずった精神だとは、どうしても考えられないのだ。これは、同化を自然なものとしてうけいれている今日の環境では、とても理解できないもので、あの時代の、敗戦という「宣告」は実に自刃を胸につきつけられたような急激にせまられるものに感じられたのであった。だから、強い反抗心となって行動にまであらわれたのは、やむをえないことであった。表面は、日本人にあるまじき敗戦の徒に対する怒り、にくしみではあったが、その底にあるものは、自分たちの未来の希望をうばう同化への抵抗であった。(37)

戦前の移民は同化政策に苦しめられたが、それは祖国とのつながりを強く主張する「在留民」としての意識を有していたからこその苦難だったのであり、子弟への日本語教育にかけた信念は相当なものだった。しかし、それは必然的に、戦後の移民だけでなく、子孫にもわかってもらえない苦悩なのだと、半田は指摘している。「家の外では連合国の勝利をみとめ、ブラジル人として何の不自由もなく生活する。そして家に帰ると、親父たちをまるで病人のようにあつかう」子孫との対立について述べている。

民族発展というコトバも、戦前の書架におきわすれられ、今ではすっかりホコリをかぶっているが、なおかつ「日系人」はドットール〔医師：引用者注〕となり、デプタード〔議員：引用者注〕となってカーロ・ルッショ〔高級車：引用者注〕をのりまわしている。なにも案ずることはなかったのだ。歴史はすべて解決したのだ。(38)

日系人の社会的上昇と経済的成功があたかも戦争が残した傷跡を忘れさせるかのように、戦争、特に勝ち負け抗争を語ることはタブーになっていく。戦後史の言説が定説になるにつれ、戦前の移民の精神を支えていた「民族発展」といった言葉も忘れられ、取り上げられることもなくなり、移民個人の経験は大きな歴史の流れに飲み込まれ消えてしまうことを、半田は嘆く。

けれども、コロニアの歴史を静かにふりかえってみると、私は、人々の心の中で、すでに省略されてしまったあと悲劇的なジグザグを、もう一遍ふりかえって考えてみたい気がする。コロニアに対するわれわれの愛情は、あのときの社会心理的な傾向を、どのような気持でうけとるかによって、その深さ、浅さがきまるのではなかろうか(39)。

経験の伝承が模索されるなか、戦争の記憶を引きずる移民の心理と個人の経験を顧みるべきではないかと半田は提案する。また、自分もその叙述に関わった移民史を再考しなくてはならないと主張する。

なお、半田のこの文章が文学誌に掲載された意義は大きい。文学は、正史から排除された個人の経験を吐露できる媒体だからである。歴史が解決していない複雑な問題性が語られていて、移民による文学作品は、移民が残した日記などの個人史資料とともに活用すべき歴史史料なのである。

2 移民短歌と戦争への想い

移民史を詠む『コロニア万葉集』

ブラジル日本移民は活発な文芸活動をおこなったが、特に俳句と短歌を創作する人の数は非常に多く、個人集や記念集を含めて多くの句集や歌集が刊行された。過酷な状況下で歌を詠み続けた移民たちの活動は驚きに値する。その理由の一つとして、短詩は小説よりも書きやすく、そのときの心情や心境を短い言葉で表現しやすかったからかもしれない。新聞の投稿欄や文学誌に載った作品も多いが、日記や手帳の端に書き留められ、公表されることがなかった作品も数多く存在したと思われる。移民にとって俳句や短歌は、祖国の文化に親しみ、母国語で自己表現をするという意味で、精神的な支えになったと思われる。(40)

戦後の日系社会がその絶頂を迎えるときに編まれた一九八一年の『コロニア万葉集』（コロニア万葉集刊行委員会編、コロニア万葉集刊行委員会）は、移民短歌の集大成の試みである。『移民七十年史』をはじめ、ブラジル日本移民七十周年を祝い多くの記念書籍がこの当時刊行されたが、短歌からみた移民史というコンセプトで編まれたこの本について、「あとがき」はこう記している。

> 一九七八年六月、ブラジル日本移民七〇周年記念祝典が行われる前後から、古来日本人が喜怒哀楽の表現手段として最も親しんでいる短歌を通じ、日本移民が今日まで各自の移民生活をどのように感受し、表現したかを辿る「コロニア万葉集」といったものを刊行するのは有意義なことではないか、という意見がコロニアの有志や短歌関係者の間で出始めた。(41)

図4　ブラジル日本移民短歌の歌集『コロニア万葉集』（コロニア万葉集刊行委員会編、コロニア万葉集刊行委員会、1981年）の表紙。コーヒー農園をモチーフに描かれた農村風景（田中慎二作）はコーヒー農園で働く契約移民に始まる移民史を象徴している
（出典：「The Nanbanjin Nikki」〔https://namakajiri.net/nikki/the-colonia-manyoshu/〕［2018年10月4日アクセス］）

この歌集は、千五百九十九人（戦前三百十一人／戦後千二百八十八人。以下、同順で記す）が応募した一万五千六十二首（千六百首／一万三千四百六十二首）から、千三百七十八人（二百六十九人／千百九十八人）の六千六百三十四首（九百九十一首／五千六百四十三首）を選出し掲載している。選者は、日系社会の短歌界に関わっていた七人（酒

井繁一、武本由夫、井本惇、米沢幹夫、陣内しのぶ、小笠原富枝、弘中千賀子）で、委員長は徳尾恒寿である。なお、「解題」には、「生存者から自選二〇首を応募させ、故人及び生存者（略）で作品応募のないものは、戦前戦後それぞれ二〇首を限度として担当委員が資料から抽出（予選）、抽出された作品は七名を以て構成する選考委員会で選考し、三点歌以上（委員三名以上が掲載を可とした作品を採録する）[42]」と記していて、自作の短歌を応募した人がかなりあったことがわかる。また、第一次選考は時期と資料（作品の発表の時期と収録された媒体）を基準に一人の担当委員がおこない、掲載作の決定は全委員による最終選考を経ているのがわかる。

構成は、「戦前」と「戦後」に分かれ、前半は一九四五年まで、後半は七八年までの作品を所収している。「解題」と「編纂方針」は二部構成の理由の説明として、「戦前の作品により多く移民の生活様式、生活感情が、より直接的な表現をとって詠まれている」が、「戦前の作品は戦後のそれと比較して表現水準（素材の把え方、詠出の技巧）が概ね低かったことを考えると、移民の姿を歴史的にたどることの出来る多くの作品がこぼれ落ちてしまうことになるのではないか[43]」と判断したからだとしている。戦争に関しては、戦後の正史に沿った位置づけをしていて、「一九四五年八月の大戦終結を境として、移民の、生活意識及び養国ブラジル、祖国日本を含めての世界観に一つの変革ももたらされた、という認識からも、戦前戦後の二つに分けての編纂が妥当と考えられる[44]」と締め括っている。

『コロニア万葉集』は、明らかに一つの歴史を語るために編纂された。その歴史とは、一九〇八年に始まり、七八年の移住祭で絶頂を迎えると同時に、緩やかに退潮期に入りつつあった日本移民第一世が中心の歴史である。移民によって産出された短歌作品を後世に残すための記録としてのその役割は看過できず、ナラティブとしてすでに確立していた日系社会史へのある程度の迎合と妥協も見逃せない。しかし、移民史を複眼的に見直すとき、この資料の価値は決して低くない。何よりも、千三百人以上の人々の短歌を収めていることの意義は大きい。その なかには、いわゆる知識人も含まれるが、趣味で短歌を詠んでいた一般の人々の作品も多い。知識層が主な書き手である歴史書はもちろんのこと、同じ文学でもより多くの時間と労力を必要とする小説には、この多様性は見られない。

掲載された短歌のテーマは、ブラジル移住の意義、生活様式、郷愁、祖国との関係、子どもの教育と世代間の確執、家族との死別、老いなど、多岐にわたる。ブラジルで主流だったホトトギス派の花鳥諷詠と客観写生を基本とする俳句が日常生活の一コマを活写していたのに対し、俳句よりも字数が多い短歌は特に移民の心境を表現するのに適していたといえる。移民短歌からは、正史から見えない、一般的な移民の生の感情を読み取ることができ、それは日系社会の歴史を読み直すために有意義である。

引きずられる想い

ここからは、『コロニア万葉集』に収録された作品をいくつか取り上げ、戦争に対する想いがどのように詠まれたかを分析してみる。そのために、一九三〇年代前半の作品までさかのぼりたい。

ヴァルガス政権の「新国家体制」の樹立とともに移民に対する弾圧が強まったことは前述したとおりだが、一九三四年七月に発令された外国移民二分制限法（通称“Lei de Cotas”、「一九三四年憲法」の第百二十一条補項第六。一九三七年十一月十日発行の「新憲法」の第百五十一条にも盛り込まれた）がその第一歩だったといえる。この法令は年間の移民受け入れ数に制限を設けたもので、直近五十年間に入国した移民総数の二パーセントにあたる数しか入国を認めないことを定めた。日本政府は渡航費を支給していたので当時日本移民は毎年一万人以上ブラジルに入国していたが、この法令の発布によってその人数が二千人強に激減した。

排日的法令は日に次ぎ布かれつつ吾をこの国になじましめざり（秋永三郎、一九三九年）

統制のきびしき祖国偲びつつ青空の下に安らけくおり（葛西妙子、一九四〇年）

この国のナショナリズムは第一世日本人を目指せる如し（茉花、一九四一年）

日本移民の入国の制限を目的とした法だったことは移民にもはっきり伝わり、茉花の歌がその気持ちを詠んでいる。結果的に、一九四一年の移民流入の途絶までこの法が適用され、戦前の移民の最盛期に終止符が打たれた。

日本移民に対する制限はさらに続き、外国語新聞雑誌発行取締規制（一九三七年七月）、十四歳未満者への外国語教授禁止法（一九三七年十一月）、さらに全日語学校の閉鎖（一九三八年十二月）へと展開していく。子弟教育に熱心な移民にとって、日本語教育に対する取り締まりは特に強い打撃であり、池田重二の「移り来しわが同胞の誰もかれも子の教育に思い煩う」（一九三九年）といった、日本語教育に対する悩みを詠んだ歌が見られる。

一九四一年二月には、外国人登録をしない者は一切の商行為を禁じられる（「外国人登録の要迫りつつ村人ら皆写真屋に集う」〔笹舟、一九四一年〕）。四〇年七月には日本語新聞が停刊され、移民の主な情報源が絶たれる。四二年一月にサンパウロ州政府は、枢軸国の移民を敵性国民と見なし、取り締まり令（通行許可書導入、公衆の場で自国語の使用禁止、自国語で記されたものの頒布禁止、予告なしの転居禁止）を公布する。警察による移民弾圧を詠んだ句として、酒井繁一の「「吹雪」と言う馬に乗りたしと憎々しく署長は我を訊しつついう」（一九三八―四二年）がある。「吹雪」とは昭和天皇の白馬の名前である。

同じ年に二度にわたって、サンパウロ市の中心街近くにあった日本人街立ち退き令が発令される（第一次：一九四二年二月、第二次：同年九月）。一九四二年一月にはブラジルと日本が国交を断絶し、在外公館が閉鎖される（「官憲の家宅捜査を受けし夜は移住の意義を想いてい寝ず――日伯国交断絶――」〔金村隆一、一九四二年〕）。四二年二月に敵性国民の資産凍結令が発令される。半田知雄によると、この時点から南洋アジアの帝国占領地への再移住論が盛んになったという(45)。

日系社会の戦後史の言説から見れば、敗戦の事実さえが容認されれば戦後日本と乖離したものとしてのブラジル日系社会＝コロニアが自立した（独立した）共同体として浮かび上がる。しかし、敗戦の事実を容認する難しさ、または祖国に対する複雑な感情を『コロニア万葉集』が以下のように詠んでいる。

隠れ聞き居しラジオに終戦玉音の放送も確かに捉えて惑う（小原睦子、年代不詳）
今暫く待てば船も来るならんと想いて既に四年を経たり（川合芳水、一九四九年）

小原の句は、敗戦の報に戸惑っているさまを詠んでいて、敗戦を受け入れることがいかに容易ではなかったかがテーマになっている。小原睦子の歌は、敵性国民として所有が禁止されていた「ラジオ」を「隠れ聞き」したところ、「終戦玉音の放送」を詠んでいる。負け組から回ってくる文章を否定できても、自分の耳で聞いた放送はなかなか否定できない。心がそれを拒もうとしても、放送が「確かに捉え」ているからこそ「惑う」。祖国が負けていないという信念（願望）と、ラジオから流れる現実に作者は板挟みになっている。作者にできることは、信じがたい「敗戦」の事実を受け入れるか、「放送」を偽物、つまりデマとして片づけるか、どちらかしかない。

川合芳水の歌は、天皇の慰安使節団が乗っている艦船がいくら待っても迎えにこないことを嘆いている。四年ということは、一九四九年だが、作者はまだ船を待っているのだろうか。それとも自分はかつて船がくると信じていたと詠んでいるのか。いずれにせよ、「敗戦」の事実を踏まえているとしても、それを簡単に容認できない。信じたくない祖国の敗北は移民が引きずらざるをえない重荷と化していく。

移民の心境を短歌をもとに論じた清谷益次は、自身もアジア・太平洋戦争を詠んでいる歌を数多く残している。それらの作品を読むと、清谷がアジアの戦況を強く意識していたことがわかる。それでも、負け組として祖国の敗戦をいち早く認めた清谷は一九四五年に以下の作品を詠んでいる。

祖国敗るる日の朝の街に我は聞く物売り歩く同胞の声
事もなく日本の勝利を言い捨ててかえりみぬ人を今は寧ろ憎む

右の作品は、「敗戦」が動かぬ事実となったにもかかわらず、「物売り歩く同胞」を詠んでいる。この「同胞」

とは、祖国の「敗戦」に無関心なわけではなく、おそらくそれを信じていないのだろう。右の作品と補完関係にある次の歌では、作者が「敗戦」という痛ましい事実を「事もなく」容認しようとしない人を「寧ろ憎む」と詠んでいる。勝ち組と負け組という派閥が存在する前に詠まれたこれらの作品で清谷が同胞に対して感じる憎しみは、作者と同胞の心情がくい違っているからではなく、むしろ似ているからこそ湧き上がるのだろう。おそらく作者も、同胞と同じく事もなく日常生活を送り、祖国の戦勝を素直に信じたいが、「真実」を受け入れているからこそそれができない。負け組になる作者と、勝ち組になる同胞は、根底では共通の感情で結ばれているのである。

負け組と勝ち組が明確に分かれる前に、移民の誰もが受け入れがたかった敗戦があった。テロ事件よりも、敗戦がどのように容認されたかが、両者を分かつことになったといえる。負け組による「啓蒙活動」も、勝ち組から見れば、ある種の暴力だったといえる。一九五五年、水原のりとしは終戦十周年を迎えてもまだ残るその亀裂を嘆いている。

「ハイセン」と我に毒づく近所の子日系なれども日語を知らず

水原の歌は、勝ち負け抗争がもたらした亀裂が、癒えるどころか世代を超えて受け継がれていく事態を嘆いている。近所の子どもは日系でも日本語がわからないということは同化教育を受けた二世だと考えられるが、「日語」で「ハイセン」と作者に罵声を浴びせている。「ハイセン」とは負け組に対して使われた蔑称だが、この歌は勝ち組の家の二世が親譲りの憎悪を請け負って負け組を罵倒する場面のほかに、勝ち組の「我」が負け組の家の子どもに「敗戦」の痛ましい事実を突き付ける光景としても解釈できる。

半田が指摘したとおり、「敗戦」は移民に帰国はもうありえないという現実を突き付けただけではなく、戦時中に敵性国民とされ異国で孤立していた自身をかろうじて支えていた精神的支柱をことごとく奪ったのである。

この感情は正史に汲み取られず、移民個々人の胸に長く封印されることになるが、短歌にはそれが記録されている。正史の言説なら数行で片付けられるその複雑性は、文学作品だからこそ表現されているのではないか。

酔いしれて呂律あやしき人々の祖国は勝てりと言挙げするも（浅田清、一九四八年）

皇太子の声に泪ぐむ隣人に双眼鏡貸せば手が震えている（稲垣文雄、一九七八年）

一九七八年の皇太子夫妻の訪伯は、移住七十周年祝典の最大のイベントであり、八十万人の日系人が夫妻の姿を見ようとサッカースタジアムを満杯にしたことがよく知られている。稲垣の歌では、誰の手が震えているか確かではないが、作者の手ならば、双眼鏡を隣人に渡すときに初めて気づく手の震えは、皇族に代表される祖国とのつながり、戦前移民としての気持ちが、払拭されることなく、潜在意識として自己の内に宿っていたことを暗示している。また、浅田の歌は、理性が崩れかかる酩酊状態だからこそ内面に封じられた感情が湧き出る情景を記録している。

移民史の暗さを曳きて皺深き翁露天に野菜商う（青柳房治、一九七八年）

青柳の作品は一九七八年というまさにブラジル日本移民七十周年の年に詠んだもので、移民世代がその歴史を総括する節目にあって、日系社会の歴史からは見えない移民史の「暗さ」を引きずる翁、すなわち戦前の移民の姿を描いている。露店（野菜や魚などの青空市場で feira と呼ばれる）での野菜販売は都会の日本移民の代表的な職業であると同時に、正史が掲げる日本移民のブラジル農業への貢献という言説を風刺しているようにも読めるところに妙味がある。

以上、『コロニア万葉集』のなかのいくつかの句に基づいて、戦争と戦後に対する移民の複雑な感情を取り上げた。この短歌集が、移民七十周年の際に刊行されたことは意義深い。戦後の日系社会の歴史が捨象した移民史の闇や単純化された「ジグザグ」を短歌という媒体が小さな抵抗として記録し続けたことが、ここから見て取れる。

おわりに

日系社会の歴史は徐々に再検討され始めているが、現状では未決のまま残されている課題があまりにも多い。青柳房治の歌が「移民史の暗さ」と呼び、半田知雄が照らされるべきだと訴えている歴史の「ジグザグ」は、正史の言説が看過してきた戦争に対する個々の思いにほかならない。それを汲み取ることなしには、ブラジル日系社会の戦後も終わらない。勝ち負け抗争に直接に関わった人々の高齢化と死亡に伴い、関係者から直接話を聞くことはますます難しくなっている。だからこそ、移民が残した個人資料や移民がその想いを率直に表した文学の重要性がある。『コロニア万葉集』のような史料から、日系社会の戦後を読み直すことができるかもしれない。それは、単に正史の「言説」が何を捨像したかを暴露するためではなく、その言説を生んだ環境を理解し、戦争によって苦しめられた人々の経験に迫るための方法でもある。

注

（1）アジア戦線の状況は、①私的書簡（ただし郵便物の配達が途絶えるまでに限る。一九四一年十二月に日本からの最後の郵便物がサンパウロに届いている）、②日本語新聞（一九四〇年の廃刊まで）、③短波ラジオから受信できた日本の放送（一九三八年からブラジル向けのラジオ放送が開始されるが、敗戦間際まで移民は短波ラジオで大本営発表を傍聴していた)、④新移民(ただし一九四一年に移民流入は完全に途絶えた)、⑤ポルトガル語の新聞、といった情報源から伝わった。なお、ポルトガル語の新聞が読めた移民は少数だった。アジア・太平洋戦争に対する関心の高さを象徴するものとして、コロニア万葉集刊行委員会編『コロニア万葉集』(コロニア万葉集刊行委員会、一九八一年)には以下の作品が収録されている。

心なく戦況記事を読み過ごしし弟はすでに出征し居りしなり(開沼貴代、一九三八年)

戦死者は皆吾が友と便りありこの日なくコーヒーもげり(いこまなみを、一九三九年)

一等車皆白人の中に独り聖戦祖国を思い涙ぬぐいおり(阿部青者、一九四〇年)

情報の絶たれデマ飛ぶ中にして祖国の力疑わずいむ(開沼貴代、一九四三年)

(2)「勝ち負け抗争」の波紋は移民社会内の人間関係に長く影響し続けた。本章では「勝ち負け抗争」「勝ち組」「負け組」という呼称を便宜上用いるが、そこにはいかなる政治的な意味合いも含めていないことを断っておきたい。ほかにも時代や立場によって異なる呼び方がある(例えば、「勝ち組」は「信念派」や「硬派」とも呼ばれ、「負け組」は「認識派」とも呼ばれる)。

(3)MORAES, Fernando de, *Corações Sujos*, Companhia das Letras, 2000. この小説は、歴史的事実を大幅に脚色しているが、それをもとに、日本人キャストを起用して、二〇一一年に同名の映画が制作されている(監督:ヴィセンテ・アモリン、二〇一二年)。

(4)本章で「正史」という用語は、主に戦後に産出された日系社会の歴史の正式なナラティヴを指している。それは、後述する負け組である移民知識人を主要な書き手として持っている日系社会の戦後の歴史である。むろん、その歴史は戦前の時期にまでさかのぼり、戦前に執筆されたものを参考にしているが、戦争の経験をその最も重要な節目として据え、その戦争の経験を通じて、またその経験を中心に日系社会の歴史の全貌を解釈している点が特徴である。本章で議論するとおり、その歴史は勝ち負け抗争の記憶と密接な関係を持って生まれた。また、我々がここで「正史」と呼んでいる歴史観は、日系社会の歴史書で長く受け継がれてきた(例えば、周年の際に刊行される歴史書などで、である)。なお、本章で言及するとおり、近年、「正史」に対する批判がなされている。

(5)敗戦の報がなぜ信じられなかったかという問題は複雑で本章では論じきれないが、いくつかの理由が挙げられる。

もともと出稼ぎ目的で渡伯した戦前の移民の帰国願望が影響したことのほかに、戦前から続くブラジルの同化政策への反発心と、戦時中の弾圧で精神が過度に内向したことなどが原因として考えられる。さらに、戦況を伝えるポルトガル語の新聞を読めない移民が多かったことや、日本語新聞の発刊禁止による情報不足も挙げられる。実際に玉音放送を聞いたという移民の証言も多く残っているが、大半の移民にとって敗戦の報が間接的に伝えられたこと、国交断絶のせいでブラジルに日本人官僚がいなかったこと（指導者層の不在）なども、敗戦のニュースがデマだと受け止められた背景にあったようだ。

（6）半田知雄編著、サンパウロ人文科学研究所編『ブラジル日本移民・日系社会史年表 改訂増補版』サンパウロ人文科学研究所、一九九六年、一〇〇―一〇一ページ

（7）同書一〇四ページ

（8）ブラジル警察による検挙と弾圧、さらにアンシェッタ島の刑務所に収監された百七十人の日本人移民受刑者を描いた映画として、奥原マリオによる二〇一二年制作の『闇の一日』（後述の注（20）を参照）がある。

（9）大宅壮一『世界の裏街道を行く――南北アメリカ篇』文藝春秋新社、一九五六年

（10）高木俊朗『狂信 ブラジル日本移民の騒乱』朝日新聞社、一九七〇年

（11）角田房子『ブラジルの日系人――新天地に生きる血と汗の記録』（潮新書）、潮出版社、一九六七年

（12）田宮虎彦『ブラジルの日本人』（朝日選書）、朝日新聞社、一九七五年、太田恒夫『「日本は降伏していない」――ブラジル日系人社会を揺るがせた十年抗争』文藝春秋、一九九五年

（13）前山隆は繰り返し勝ち負け抗争を論じているが、移民が自らブラジル社会への不適応を選択したと説く千年王国論としての考察は『移民の日本回帰運動』（ＮＨＫブックス）、日本放送出版協会、一九八二年）を参照。前山のほかに三田千代子「ブラジルに於ける戦前日本人社会の社会制度と文化目標の矛盾――勝負抗争の社会的背景」（ラテン・アメリカ政経学会編「ラテン・アメリカ論集」第十一・十二号、ラテン・アメリカ政経学会、一九七八年）、諏訪三男「勝ち組、負け組抗争を通じたブラジル日本人移民の心性の変遷について――新しい精神の形成を求めて」（「社学研論集」第十六号、早稲田大学大学院社会科学研究科、二〇一〇年）などの研究もあり、勝ち負け抗争はたびたび論じられてきた。また、この問題を論じる際の個人資料の重要性をめぐっては、長尾直洋「ブラジル日系移民研

究における楡木久一資料の重要性に関する一考察――サンパウロ人文科学研究所所蔵の新資料を踏まえて」（東洋大学人間科学総合研究所紀要編集委員会編「東洋大学人文科学総合研究所紀要」第十八号、東洋大学人間科学総合研究所、二〇一六年）を参照されたい。

（14）MIRANDA, Mário Botelho de, *Shindo Renmei*, Saraiva, 1948, FERNANDES, Alexandre, *A Verdade sobre a Shindo Renmei*, Saraiva, 1949.

（15）TAKEUCHI, Márcia Yumi, *O Perigo Amarelo: Imagens do Mito, Realidade do Preconceito (1920-1945)* Humanitas, 2008.

（16）OKUBARO, Jorge, *O Súdito – Banzai, Massateru!*, Terceiro Nome 2005.

（17）DOPS（Departamento de Ordem Política e Social「社会及び政治的秩序部」）とは、一九二四年に創設されて八三年に廃止されたいわば「ブラジル特高」のことである。DOPSは、主にヴァルガス政権の新国家体制（一九三六―四五年）と、戦後の軍事独裁政権期（一九六四―八五年）には社会・国民の監視と秩序の維持を一つの大きな役割として担っていた。後述する「勝ち負け抗争」もDOPSによって取り締まられ、九四年にDOPSの資料の一般公開がかなって以降、移民に対する規制や取り締まりをめぐる研究が飛躍的に増えた。DEZEM, Rogério, *Shindô-Renmei: Terrorismo e Repressão, Arquivo do Estado/ Imprensa Oficial*, Arquivo do Estado, 2000, DEZEM, Rogério, *O Perigo Amarelo em Tempos de Guerra (1939-1945)*, Imprensa Oficial do Estado, 2002.

（18）ここでは、比較的最近の研究成果を紹介するだけにとどめる。戦後に執筆された日系社会の歴史の言説に同調するところが大きいにもかかわらず、新しい資料を生かすことなど、評価するべき点が多い。宮尾進『臣道聯盟――移民空白時代と同胞社会の混乱　臣道聯盟事件を中心に』（ブラジル日本移民百周年記念「人文研々究叢書」第二号）、サンパウロ人文科学研究所、二〇〇三年、醍醐麻沙夫『戦後六十二年はじめて明らかになったブラジル勝ち組テロ事件の真相』サンパウロ人文科学研究所、二〇〇七年

（19）外山脩『ブラジル日系社会 百年の水流――日本外に日本人とその子孫の歴史を創った先人たちの軌跡』トッパン・プレス印刷出版（発行地・サンパウロ）、二〇〇六年。二〇一二年にサンパウロで改訂版が出ているが、筆者は未確認。

(20) 深沢正雪は新聞連載を通じて繰り返し勝ち負け抗争の記憶と歴史の問題を取り上げてきたが、それをまとめたのがニッケイ新聞社編『「勝ち組」異聞――ブラジル日系移民の戦後70年』(無明舎出版、二〇一七年)である。

(21) 奥原マリオ監督の『闇の一日』は、インターネット上で一般公開されている (https://www.youtube.com/watch?v=QDf_egB3MG4)〔二〇一七年九月二十六日アクセス〕。

(22) 「フォーリャ・ダ・ノイテ」紙 (Folha da Noite) から以下の記事を参照した。"Contam cem mil sócios a organização secreta Shindo Renmei" (1946/4/3), "400 japoneses detidos pela polícia-atividade subversiva dos fanáticos japoneses" (1946/4/9), "As filiais da Shindo-Renmei em todo o interior do estado"(1946/4/11), "Vasto programa de ação anti-brasileira das sociedades secretas nipônicas"(1946/4/12), "Permaneceram ativas as sociedades secretas de fanáticos nipônicos" (1950/8/22), "Tentou praticar o hara-kiri" (1951/10/4), 以下の連載は「フォーリャ・ダ・マニャー」紙 (Folha da Manhã) と協同:"Heranças da velha Shindo Renmei"(1955/10/19-11/30)。

(23) 日本移民80年史編纂委員会編纂『ブラジル日本移民八十年史』(移民80年祭祭典委員会、一九九一年)によると、一九四六年八月二十七日の審議会本会議で、憲法修正案第三千百五十六号が審議され、その内容は「年齢及び出身地の如何を問わず、日本移民の入国を一切禁止する」というものだった(同書一七八ページ)。最終投票数は、賛成九十九票、反対九十九票で、議長の投票で否決された。

(24) その事態を前掲『移民の日本回帰運動』は移民の自己意識(アイデンティティー)の変化を中心に、移民の移住戦略の変遷として論じている。

(25) ブラジル移民社会で日本語新聞が果たした役割と歴史に関しては、清谷益次「新聞は移民にとっての何であったか」(「人文研」第二号、サンパウロ人文科学研究所、一九九八年)と同「新聞は移民にとっての何であったか(二)」(「人文研」第三号、サンパウロ人文科学研究所、一九九九年)、深沢正雪「日系メディア史」(ブラジル日本移民百周年記念協会/日本語版ブラジル日本移民百年史編纂・刊行委員会編『生活と文化編1』〔「ブラジル日本移民百年史」第三巻〕所収、風響社、二〇一〇年)が詳しい。

(26) 両書とも「パウリスタ新聞」の付録として読者に無料配布されたもので、非売品だった。パウリスタ新聞社編『コロニア戦後十年史――一九四七―五六年』(パウリスタ新聞社)は一九五六年に刊行されたが、その「あとがき」によると「本紙創刊十周年記念行事の中でも一番意義がある大きな仕事」とあり、「恐らく戦後テロ事件について最も詳細かつ正確なもので、悪夢に似たその全貌をあまねく示したコロニアではちょっと類のない資料」で、「コロニアの各人が自己反省の具として一読されることを望む」と述べている。パウリスタ新聞社編『コロニア五十年の歩み』（パウリスタ新聞社）は一九五八年に刊行され、その「あとがき」は、紙数の関係で「一昨年の「コロニア戦後十年」に盛られた部分を割愛した」とあるので、前者の姉妹篇とみてもいいだろう。

(27) 同書
(28) 同書
(29) 同書
(30) 同書
(31) 細川周平は、『コロニア五十年の歩み』の序文を詳細に分析していて、本章のコロニアをめぐる考察は細川の見解に依拠している。細川周平『遠きにありてつくるもの――日系ブラジル人の思い・ことば・芸能』みすず書房、二〇〇八年、一一―一七ページ
(32) 同書
(33) 前掲『コロニア五十年の歩み』
(34) 半田知雄「省略されたジグザグ」、コロニア文学会委員会編「コロニア文学」第二号、コロニア文学会、一九六六年
(35) 同論文
(36) 同論文
(37) 同論文
(38) 同論文
(39) 同論文
(40) 移民文学のなかでも、とりわけ短詩型である俳句と短歌は、近年注目を浴びている。ブラジル日本移民が詠んだ短歌をめぐる先行研究として、日本では、小塩卓哉『海越えてなお――移住者たちが短歌に綴った二十世紀』（本阿弥

書店、二〇〇一年)、細川周平『日本語の長い旅〈評論〉』(『日系ブラジル移民文学』第二巻)、みすず書房、二〇一三年)、松岡秀明「窓としての短歌――ブラジルから日本へ短歌をおくることについて」(細川周平編著『日系文化を編み直す――歴史・文芸・接触』所収、ミネルヴァ書房、二〇一七年)が挙げられる。また、ブラジルでは、清谷益次『遠い日々のこと』(清谷益次、一九八五年)、清谷益次/栢野桂山『ブラジル日系コロニア文芸』上(「ブラジル日本移民百周年記念「人文研々究叢書」第四号」、サンパウロ人文科学研究所、二〇〇六年)などが挙げられる。勝ち負け抗争と文学表現については、児島豊「「勝ち組」雑誌にみるブラジル日系俳句――日本力行会資料調査から」(リテラシー史研究会編「リテラシー史研究」第三号、リテラシー史研究会、二〇一〇年)がある。なお、紙幅が足りないため、散文、特に移民小説と勝ち負け抗争の表象については別の機会に論じたい。

(41)前掲『コロニア万葉集』

(42)同書

(43)同書

(44)同書

(45)前掲『ブラジル日本移民・日系社会史年表 改訂増補版』九七ページ。このことを描写した酒井繁一の歌「永住の説もいつしか影ひそめ南洋移住の説も生まるる」(一九三八―四二年)が『コロニア万葉集』に収録されている。

第3部

「戦後」と「日本」のはざま

第7章

ミシンと「復興」

――戦後沖縄の女性たちの生活圏

謝花直美

はじめに

二〇一五年、沖縄労働局は、内職賃金の最低工賃で唯一残った縫製業にかりゆしウェアを新設する一方で、従事者が減った婦人服品目を統合した。縫製業はアメリカ軍占領下で誕生し、一九四五年九月には「工場はなく、製造は家庭内に集中」[1]していたが、主に米輸出品と島内向け製品を生産し、[2]二十五年後の七〇年には、百四十事業所で二万六千七百十二人が勤務する産業に成長していた。[3]七二年、施政権返還を機に大規模小売店が進出してきたせいで生産は落ち込むが、九九年、沖縄県が後押しして沖縄県衣類縫製品工業組合を結成させたことで息を吹き返す。以上が戦後の沖縄縫製業の経済史的側面だが、ここからはミシンとともにいた女性の姿は見えない。本章は「ミシン業」という領域から、女性たちの労働や移動、学び、生産、市場形成を考察する。そこに張り付く戦争と占領による暴力、ジェンダー的な傷によって生存の幅を狭められた女性たちがどう生き延びようとしたかを、「復興」として描きたい。

縫製業は女性史や労働史で頻繁に取り上げられてきた。『なは・女のあしあと』は、那覇市復興の象徴として、女性たちが手作りの衣類を売りさばいたことで形成されていった新天地市場を取り上げて、女性たちは商売上のライバルとして互いに競い合いながらも「同志的連帯感」を築いていったと指摘している。[4]『沖縄県史　各論編第8巻　女性史』は、新天地市場と洋裁講習所のおかげで女性にとって経済活動としての縫製業が可能になった[5]とし、『沖縄県労働史』第一巻でも、新天地市場での縫製製品の販売が、女性の零細商業として盛んになった当時の状況を取り上げている。[6]洋裁講習所に関しては、首里文化洋裁講習所の徳村光子資料から、講習所運営や行政的取り組みを知ることができる。[7]だが、いずれも経済活動の側面から女性の労働を扱っているだけで、女性の生きた場や生存の努力といった側面は見えてこない。石井宏典は、新天地市場で多数派だった旧本部町備瀬出身者のライフストーリーから、アメリカ軍に土地を奪われた人々が那覇に出たあとに故郷とのつながりをどのように保ったかを考察したが、本部町以外の出身の人々に関する同様の研究はいまのところまだない。[8] そこで、公的記録からはほとんど知ることができない女性たちの「復興」の姿を知るために、本章では女性たちへの聞き取りを史料として用いる。こうした女性たちの歴史は、縫製業の歴史からもアメリカ軍基地への抵抗運動の歴史からもこぼれ落ちている。本章はそれを「復興」史という枠組みで、女性たちの生活圏の視点から捉え直す試みである。

1 HBT（アメリカ軍戦闘服）を着た知事——女子労働によるミシン業の出発

サルベージから製造へ

一九四五年八月に沖縄住民の行政機構沖縄諮詢会が発足するが、[9] 当時の写真のなかの委員はヘリンボーンツイル（HBT）地のアメリカ軍服を身に着けている（写真1）。戦後、住民はその服をHBTと呼んで着用した。写真は、住民の衣食住がすべてアメリカ軍政府の配給に頼ったことを象徴する。これがのちにミシン業が生まれる素地になった。

占領初期の衣類配給は、焦土から回収した物資によった。アメリカ軍政府活動月報によると一九四五年七月にこの計画は軌道に乗り、ズボン八千七百五十枚、シャツ千百六十七枚などを回収した。作戦終了が近づいた八月は回収量が減ったため、陸軍の余剰品を支給し、シャツやズボン、ジャケットに、「CIV（民間人）」の文字を入れて着用させた。[10] 九月、沖縄本島北部の収容地区の住民増で需要が増え、石川に軍中央集積所を設置して諮詢会が運営した。アメリカ軍は女性用衣料の確保ができず、軍服で「戦前のパジャマの様な戦時の服」を作ることを検討したが、結局約六万九千人分の女性用衣類を調達してほしいとアメリカ赤十字社に要請した。[11] 十月、回収作業が成果を挙げたので八万五千枚を配給することができ、十一月には冬用に八十五万枚を配った。しかし一九四六年に入ると、部隊の帰国が始まって回収量は減少した。九月にハワイの沖縄移民から送られた女性と子ども用の衣類約六十トンが届き、ＧＩスタイル一辺倒の状況は改善された[12]（写真2）。

写真1　1945年8月、軍服で写真に収まる沖縄諮詢会委員（沖縄県公文書館所蔵）

一九四六年末までに衣類三十九万四千二十二枚、布地四百七十万五千五百六十二ヤードが輸入され、布地はシーツ、メルトン、モスリン、ガーゼ、蚊帳生地などをはじめ生活用品に加工できるものばかりだったが、ミシンが不足していた。戦後、沖縄にあったミシンは、戦火を避けて隠されていた個人用ミシンや日本軍の備品だった[13]。四五年十月の「ウルマ新報」の記事によれば、収容地区で共有財産のようにして使われているミシン、馬や荷馬車、船を所有者が故郷へ持ち帰るには地区隊長の許可を必要とした[14]。四九年頃になるとキリスト教関係の団体や移民が組織したララ救済会（Licensed Agency for Relief in Asia：通称ララ）による「戦争未亡人」の救援物資や、ハワイや南米の沖縄県出身移民の故郷親族への慰問物資として、ミシンが届き始めた[15]。この頃、商品としてのミシンは、日本本土から奄美を経由するルートで入ってくる「密貿易」のものだった[16]。四九年末、琉球貿易庁は輸入計画案として、民需品二百万ドル（七億二千万円）の輸入枠四パ

写真2　郵便作業隊が、ハワイや北米・南米の県人会から届いた大量の救援物資の仕分けと配達を担当した。戦後不足した衣類や布など、ミシンが届けられた（那覇市歴史博物館蔵）

ーセントにあたる八万ドルを「自転車及ミシン」にあてると発表し、翌年三月、市町村の特設売店で販売するためのミシン百台が到着した。五〇年五月以降になると、ミシン店の商品入荷案内広告が新聞に頻繁に掲載されるようになり、お金さえあればミシンが自由に手に入る時代が到来した。[17] 沖縄戦の前には沖縄には三千五百台のミシンしかないといわれたが、五二年には約一万台あると「沖縄タイムス」が報じた[18]ように、輸入統計はすさまじい勢いでミシンが輸入されたことを示している。五三年の輸入為替決済額は七万七千四百五十四ドルだったが、十年後の六三年には単年度最高額の六十五万三百六十八ドル（一万二千百四十一セット）のミシンが輸入されたのである。[19] こうしたミシン業の勃興を支えていたのが女性たちだった。

衣料生産と更生

一九四六年、衣料生産の動きが活発になり、沖縄島北部に行政によって作業所やミシン部が設置された。大宜味村《おおぎみそん》は三月にミシン部を設置し、三十人の縫い子が、軍支給の布地や袋布で、二千三百人の学童の服やシャツを縫製する計画を立てた。国頭村《くにがみそん》でも三月に、那覇市の洋裁店主だった女性が女子青年団六十人に裁断やミシンを教えている。

八月には同村桃原《とうばる》にミシン二十五台を備え、五十人が働くミシン共同作業所が開設された。村役場は大量の軍服を住民に無償で配布したが、寸法を直すための技術が必要になった。縫い子を育てるためにミシン講習所も設置され、第一期生七十人が三カ月間に週三回、洋裁や英語、公衆衛生などを学んだ[20]。

屋内のミシン仕事は、女性たちにとって安心な仕事と思われた。配給を得るには働く必要があったが、女性が軍作業へ出るのはアメリカ兵の性暴力の対象になる懸念があった。羽地村立洋裁学校の教師で「戦争未亡人」でもあった伊波圭子は、「たくさんの戦争未亡人がいて、女子青年も多いのだが、働く場所がない。軍作業に行くと強姦されたりすることがあって危険だし、何か収入の道につながる、自立できる技術を身につけさせようというのがねらいだった[21]」と学校設立の動機を記している。

衣類配給は一九四七年になって、アメリカキリスト教団体によるアジア救済会の物資が届くようになると改善した。この衣類支給の四九年までの総計は約二百トン、金額にして四十三万ドルに及んだ[22]。衣類は洗濯され男女別に仕分けされていたが「程のよいもの、悪いもの、或いは大きなもの、小さなもの[23]」など様々だった。こうした衣類を沖縄の人々が着るには、体に合わせた寸法直しや仕立て直しが必要だった。村が主催するものから個人が開くものまで様々な洋裁講習所ができた。四六年、収容地区だった国頭村、大宜味村、羽地村《はねぢそん》で開設が始まり、人々の帰還とともに四七年には沖縄島中南部を含めて、十八カ所が誕生した[24]。

女性が開いた講習所は、技術習得によって女性たちに「復興」の希望をもたせようという思いが込められていた。旧名護町出身の大城純子は東京文化服装学院で学び、洋裁学校を開くために一九四四年に帰郷したものの、戦時下だったためかなわず、日本軍の縫工部長に採用された。旧摩文仁村《まぶにそん》で捕虜になったが、旧名護町に帰還してからは、テント小屋にミシン二台を置いただけのものながら名護洋裁講習所を開いた。焼け野からの出発だったが、希望者が殺到して三部制にしなければならないほどだった。旧与那城町《よなしろちょう》出身の大庭由紀子は「女性に夢と技を」という目標を抱き[25]、四八年に旧具志川村の金武湾《きんわん》に文化服装塾を開設し、洋装を知らない少女たちに衣食住全般の初歩から教えた。アメリカ軍は沖縄再建のため、社会教育として人々に技術を身に付けさせようとしていたので、沖縄民政府は四七年、「洋裁講習所規定」を設けて講習所を認可制にした。(26) 各地の洋裁講習所は産業育成と社会教育という役割を担ったのである。

首里文化洋裁講習所の所長・徳村光子は、首里市役所の制服や女性議員の衣類を仕立てた。(27) 羽地村立洋裁学校も、ララ物資やアメリカ軍払い下げ物資を材料に衣類を作って、販売した。(28) 一九四八年に嘉数津子が開講した真和志《まわし》洋裁学校は仕立部も併設していて、嘉数と修了生が「クロンボ」と呼んだ払い下げの軍服や落下傘を材料に、デザインを工夫して洋服や帽子、カバンを作成したところ、那覇の市場で人気を集めて、飛ぶように売れたという。(29) 沖縄民政府文化部は講習所に対して被服注文の可否を調べているが、(30) このことからもわかるように、市場の既製品が十分ではなかったので、講習所は衣類を生産する役割も担ったのである。

戦争と占領の傷

洋裁講習所で学んだのは、戦争に人生を翻弄された女性たちだった。首里文化洋裁講習所の徳村光子は、一九四七年第一期から四九年第九期の修了者三百八十五人の学歴を記録している。内訳は初等学校卒二百三十六人、中学校卒六十人、高校卒十人、戦前の高等女学校・女学校卒七十九人だった。戦前の尋常小学校と国民学校、初等学校をまとめた初等教育卒が六割を占め、各期とも年齢は三十代から四十代だった。(31) 講習所は、戦後の混乱で教育制度が変更された狭間の世代の少女や「戦争未亡人」ら幅広い層にとっての学びの場だったのである。

一九四六年、仲間トミは十六歳で羽地村立洋裁学校一期生になった。「自分の一つ下は中学に入学した」と述べているように、まさに狭間の世代である。国民学校高等科で学ぶはずの時期が沖縄戦で、学びの機会を奪われた感覚を抱いていた。一期生四十人は仲間以外は二十代以上で、仲間が最年少だった。「ミシンを使うのは初めて。数台のミシンを一人の使用時間を決めて交替で使った。三カ月でブラウス一枚を完成させた」という。初歩的な洋裁技術では仕事に就けなかった。「農村に埋もれたままではいけない」と、二十歳のときに石川市の洋裁店に就職した。背を押したのは、学ぶことができたという経験だったという。(32)

首里文化洋裁講習所で学んだ仲本和子は、裕福な農家で育ったが沖縄戦で両親を失って戦争孤児になった。家計を支えるため中学卒業後の一九五〇年、住み込みの仕事をしながら洋裁講習所で学んだ。卒業後は那覇市の仕立屋で、さらに通勤費と食費を浮かせるためアメリカ軍牧港ハウジングエリアのアメリカ軍人家庭で住み込みで働いた。「奥さん」は、仲本がミシンを使えると知ると、子ども服やパーティードレスを縫わせた。「奥さんたちは、サンドイッチやポテトサラダを持ち寄り、昼間にティーパーティーを開いていた。家事をしない」と、当時のアメリカ軍人の妻の生活について述べている。軍人家庭は地元民をガーデンボーイやメイド、ガードとして雇った。占領されて恨む人もいたが、仲本はミシンを存分に使える環境を生かしていたようである。「仕事だのに」と家事室で深夜までミシンに没頭し、絹やポプリンで「奥さん」の服を縫った。熱心な働きぶりに、転勤先ドイツに同伴するよう誘われたが、断り、別のアメリカ人家庭でメイドを続け、高校定時制過程が始まると一期生として入学して、果たせなかった進学の夢をかなえた。[33]

ミシンは賃金を得るだけにとどまらず、女性たちが主体的に生きるのを助ける機械でもあった。仲本は「奥さん」に反抗したことがあった。選挙の話になったとき、「奥さん」が人民党の瀬長亀次郎には投票しないようにと諭したが、仲本は「投票します」と即答した。従順なメイドの予想しない答えに、「奥さん」は「変な表情を浮かべたという。「生活のために働くけど、気持ちまではとられないさね」と仲本は述べている。アメリカ軍牧港ハウジングエリアは農村を強制接収した跡地で、広大な芝庭付きの瀟洒な一軒家が散在していた。「奥さん」の電動ミシンは、占領地で優雅な生活を送るための家庭用品だった。それまで足踏み式しか使ったことがなかった仲本は、アメリカの豊かさの象徴でもある電動ミシンを自在に使い、「奥さん」の望みどおりのドレスを作り上げた。意識していなくても、このとき占領／非占領の関係性は一時的に転倒していた。美しいドレスを創造できるという手応えを通して、仲本は主体的な生を実感していた。「奥さん」のドレスには、順応を拒む仲本の主体性が縫い込まれていたのである。

2 青空市場の既製服——女性たちの新天地市場形成

湿地の露天市

一九五〇年、人々の衣類は相変わらず不足していた。『沖縄大観』によれば、「配給衣料は漸次消耗。被服廉価販売は停止。日用品充足で価格高騰、地元に衣類生産みるべきものない」という状況だった。課題は安価な衣類が出回らないことだった。四七年頃、那覇市の「ガーブ川氾濫原」と呼ばれた湿地で商いを始めた人々がいた。製粉業を始めた男性は、湿地に荷馬車で土を運んで自力で土地を造成したという。[35] 先にできた露店「うぃまち（上町）」に対して、条件が悪い「しちゃまち（下町）」で、「戦争未亡人」たちがニワトリや食用のウサギ、農作物、簡単服を箱や風呂敷に広げて売るという、簡易な市場が開かれるようになった。[36] 四八年四月、那覇市がうぃまちを整理して二つの公設市場を設立すると、露店の商売人がしちゃまちへ移ってきた。[37]

一九五二年になると「既製品屋」という呼称が新聞記事に登場する。開店前の商店の軒先で、子どもを背負った女性たちが、風呂敷にパンツやブラウス、ワンピース、子ども服を広げ、仲買や商売人に売ったのである。「戦争未亡人や家庭婦人の手内職」は輸入の大量生産品に対し安値で対抗していた。当時の小売価格はブラウスならアメリカ製が二百円から四百円だったが、日本製は百八十円から二百四十円、沖縄製なら百円から二百円だった。安値は大量に縫うことで実現した。縫い子は一日にパンツなら百枚、ブラウスなら三十枚、ワンピースなら二十枚を仕上げた。店舗が開店するまでに売り切ることができない場合は既製品屋は店を回り、さらに値引きして売った。その売り上げで布を買い、家に帰ると裁断、縫製、仕上げを夜中までかかってこなして、翌朝に販売した。一日の稼ぎは百円から百五十円程度だが、「戦争未亡人」らは、こうした長時間労働で生活を支えていた。日米からの衣料品輸入が始まると、占領で商圏が閉ざされたために生まれたチャンスは、風前のともしびになった。当時、輸入品に対抗するため島内産消費が推奨されたが競争が厳しい分野と見られていた[38]。

一九五三年二月二十七日、新聞に「新天地卸市場開設　一・場所　那覇市六区十六組　朝日商会後裏、衣料品並びに既製品の卸[39]」という広告が掲載された。「既製品屋」と呼ばれた人々が、「新天地卸市場」として名乗りを上げた瞬間だった。前年、広島県の疎開先から戻った土地所有者が市場整備に着手したのだが、所有者の息子・辰野榮一は戦前、田芋を取るだけだった湿地に、女性たちが「品物を広げて売っていた」のを見た。近くでは農連市場整備が進んでいたこともあり、商機と捉えた父親は「屋根を掛けて、少しずつ市場を広げていった」。既製品屋の女性の苦境と、土地所有者の商機が一致して生まれたのが新天地市場だった。女性たちにとって誰にも追い払われることがない居場所を、「復興」が進む那覇市内に獲得できたのは重要だったといえる。辰野の父親は市場管理を戦前に警察官だった知り合いに一任した[40]。高さ三十センチの台の一畳幅に三人が座って三コマだった。一コマの間口はわずか二尺（五十三センチ）で、約五百人が既製品を商った[41]。開場時は、どのコマでもその日売るものしかなく、売り終えると店じまいした。新天地市場の名が浸透し始めると、どのコマも商品を高く積み上げて陳列したため、売り手は衣類に埋もれるように座っていたという。人気を集め商品がさらに増えると、売り場は徐々に変化した。各コマに木製の枠と留め金つきの蓋を付けた。蓋を開ければ二尺のコマになり、蓋を閉じれば商品を収納できた。「最初は木箱だったけど、雨漏りなどがひどくなると、誰かがトタンを巻き付けると、みな同じように補強した[42]」という。一人ひとりの女性の工夫の積み重ねが自然と共有されていって、市場の様子を変えていったのである。多くの縫い子を抱えた女性は次々とコマを手に入れて商売を拡大した[43]。

「ヒキヒキー」の絆——本部村の女性たち

新天地市場の女性は旧上本部村《かみもとぶそん》出身者で、アメリカ軍飛行場に土地を接収された「戦争未亡人」や中学を卒業したばかりの少女たちだった。多くが「ヒキヒキー」と呼ばれた同郷者の誘いで縫い子として雇われ、さらに一本立ちするとコマをもった。

旧上本部村の豊原は住民が収容地区から帰還したときにはすでにアメリカ軍飛行場として整地されていたため、人々はその周辺に住んだ。しかし一九四八年十二月、アメリカ軍が五百世帯余りに立ち退きを命じたため、多くの住民が中南部へ職を求めて移った。[44] 彼らは旧真和志村にできた新集落三原に住み、男性の多くが軍作業、女性はミシン業や雑貨商を始めた。

前原トキの義母は旧上本部村桃原出身で、既製品屋時代からパンツを縫って生計を立てていた。物資がないため、「パンツのゴム紐はタイヤを切ったものだった[45]」という。備瀬出身の「戦争未亡人」の女性の例では、この女性は二児を育てるために、同じ境遇の女性と配給米の担ぎ屋やコーラの街頭販売、土木工事などあらゆる仕事をしたが、最後は那覇市へ出て、初めて踏むミシンで必死にパンツを仕上げたという。[46] 新天地市場が同じ製品を売っていたのは、旧上本部出身など同郷者が誘い合った結果、アイデアを共有したからだった。

羽地村立洋裁学校一期生の仲間トミは、商機をかけて新天地市場に進出した洋裁店主に呼び寄せられて一九五四年に石川市から新天地市場へ移った。「右も左もわからない那覇に、いとこから借金して出てきた」というように、当初はまったく経済力がなかった。仲間は住み込みで仕事を始め、独立用にもらったコート用メルトン生地で十着を仕立てて新天地市場で売った。それで借金を返して、商売の元手もすぐにできたので、高価な工業用ミシンを買い、那覇市に出てわずか三カ月で新天地市場でコマを得た。[47]

旧本部村並里出身の城間美代子は、一九五三年に中学を卒業すると、旧真和志村にあったミシン業の家に住み込んだ。母の知り合いの女性で、戦前の大阪で洋裁を学んで戦後は旧本部村で既製品を縫っていたが、那覇へ出ると露天時代から衣類を売り始め、城間が来たときには、縫い子を五、六人抱えていたという。「私がいちばん下の弟子。最初は子守から始め、次にアイロン、裾かがり、ボタン付けと身に付けていった」というように、五、六年かけて一人で縫えるようになり、最終的に九年間世話になった。二十四歳になった六一年に、コマを紹介してもらって独立を果たしている。一人でワンピースを縫って売ったが、市場は最盛期で「離島や地方、奄美からも購入にきて本当にたくさん売れた」ので、すぐに四、五人の縫い子を抱えた。縫い子は「縫い物あります」という看板を市場や自宅に出して募集したが[48]、みんな自宅近くに住む女性や市場に買い物にくる女性たちだった。市場内は、どのコマも同様の看板をぶら下げて縫い子を常時集めていた。市場が拡大するほど、商品を大量に売りさばかなくてはならないので、多くの縫い子が必要になり、「ヒキヒキー」のつながりは徐々に薄れていったと考えられる。

旧本部村渡久地《とぐち》出身である座覇政為の母親は、一九五七年に女きょうだいの誘いで新天地市場に進出した。沖縄戦で夫を亡くし、「戦争未亡人」になった母は、旧本部村の市場で天ぷらを揚げて四人の子を育てた。母は戦前、大阪の紡績工場で働いていて、和裁を身に付けていた。市場の周辺でアイスケーキや天ぷらを立ち売りしながらコマが空くのを待ち、コマを手に入れるとネルの寝間着を縫って売り、商いが軌道に乗ると、子どもたちを一人ずつ呼び寄せた。六〇年に座覇は高校を卒業して那覇市へ出て消防士になったが、非番の日は家業を手伝い、大量の布地の倉庫搬入や裁断、輸入信用状を組む輸入業務を担当した。縫い子は住み込み四人、内職四人の計八人と新天地市場の店では大手だった。当時は、安い生地に派手な刺繡を施したアメリカ兵のおみやげ用の着物がよく売れ、コザ市の専門店が倉庫ごと買い付けるほどだったという。座覇の母はそんなときでも「戦争未亡人」を優先した。「糸満のおばさんたちはペイデー前になると、着物をたくさん仕入れ、バスで金武村へ行き、ゲート前に座って売った」という。「ヒキヒキー」の絆が女性たちの沖縄戦の傷を回復したように、新天地市場の女性たちも戦争の傷を共有することでつながっていたといえる。ベトナム戦争が拡大すると、アメリカ兵向けの似たようなみやげが現地ベトナムでも安く作られ、沖縄製は売れなくなったという[49]。アメリカ軍が軍事ネットワークを張り巡らしたアジア各地で、多くの女性たちがミシン業によって「復興」を試みていたといえるかもしれない。

開場七年目の一九五九年二月に掲載された新聞の広告は、新天地市場の特徴を「新天地卸市場　琉球一安い市場。琉球独特の市場[50]」というコピーでアピールした。安さと並んで「独特」という言葉で表そうとしたのは、女性たちが戦争の傷から立ち直り「復興」に向かおうした営みそのものだったにちがいない。二尺のコマには、

「復興」を目指す女性の汗が染み付き、その背後にはいつかコマに出ることを願う無数の縫い子たちがいた。新天地市場とは、「復興」しつつある那覇市のなかに女性たちが獲得した生活圏だった。

喜屋武のズボン——南風原の副業

那覇市郊外の南風原町《はえばるちょう》喜屋武《きゃん》に伝わる「喜屋武音頭」の五番は、女性たちの手仕事を次のように歌っている。

（五番）
若き乙女はミシンの業も　副業豊かな我らの村は
村の乙女は　村の乙女は何時も春　ギッタンバッタン[51]

南風原町喜屋武は戦前から琉球絣の産地で、戦後に既製品販売が盛んになるとミシン業に参入した。集落約百六十世帯中、約百二十世帯にミシンがあり、「既製品村」と呼ばれた。[52]本部村出身者とは異なり、新天地市場に店を出した「戦争未亡人」を中心に、母子や親族のつながりでミシン業を営んだ。

一九四八年、南風原中学校を卒業した中村トミ子は、母親とミシン業を始めた。父親を亡くしたため、母親が那覇で野菜を売って稼いでいた。戦争で半分に減ってしまった地域の同級生のほとんどは高校には進学せず、中村も友人とともに真和志洋裁学校に通った。同校の仕立部は、既製服を縫って市場で売っていた。そこで既製服人気を目の当たりにした母親たちは、ミシンを競って買った。「儲けられるんだろうと、ミシンを買ったと思う」と中村は振り返っている。収容地区から引き揚げてきてから建てた茅葺の家は、材木不足で床の隙間から地面が見えた。そんな家に新品の福助ミシンが届いたのである。[53]中村の母は食糧配給用の袋を買ってきて、ほどいて布にした。村には染めを専門におこなう家もできてきていたが、安く仕上げるために自分で染めた。中村は朝食をすませると、布地にアイロンをかけ、型紙を当てて裁断した。袋二枚で大人用ズボン一本分の布が採れた。

「型紙は習ったものと違い、タックを入れて工夫した」。ポケットは布を縫い付けるだけの簡単な仕立てにし、一日に五、六枚を仕上げ、旧盆や旧正月は十枚も縫った。個人がモーターで発電していた電気を、ミシンのある部屋に引いて、裸電球の下で送電終了の午後十時まで縫った。「電気が切れたら、ミシンにろうそくを立てて働いた」という。夜遊びから戻る青年たちの足音が、仕事を終える合図だった。早朝、母親がズボンを那覇へ卸しに出かけていくのが常だったという。「あのときまでは座るところはなかったから」新天地市場はまだできておらず既製品屋と呼ばれていた。ズボンの生産をしていたにもかかわらず、地元の男性は「クロンボ服」と呼ばれたアメリカ軍払い下げを着ていた。「食べることはできたが、生活はよくならん。それでも毎日やっていた」。既製品屋の時代には、まだ十分な利益を出すことは難しかった。[54]

野原ヨシ子は中学卒業後、腕のいい織り手だった母親と二年ほど絣を織ったが、ブームから数年遅れてミシン業に参入した。新天地市場では、母親も含めて喜屋武の女性は五人がコマをもった。商品をたくさん作らなければならなかったので、一家でミシン業を専門にした。商いを終えた母親が帰りに生地を買ってきて、日中農業をする父親が裁断し、野原が早朝から縫った。当時、デニムを使用した「カッパイー（堅い）」と呼ばれるズボンを縫った。十九歳で結婚して家を出たが、結婚後も実家の仕事を続けていた。妹も縫い子になって、ミシンは二台に増えた。「父は車を買って、市場に母親を送った。車を買ったのも喜屋武でも二人ぐらい」というほど、ミシン業は成功した。一九五〇年代後半は替えズボンを縫っていたという。「少し難しくなっていた。上等な生地で後ろは玉縁の袋ポケットで勤め人が着るようなもの。よそ行きを買って準備する、時代が変わったと感じた」。売れる製品の変化に「復興」を感じていたのである。[55]

喜屋武のミシン業の広がりは、絣の出機と重なるという。[56]中村は結婚後、義母から絣の織り方を習っている。実家は中村が結婚して縫い子を失ったことでミシン業を廃業したが、依頼があれば既製品も縫った。「生活費は私の稼ぎ。農業や水を販売するお父さんの儲けは貯金して家を建てた。このへんで副業した人はみんなそう」と、中村は回想しているが、この言葉から織りやミシン業で稼ぐのは、女性の誇りだった。野原の実家は父親が古典音楽教室を開いたためミシン業をやめたが、一九六〇年代の丹前ブームの頃も丹前の注文を請け負って縫い続けた。

収容地区から引き揚げたときの簡素な規格住宅に住んでいようとも、ミシンは豊かさの象徴であり、未来の展望を開く機械だった。「買わないと商売できないし、買った家がうらやましいから」と、上級機種の蛇の目ミシンを買った野原は言う。母親たちは沖縄特有の無尽講をして、競うようにミシンを買った。一方、少女たちにとってミシンは、学びへの憧れを映す機械だった。野原は、「戦前、集落には二台ほどミシンがあった。卓上に置いたミシンを使う女学生の姿を垣根越しに眺めた」と振り返る。沖縄戦直後、壕で見つけた日本軍のミシンを一時的に自宅に保管していたとき、野原は、使い方さえ知らないのに袋をほどいて布にして、縫ってみた。学費を心配して洋裁学校に行きたいとは言いだせなかったので、ミシンの扱いも洋裁もすべて独学だったという。そんな野原にとって、ミシンは学びの機会を与える学校の役割を果たしたといえる。「私は趣味があったから。アメリカ洋服をはずして見返しだけで、六枚はぎのスカートを作った。型紙とかなく自分の考えで[57]」という言葉には、自分の才量で技術を身に付けたことへの自負心が表れている。「副業」や「趣味」として回想されるミシン業は、人々の生存を支えただけでなく、少女たちの「復興」の夢を支え、労働を通して学びの機会を与え、前へと進ませたのである。

3　救済のミシン

救済の欠如

社会が「復興」するなか、「戦争未亡人」ら沖縄戦被害者への社会保障は不十分なものだったが、その不備をミシンによる授産事業が補完していたといえる。一九四九年の沖縄民政府の調査では、「寡婦」約一万五千人中、約一万人が「戦争未亡人」であり、「救済対策の重大課題[58]」とされていた。新聞も支援の必要をたびたび論じていた。五〇年三月三日、「沖縄タイムス」社説「浮浪児の救済」は、「戦争未亡人」を子の養育に専念させるため、「授産指導に力を注ぐこと。救済としての食料の配布だけでは救済の意味をなさない[59]」と批判した。しかし、支援策は対象者を「孤児、老人、寡婦、病人、不具、疾病」とひと括りにしていたため、きめ細かい対応は期待できなかった。しかも五〇年、アメリカ軍からの予算減を受けて、沖縄群島政府の社会事業費は圧縮され扶助対象は減少した[60]。那覇市で一部扶助の寡婦六十八人中、「戦争未亡人」は四十人いて、平均四人から五人を扶養していた[61]。四月三十日の「沖縄タイムス」の投書欄では、二児を育てる「戦争未亡人」が、日本製品輸入で商いができないと訴え、「「戦災未亡人」というありがたい名付けはすでに忘れられている[62]」と、支援策の欠如を批判した。

日本製品の輸入は、四九年、琉球貿易庁がアメリカ基地関係収入から二百万ドル分を生活雑貨の買い入れにあてたところから、「貿易庁ブーム」とも呼ばれた。五〇年には日本との民間貿易が再開し、商売人は独自に輸入信用状を組んで輸入するためその発行を求めて銀行に殺到した[63]。日本からの商品が流れ込んできた沖縄で「戦争未亡人」たちの手仕事の製品は、輸入品が競争相手になった。人々が輸入品を手にして「復興」の手触りを感じたのに対し、「戦争未亡人」たちは、それまでは平等に分かちあっていたはずの貧しさや欠乏のなかに取り残されてしまったのである。十二月の「沖縄タイムス」の社説はこうした格差を指摘して、「生活意欲が大せいな人はいつの間にか家を建て、産をなし、安定、貧富の差が著しく増えつつある。戦争未亡人の救済運動にのりだそう」と呼びかけた。五一年には、カマボコ売りで二人の子を育てていた三十六歳の女性が「パンパン」として検挙され、ニュースになった[64]。下駄の鼻緒やカマボコという小さな商いで糊口をしのいだ「戦争未亡人」は、社会が「復興」するにつれて社会の底辺に追いやられ、戦争や占領による社会の歪みのなかに放置された。

民間団体の支援

「戦争未亡人」支援は、民間による授産事業が中心だった[65]。那覇市婦人会（許田せい会長）は、那覇市内に在住する八百五十四人の「戦争未亡人」の大部分が救済の対象になっていないことを問題視し、支援のため一九四九年四月にマザーハウスの設立を計画した。洋裁無料講習や家政婦養成、商店共同経営、授産指導、物資共同購入を柱とし、事業収益と援護金で運営する計画で、「戦争未亡人」四百人がこれに賛同した。(66) 洋裁講習用に軍民政府社会部援助でララ物資のミシン一台と生地が支給され、七月に第一期生四十七人が講習を終えて、第二期生二十五人が入所した。五〇年三月、ララ物資を教材に「ララ洋裁講習所」と改称し、那覇近郊で通学可能な「貧困家庭婦女子及び未亡人」を受講生無料で受け入れた。五一年九月、修了生の仕事として七月にアメリカ人家屋用のカヤ二千枚、カーテン二万枚、約四十万B円分の仕事を受注した。(67) だがこの年に会長の許田が急死し、五四年に那覇市と首里市、小禄村《おろくそん》が合併して以降、マザーハウスの活動がどうなったかを知ることはできない。わずかな手がかりとして、マザーハウス事業に洋裁店を提供した竹原良子の消息がわかっている。五二年、沖縄初の外国人商社で主任になり、竹原ほか四十人の「沖縄婦人」が電気ミシン二十台と電気裁断機を備えた百坪(約三百三十平方メートル)の工場で、輸出用のシミーズやズボン、シャツを生産する計画があると報じられた。(68) 竹原は企業で働きながら、マザーハウスの遺志を継ごうとしたのではないだろうか。

一九四九年十月、沖縄カトリック教区は「戦争罹災者」向けに、那覇市の開南カトリック教会にミシン部とランドリー部を設立した。(69) ミシン部のシンガーミシンは、神父がグアムを訪れた際に「戦争未亡人」の窮状を伝えたことに応えて、信者が贈ったものだった(70)(写真3)。五〇年三月、十五人の「戦争未亡人」と孤児が学ぶ洋裁学校が開校した。午前は洋裁学院院長がミシンの足踏みから原型の作り方、スカート製作の基本を指導して、午後はミシン部で小物を縫った。

中学校を終えたばかりの少女たちもこの洋裁学校に入った。那覇市前島出身の上間悦子は、戦前は学童疎開で九州に渡り、一般疎開の母親と合流してから、一九四六年に沖縄に引き揚げた。九州配電沖縄支店に勤めていた父親は沖縄戦で亡くなっていて、帰郷後の暮らしは一変した。割り当てられた那覇市六区の家は、アメリカ軍支給のカバヤー(テントカバー製の家)で、床は六畳分だけしかなく、残りは土間だった。「母親は朝起きたら、大鍋にジューシー〔炊き込みごはん：引用者注〕を炊いて、街に売りにいくわけ。大きい籠に入れて、人通りに立って売っていた。〔そんな姿を：引用者注〕見ているから、とにかくお金をあげたいという気持ちしかない。〔高校：引用者注〕進学って頭にない」というように、貧しい暮らしだった。周囲にいた引き揚げ家族は、落ち着くと次々と転居した。「ほとんどの家はお父さんが軍に働き、土地買って家を作る人が出てきた」。だが、上間が苦しんだのは貧しさではなく、一人で死んだ父親のことだった。「家族から離れて一人で、さみしかったはず」と考えると、つらかったという。苦しさからカトリック開南教会に通い、中学卒業後は自然と洋裁学校に入ったという。

写真3　グアムから送られたミシンを使う女性たち
(出典：カトリック開南教会創立50周年記念誌『かがりび　さあ種を蒔こう』カトリック開南教会創立50周年記念事業実行委員会、2002年)

　北部収容地区から引き揚げた津波古敏子は、戦前にすでに父親を亡くし、母親が市場で野菜を売って暮らしていた。「国場から野菜とか芋とかを買ってきて。台もなく河原にざーっと〔女性たちが：引用者注〕並んで商売していた」という。暮らしていくだけで精いっぱいだったため、高校進学を断念し、恩師の勧めで無料のカトリック開南教会の洋裁学校に入学した。「何カ月か先に入った四、五人がいて世話してくれた。同級生は三人ぐらいで、四つぐらい上のお姉さんたちがいた」。

　ミシン部で最初に作ったのは高校の名札や鉢巻き、下駄の鼻緒だった。ミシン部の石川吉子は市場へ商品を売りにいったときのことを、「下駄の鼻緒を、ソーメン箱みたいなものに布を敷いて置いた。よそのお店のかたはらぐゎー〔隅：引用者注〕を貸してもらって」と回想している。当時は靴が入手困難だったので、誰もが沖縄産の下駄をはいていた。悪路で鼻緒が切れやすかったため、ミシン部が端切れを詰めて作った鼻緒はよく売れた。縫い子たちは腕を上げると衣類を縫った。「神父様が軍から反物を仕入れて、大人用ワンピースを作って、市場の空いた場所で売った」。払い下げ軍服を売る店が多く、アメリカ製布地の華やかな服はよく売れた。「ミシン部のおばさんたちは母と同世代。子どもたちを二、三人連れていた。おばさんたちも一生懸命だった(71)」というように、売り上げは等分したがわずかで、生活ができずやめる「戦争未亡人」もいたという。

二、三年目に入ると、神父がアメリカ軍人の妻の服の仕立ての受注を開拓した。この仕事でミシン部の収入は安定し、市場で商品を売らずにすむようになった。仕事も製図、裁断、縫製と分業でおこなうようになった。製図を担当した津波古は「米婦人たちは「VOGUE」をもってきて、こういうの作ってほしいと。製図は載ってないので、自分で考えた」と振り返っている。教わっていない技術はそのつど洋裁学院で講師に習って、注文に応えた。「向こうも貧しい人たちのためにと注文をもってきたと思う(72)」というように、当時、ドレスの仕立てを注文できるのは豊かなアメリカ軍人家族の主婦に限られた。慈善によって与えられた仕事であっても、女性たちはアメリカの流行を知り、技術を磨く機会として生かしていった。

制服縫製と自立

ミシン部が担当した教会付属の幼稚園の制服が評判を呼んで、アメリカ軍社交用ハーバービュークラブのウエートレスの制服など、仕事の中心は制服受注へと変化した。経済「復興」とともに、軍の各部門が民間企業として独立して、一九五〇年に食糧配給機構が沖縄食糧株式会社になると、「FOOD」という刺繡入りのツナギを受注した。石川吉子は「やり方がわからなかった。刺繡枠をはめ、押さえ金をはずして、手で加減して刺繡を入れた。一文字を仕上げるのも大変だった(73)」と振り返る。沖縄中央病院看護学校やバスガイドの制服などの仕事も舞い込んだ。衣替えには何十着も縫うため、徹夜が当たり前だったという。社会の「復興」が制服の受注増に現れていたが、津波古は「大きくは考えられない。ただ明日の仕事を準備していくだけ[74]」と振り返る。

一九六五年になると沖縄カトリック教区は、「戦争未亡人」救済が役割を終えたとしてミシン部に独立を求めた。創立十五年の節目に自立を求められ、女性たちは戸惑いながらも事務所を借り、「カトリック」にちなんだ社名の「カトリ縫製」を立ち上げた。社員は「戦争未亡人」二人、上間悦子ら若い女性たち約十人で、アメリカンボーイスカウトやバスガイドの制服が主な仕事だった。上間は「ボーイスカウトは八歳から十五歳用を用意しないといけない。毎日買いにくるので、年中作っていた」という。ガイドの服は衣替えに合わせ、各社に採寸に出かけた。だが七二年、施政権返還でボーイスカウトは日本の支部になり、アメリカンボーイスカウトの仕事を失った。それでも事業を続けたが八五年に創立三十六年で解散した。アメリカ軍関係の慈善的意図の発注に始まり、沖縄の企業や学校の仕事を請け負った同社はこのとき役割を終えたといえる。

上間は裁断の腕を生かして縫製の仕事を続けた。かつてカトリ縫製が受けていた仕事を、下請けとして受けることもあった。「銀行とかバスガイドの制服。十二、三年前まで私がデザインしたバスガイドの制服を見かけた。がんばって作った制服を見たらうれしかった」というように、会社がなくなっても自分の仕事に誇りを感じていたと思われる。上間は半世紀近くミシンの仕事に携わった。母を助けようと選んだ道だったが、「ミシンで生計を立てる、これ以外に私にはできなかった」と、聞き取りをしたときには振り返っていた。高校進学を諦めて限られた選択肢しかなかったが、ミシンとともに前へ進んだ。「教会の教えも習い、人間らしく成長した。苦しいときに、ミシン部で育てられた[75]」。ミシンの仕事は賃金を得るためだけでなく、苦しみのなかからみんなで協力して創意工夫して道を切り開いてきたという互助の経験として、上間は記憶しているようである。慈善を足がかりに生まれたミシン業は、占領や施政権返還という「世替わり」のなかで、女性たちをしっかりと自立させる場として機能していた。

4 ミシンとジェンダー

八重山の洋裁ブームを伝える一九四九年の雑誌「八重山文化」の記事に登場した若い女性は、洋裁を学ぶのは「若い人たちに、貞操の次にくる重要なことと思います」と述べ、その理由として、結婚したら家族の衣生活を支えることができ、もし夫に不測の事態が起これば、技術で身を立てられるからだと語っている。[76]当時、家庭用品で最も高価だったミシンは豊かさの象徴であると同時に、模範的な女性となるための徳目とも見なされていた。そのため、暮らしが立ちゆかなくなった家族をミシン業で立て直すことが美談として報じられた。五一年に「沖縄タイムス」に載った記事は、寡婦の母親が家出し、弟妹八人の面倒を見ていた十九歳の長女が義援金でミシン購入を計画し、「ミシンを買って是非恒久的な自活の途を拓くこと」で「家庭にあって幼い者たちを見守る」[77]ことを目指す姿を報じるものだった。長女の模範的な態度は、ミシンという道具立てによって読者に一層好感をもたせる一方で、男のもとに去った母親の行為に批判が集中した。しかし、ミシンを得た長女は、寡婦の母親が支援を得られなかったために背負いきれなかった問題を肩代わりせざるをえないことは明らかで、家族内で問題が横滑りしているだけだということは論じられない。支援の欠如という問題は、長女を模範的な母親像にあてはめることで、ミシンを得て前向きに生きる美談にすり替えられてしまったのだ。また長女も、そうした美談を積極的に引き受けることで、苦難に立ち向かおうとしたのである。ミシンは、女性が自らの力で苦境を乗り切るための道具であると同時に、社会が女性に期待する役割の象徴でもあった。家庭のなかで縫い物はもともと女性の仕事の一部とされ、その技術をもとに家族を支えるために働くという、社会が望む女性像をミシンが補強した側面もあったことは紛れもない事実である。

戦後の女性記者の草分けである伊波圭子は一九五〇年四月の「月刊タイムス」で、昼間の洋裁店の店先にたむろする「パンパン」の姿を以下のように描いた。[78]「「足を洗って洋裁店をやりたい」これはヤミの女達の希望であるとか」「若い二人の洋裁師はまた彼女たちの尊敬を一身にあつめている。ここにさえおれば、ＭＰもＣＰ〔Military Police＝軍警、Civilian Police＝民警：引用者注〕も彼じょ達をそくばくしない」。法の監視が及ばない女性たちの安逸の場所が、洋裁店の店先だった。伊波が彼女らを描く筆致が温かいのは、自らも観察者としてではなく、「戦争未亡人」として苦労をした先輩として自立を求める女性たちを見守っていたからだろう。だが、「パンパン」の女性の一言が、彼女と、伊波、洋裁師の間を一瞬で隔てた。「私達は汚いでしょ。汚らわしいと思わない。姉さん達いいわね」。「パンパン」の女性は三十六歳の「戦争未亡人」だった。面倒を見てもらう約束で子がない夫婦の代わりに出産したが、約束は破られた。自らの子も病で失った。自らの性の自立性さえも奪われたこの女性はだから「パンパン」になったのである。「これが私たちの運命というものでしょ」と、絶望のなかに生きる「戦争未亡人」は投げやりな言葉を発する。しかしすぐに言葉を継いだ。「だが私ミシンでも、一台かって、この泥沼から逃れたい」。「戦争未亡人」にはミシンが、伊波や洋裁師が十分満足していなくても居場所を獲得した社会に、自らも包摂されるための切符だった。「パンパン」となった「戦争未亡人」の身に降りかかった戦争と占領の暴力から、彼女はミシンを得ることで逃れようとした。そのかすかな希望を伊波は書き留めた。

二十年後、伊波はコラム「働く婦人」で、那覇市で働く女性たちの二十四時間を、未明に開場する農連市場や新天地市場から、ネオンが輝く飲み屋や旅館が並ぶ桜坂や栄町に至るまで、描写している。「女は、未明から深夜まで蜂の巣のような密集した女ばかりの城で、女王蜂でなく働き蜂として夢中で働き続けている」[79]と綴る伊波は、沖縄戦とアメリカ軍占領で生存の幅を狭められた女性たちの姿を、その後の沖縄のなかにも見いだしていたのである。

おわりに

本章はミシン業を、衣料の生産という経済的な数値からは見えない、女性の「復興」の一側面として考察した。市場の形成、戦争被害者の授産事業、労働のジェンダー的意義などこれまで個別に考察されてきた分野を横断的に分析し、女性を主体として生活圏とともに記述した。従来の沖縄戦後史は社会変革を推進した住民運動を軸に叙述してきたが、そこからは見えない生活圏で、限られた生存の選択肢のなかを生きようとする女性たちがいたことを示すことができた。第1節で述べた仲本和子の「心まではとられない」というかすかなつぶやきは、か細く、聞き逃されてきた声だろう。しかし、占領下の限られた選択肢のなかで生きた人々が、ぎりぎりの地点で主体性を確保していたことを表している。

既製品製造につながる占領直後からのミシン業の広まりの経緯はまだ十分に解明されたといえず、空白を埋める研究が必要である。カトリック沖縄教区の活動が明らかになったことは研究を前進させたが、それ以外の宗教団体をはじめ、那覇市や首里市の婦人会の取り組みについてもさらに調査研究を進めたい。

注

（1）Summation No. 35: United States Army Military Government Activities in the Ryukyus (Sep. 1949)（HQ RYCOM, MG).（0000000757〔沖縄県公文書館〕）

（2）沖縄対策室『沖縄中小企業（八業種）の現状——問題点および対策の方向』沖縄対策室、一九七〇年、五—六ページ

（3）大城郁寛「沖縄の製造業に対する琉球政府および日本政府の保護政策とその効果」、琉球大学法文学部編「琉球大学経済研究」第八十三号、琉球大学法文学部、二〇一二年、三一ページ

（4）那覇市総務部女性室編『なは・女のあしあと──那覇女性史 戦後編』、琉球新報社事業局出版部、二〇〇一年、一七九ページ

（5）沖縄県教育庁文化財課史料編集班編『沖縄県史 各論編第8巻 女性史』沖縄県教育委員会、二〇一六年、三六九―三八〇ページ

（6）沖縄県商工労働部編『沖縄県労働史』第一巻（一九四五―五五年）、沖縄県、二〇〇五年、六六五―六六八ページ

（7）徳村光子資料（那覇市歴史博物館）

（8）石井宏典「戦場の跡を縫い合わす──那覇・新天地市場の女たち」、茨城大学人文学部編「人文学科論集」第四十一号、茨城大学人文学部、二〇〇四年。他地域出身者の記録として南風原町喜屋武の赤嶺キヨ『いつも前向き──私の歩んだ半生』（ボーダーインク、二〇〇〇年）、新城豊子『肝の手綱（チムヌタンナ）母・赤嶺千代の生涯』（新城豊子、二〇〇四年）、那覇市総務部女性室編『なは・女のあしあと──那覇女性史（戦後編）』（琉球新報社、二〇〇一年）所収の池宮城けい「屋良金子の半生」がある。ほかに二〇〇〇年時点の市場実測図として、當山綾／福島駿介／田上健一「新天地市場の商業空間に関する研究」（「日本建築学会大会学術講演梗概集」日本建築学会、二〇〇〇年）がある。また、日本生活学会編『衣と風俗の一〇〇年』（「生活学」第二十八冊）、ドメス出版、二〇〇三年）所収の朝岡康二「古着と既製服──駅前市場・三角地など」にも新天地市場についての記述がある。

（9）沖縄本島の住民行政側機構は、一九四五年に沖縄諮詢会、四六年に沖縄民政府、五〇年に沖縄群島政府と変遷した。五一年には各群島政府の上部に琉球臨時中央政府ができた。五二年創立の琉球政府は施政権返還の七二年まで存続した。

（10）「軍政府活動状況報告一九四五年九月～一二月」、ワトキンス文書刊行委員会編『沖縄戦後初期占領資料 Papers of James T. Watkins Ⅳ』第十一・十二巻所収、緑林堂書店、一九九四年

（11）「ウルマ新報」一九四五年九月二十六日付

（12）前掲「軍政府活動状況報告一九四五年九月～一二月」

（13）仲本和子の証言（一九二五年生まれ。聞き取りは二〇一二年五月十日、那覇市で実施）、野原ヨシ子の証言（一九三四年生まれ。聞き取りは二〇一六年七月十九日、南風原町で実施）による。
（14）「ウルマ新報」一九四五年十二月十二日付
（15）「沖縄タイムス」一九四九年十月十五日付、「沖縄タイムス」一九五〇年一月十一日付
（16）前掲『沖縄県労働史』第一巻、六六一ページ
（17）「沖縄タイムス」一九五〇年五月二十日付
（18）「沖縄タイムス」一九五二年三月十五日付
（19）琉球商工会議所編『琉球商工会議所会員名鑑（沖縄版）一九五二年』沖縄県立図書館、二〇一一年、マイクロフィルム複製本
（20）「ウルマ新報」一九四六年四月三日付、六月二十一日付、八月二十三日付
（21）伊波圭子『ひたすらに――女性・母子福祉の道』ニライ社、一九九五年、五〇ページ
（22）沖縄朝日新聞社編『沖縄大観』月刊沖縄社、一九八六年、復刻版、六九一ページ
（23）沖縄民政府知事官房編「情報」第一巻第一号、沖縄民政府知事官房、一九四八年
（24）「沖縄タイムス」二〇一二年五月二十三日付
（25）「戦後50年おきなわ女性のあゆみ」編集委員会編『戦後50年おきなわ女性のあゆみ』沖縄県、一九九六年、一六七、一七五ページ
（26）「洋裁講習所規程」『一九四七年五月公文書綴り』（徳村光子資料〔那覇市歴史博物館〕）
（27）「一九四八年四月～一九五〇年三月学校日誌」（徳村光子資料〔那覇市歴史博物館〕）
（28）前掲『ひたすらに』六〇ページ
（29）嘉数津子『夢を追いかけて』ニライ社、一九九七年、四四―七六ページ
（30）首里文化洋裁講習所「一九四八年九月、洋裁講習所調査報告について回答」『一九四七年五月公文書綴り』（徳村光子資料〔那覇市歴史博物館〕）
（31）首里文化洋裁学院「卒業生学歴調査」『一九五二年　学校経営　首里文化洋裁学院』（徳村光子資料〔那覇市歴史博物

館」）
(32) 仲間トミは一九三一年生まれ。聞き取りは二〇一七年一月十九日、名護市でおこなった。
(33) 仲本、前掲聞き取り
(34) 前掲『沖縄大観』一八三ページ
(35) 拓伸会（拓南製鐵グループ）『古波津清昇　わが青春を語る――沖縄鉄筋コンクリート住宅は戦災復興のシンボルだ』拓伸会、二〇一五年、九四―九五ページ
(36) 山城榮徳さん追悼集刊行実行委員会編『山城榮徳伝』山城榮徳さん追悼集刊行会、一九九七年、一一七―一一八ページ
(37) 沖縄大百科事典刊行事務局編『沖縄大百科事典』中、沖縄タイムス社、一九八三年、四九二ページ
(38) 以上「沖縄タイムス」一九五二年六月十一日付、八月二十一日付
(39)「沖縄タイムス」一九五三年二月二十七日付
(40) 辰野榮一は一九四二年生まれ。聞き取りは二〇一七年一月三十一日、那覇市でおこなった。
(41) 二〇〇〇年時点の調査では、三百坪（約十アール）あまりの広さに、畳二枚分を六コマとし、十八コマから三十六コマからなるブロックが十六カ所あった。店主の六〇パーセントを本部町出身者が占め、宮古と南風原出身者はそれぞれ〇・六パーセントだった。前掲「新天地市場の商業空間に関する研究」
(42) 座覇夕起子（一九三八年生まれ）の証言。聞き取りは二〇一六年十二月二十三日、那覇市でおこなった。
(43) 當山京子（一九二一年生まれ）の証言。聞き取りは二〇一六年十二月二十日、那覇市でおこなった。
(44) 本部町史編集委員会編『新聞集成　戦後米軍統治下の本部』（「本部町史資料編」第四巻）本部町、二〇〇二年、五〇ページ
(45) 前原トキ（一九三八年生まれ）の証言。聞き取りは二〇一七年一月二十七日、那覇市でおこなった。
(46) 前掲「戦場《いくさば》の跡を縫い合わす」八―九ページ
(47) 仲間、前掲聞き取り
(48) 城間美代子（一九三八年生まれ）の証言。聞き取りは二〇一六年十二月二十日、那覇市でおこなった。

(49) 座覇政為（一九三九年生まれ）の証言。聞き取りは二〇一七年一月十一日、那覇市でおこなった。
(50)「沖縄タイムス」一九五九年二月十六日付
(51) 囃子「ギッタンバッタン」は機織りの音にかけている。前掲『肝の手綱（チムヌタンナ）母・赤嶺千代の生涯』一三八ページ
(52) 南風原町字喜屋武字誌発行委員会編『喜屋武の歴史と文化——喜屋武字誌』南風原町字喜屋武字誌発行委員会、二〇一五年、一五四ページ
(53) 年代は少しあとになるがミシン価格は福助九千B円、蛇の目八千五百B円、シンガー一万二千B円、工業用一万二千円だった。通貨B円は一九五八年まで使用されたアメリカ軍票。「沖縄タイムス」一九五五年十一月二十八日付
(54) 中村トミ子は一九三二年生まれ。聞き取りは二〇一六年七月四日、南風原町でおこなった。
(55) 野原、前掲証言
(56) 平良次子による発表。「第7回戦後沖縄研究コロキウム 戦後の沖縄社会と女性への視座——その手から生まれたもの・技術史の課題」（南風原文化センター、二〇一七年五月十四日）
(57) 野原、前掲証言
(58)「沖縄タイムス」一九四九年五月二十二日付
(59)「沖縄タイムス」一九五〇年三月三日付
(60) 我喜屋良一「琉球の公的扶助——戦後沖縄社会の事業概観（1）」、琉球大学文理学部編「琉球大学文理学部紀要 人文・社会」第五号、琉球大学文理学部、一九六〇年
(61)「沖縄タイムス」一九五〇年十二月十二日付
(62)「沖縄タイムス」一九五〇年四月三十日付
(63) 沖縄大百科事典刊行事務局編『沖縄大百科事典』下、沖縄タイムス社、九四六ページ
(64) 以上、「沖縄タイムス」一九五〇年六月七日付、十二月二十三日付、一九五一年六月七日付
(65) 日本では母子寮の文書運動を機に「戦争未亡人」が「戦争犠牲者遺族同盟」を結成し、遺族年金や軍人扶助法に代わる援護法制定を求め、「生きるための」運動を起こした。北河賢三「戦争未亡人と遺族会・未亡人会」、早川紀代編

『植民地と戦争責任』（「戦争・暴力と女性」第三巻）所収、吉川弘文館　二〇〇五年

(66) 外務省管理局総務課「昭和二十四年十二月 沖縄の現況」九二ページ（比嘉春潮文庫〔沖縄県立図書館〕）

(67)「沖縄タイムス」一九五〇年三月二日付、一九五一年九月二十六日付

(68)「沖縄タイムス」一九五二年六月十三日付

(69) カトリック開南教会創立50周年記念誌編集委員会編『カトリック開南教会創立50周年記念誌 1949～1999 かがりび——さあ種を蒔こう』カトリック開南教会創立50周年記念事業実行委員会、二〇〇二年、三二―三三ページ

(70)「沖縄タイムス」一九四九年十一月二十三日付

(71) 上間は一九三五年、津波古は三四年、石川は三六年生まれ。聞き取りは三者とも那覇市で、七月から九月にかけておこなった。

(72) 津波古、前掲証言

(73) 石川、前掲証言

(74) 津波古、前掲証言

(75) 上間、前掲証言

(76) 八重山文化協会「八重山文化」一九四九年二月号、八重山文化社（『八重山文化復刻版』第二巻、不二出版、二〇一五年）

(77)「沖縄タイムス」一九五一年九月三十日付、十月二十一日付

(78) 以下の引用はすべて上地一史編「月刊タイムス」第十五号（沖縄タイムス社、一九五〇年四月）三二ページ。

(79) 伊波圭子「唐獅子・働く婦人」「沖縄タイムス」一九七一年四月三日付

第8章

「働人《はたらきど》」平井正治における歴史との向き合い方

――労働運動と民衆史と

杉原 達

はじめに

本章は、平井正治という一人の労働者が、歴史とどのように向き合ったのかについて、平井が関わった人々や彼の活動を通して論じるものである。

まず平井の経歴を簡単に紹介しよう。一九二七年十一月三日に大阪市の日本橋東で生まれた平井は、実家の教材屋が倒産したため小学校五年からは通学できず、丁稚奉公や金属工場の見習、京都の大林組の飯場などを経て、舞鶴の海軍工廠で働いた。戦後、松下電器に入社し共産党員として労働運動と党活動に従事したが、五一年、同社を解雇され、また五四年には党から除名される。六一年八月の第一次釜ヶ崎暴動以後、生涯を通じて釜ヶ崎に暮らし、全港湾労組大阪港支部の幹部として港湾労働運動に尽力するとともに、釜ヶ崎日雇労働者組合結成に参加した。また長年にわたって釜ヶ崎や大阪・関西各地でフィールドワークをおこない、歴史の捉え方について発信を続けた。阪神・淡路大震災の救援活動や、関西国際空港建設をはじめ各種の開発イベントへの抗議活動の先頭に立ち続けた人でもあった。二〇一一年二月八日、釜ヶ崎で死去した。

本章の問題設定を述べておきたい。

一九九〇年代半ばに至るまでの平井の人生や活動については、その著書『無縁声声――日本資本主義残酷史』(藤原書店、初版一九九七年、新版二〇一〇年、以下、『声声』と略記)で自身が語っている。また平井の死後に催された追悼会の記録(鈴木武編『釜ヶ崎に生きて――平井正治追悼集』私家版、二〇一二年、以下、『追悼集』と略記)には、多くの追悼文に加えて本人の論稿も含まれ、平井の思想を知るうえで資料として貴重である。

釜ヶ崎については、日本寄せ場学会が関心をみせ、近年では地理学や社会学などの分野で意欲的な研究がされている。[1] 本章は、釜ヶ崎を拠点とした平井の営みを検討するが、釜ヶ崎という場そのものを論じるものではない。

一方で、平井個人に関する研究は少ない。吹田枚方事件を検証した西村秀樹の平井への聞き取りは貴重だが、議論の焦点は同事件であって平井ではない(2)。本章の執筆にあたって最も示唆を受けたのは、冨山一郎の『声声』への書評である。冨山は言う――「平井さんは、個人の経験を語っているのではない。我が事として様々な出来事を語っているのだ。その語りの中では、疎水工事、博覧会、米騒動、釜ヶ崎暴動などのさしあたりは別々の出来事が一連の流れの中で語られていく」。さらに『声声』が、平井個人の特殊な「体験談やライフ・ヒストリーとして」読まれてしまうことは避けるべきだとし、「平井さんの語りが、読むものたちをまきこみ、新たな関係をつむいでいくという点(3)」を読み取るべきだと指摘している。

以上の状況を踏まえ、平井が生涯を通じて積み重ねた歴史認識の特徴を探ることが、本章の目的である。その際、労働運動と民衆史を両軸として、生活・労働・運動の諸局面を歩きながら、歴史の痕跡を見ていく方法としての平井のフィールドワークの具体的な姿を追う。そこには、自身をくぐり抜けて歴史に向き合おうとする民衆史的主体の立て方を意識的に目指そうとした平井がいたのではないか。またそれは、平井とつながっていった周囲の主体にも問題を差し戻すような提起ではなかったか。そしてその底流には、歴史を往還しながら歴史と向き合うという姿勢が貫かれていたのではないか――本章はこれらの問いを意識しながら、歴史研究のあり方を考え直すための試みとして構想したものである（なお、人名表記では敬称を省略する）。

1　労働運動と民衆史と

遺された闘いの証し

平井の遺品は、以前から彼の体調を気にかけてきた「ふるさとの家」（聖フランシスコ会）周辺の人々の迅速な判断で散逸を免れた。そのなかから、平井が大切に保管していた種々のモノが出てきた。書籍、報告書、運動の記録、各分野にわたる新聞など資料の切り抜き、写真などである。それらは、平井の長年にわたる日々の闘いと思考を裏づける資料群だった[4]。なかでも目を引いたのが、割れた白いヘルメットである。そのなかに、いくつかの資料が包み込まれるようにして遺されていた。以下、主要資料を列挙する。

(A) 割れたヘルメットと大きい赤旗二枚(全港湾関西地方大阪港支部旗):一枚はボロボロのもの、一枚はきれいなもの(後者は、二〇一一年四月十日「ふるさとの家」での通夜と翌日の葬儀の際に棺を覆った)。小さい赤旗一枚。鉢巻一本。ヘルメットと旗を撮影した写真五枚。

(B) 一九七五年五月二十七日事件関連資料。

①「経過」(一九七五年五月二十七日―六月二十三日の健康状態を中心にした自筆メモ)。

②示談書三通。一九七五年十二月二十四日。以下の五人が連署捺印。当事者(甲)大阪港湾作業代表取締役・廣田典義、当事者(乙)平井正治、立会人三人:大阪港運協会第四部会長・中谷巌、同第二部会長・間口良男、全港湾大阪港支部委員長・清川安雄。一通は、示談の成立を確認するもので、「甲は遺憾の意を表明し乙との間に今後わだかまりを解き一金五十万円也を手交し示談に及ぶものである」と記されている。ほかの二通は、甲乙が各自の見解を示したうえで示談に臨む、とする内容のもの。

写真1　平井正治

③全日本港湾労働組合関西地方本部大阪港支部・組合員平井の休業補償と見舞金請求を決定した全港湾第五回共済委員会議事録(一九七六年三月三十一日)。それに基づいた関西地本から全港湾共済委員会への共済補償に関する申請書(六月二十六日)。

④各種新聞切り抜きのコピーや交渉過程での議事確認など。「平井さんのアピール」(大阪港支部「大阪港」一九七五年六月二日)には「報復主義は固くいましめなければなりません。

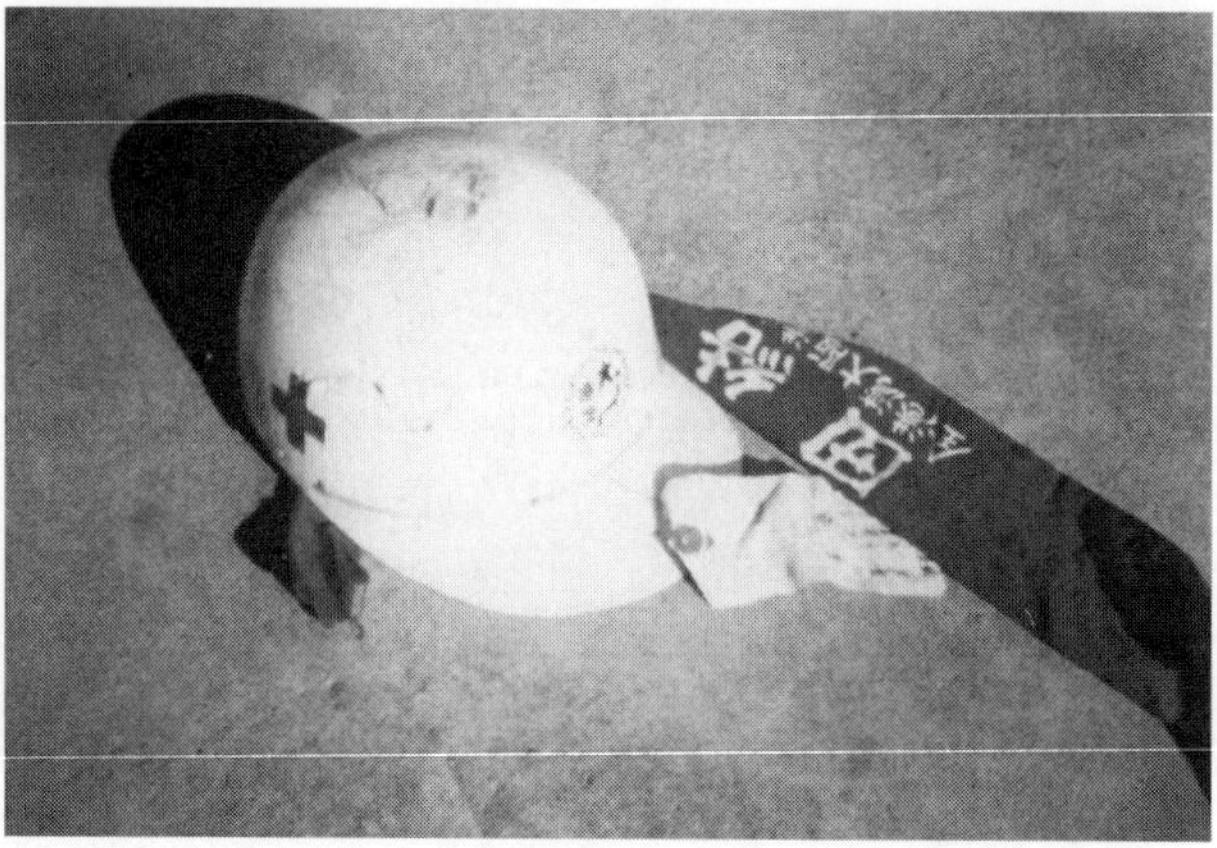

写真2　割れたヘルメットと団結鉢巻

目には目をということをやれば、結果において問題をこじらせるばかりです。組合も組合員の方も目的（就労保障を確立させること）のために行動をするのですから、目的を達成することに重点をおかなければなりません」とある。ほかに上組《かみぐみ》大阪支店労組側の全港湾非難ビラ六枚（「上組特報」「梅町作業労組特報」「かみぐみ労連」一九七四年十一月―七五年一月）。

以上の件については『声声』には言及がみられないので、一連の資料群から状況を整理しよう。一九七五年四月に大阪港運協会と全港湾大阪港支部との間で交わされた就労保障協定が無視されていることに対して、五月二十七日に全港湾大阪港支部は、堺市泉北青果埠頭で抗議行動を展開し、大阪港湾作業会社側の従業員らと衝突して負傷者が出た。同作業会社は総合運送業者である上組大阪支店の下請で、大阪港で荷役を担当する会社として最大手だった。七四年夏以降は、上組が暴力団を使って全港湾つぶしの攻撃をしてきた時期にあたり、きわめて緊迫した関係のなかで、「五月二十七日」が生じたことが、これらのヘルメット内の資料から明らかになる。[5]

この資料群は、元請企業の団体である大阪港運協会、当事者である平井正治と大阪港湾作業そして全港湾大阪港支部、上組労組など、この件の関係者の一次資料であり、さらに各種の新聞報道などからなっていて、それぞれの主張が概観できる。平井は民衆の立場から考えることと、様々な立場の資料を比較しながら考えることを両立させることの重要性を日頃から強調していた。資料群を三十余年間保持し続けた平井は、この考え方を貫いたといえ、歴史の闘争者であるとともに記録者としての執念を感じさせる。

ヘルメット資料のなかには、次のものもあった。

（C）大阪港労働公共職業安定所長から平井への「転職自立措置に伴う面談相談について（通知）」（一九八二年十一月一日）と平井正治のビラ「労災休業者の首切り＝これが行革の正体。大阪港職安所長の人権侵害を告発する」（十一月二十二日）。

平井は約四年前に船舶内で作業中、落下物によって負傷して治療を受けていた。だがその件では全港湾の支援は得られず、職安は平井を呼び出し、転職資金を出すので日雇港湾労働者手帳を返却せよと迫ったのである。前者の通知では十一月九日の出頭が要請され、二十二日付のビラでは面談時のやりとりが詳しく紹介されている。これは全港湾という組織ではなく、「大阪港職安登録日雇労働者」としての平井が発行した個人ビラである。

二〇一一年五月七日に開催された「平井正治さんを偲ぶ会」で司会を担当した清水良平は、冒頭の挨拶で最晩年の平井の様子や会開催の経緯を説明するなかで、ヘルメットのなかに遺された赤旗や関連資料群の存在を紹介した。そして、平井は周りから「あらゆる種類のフィールドワークをしていただける人、博学の人、語り部である」と思われているが、「語り部である以前に、闘う労働者、仲間と共に闘う労働者であったということを中心に据えて平井さんのことを見ていかなければならないかと思います」（『追悼集』九―一一ページ）と、平井の原点を的確に指摘している。

たしかに平井にとってヘルメット資料は、なにものにも代えがたい闘いの証しにほかならなかっただろう。平井の長い闘いの足跡に照らすなら、一九七五年五月二十七日事件の資料（AとB）と、八二年ビラ（C）とを合わせて保管したことにも大きな意味があるように思える。現場労働にこだわった平井は、その場その場で状況を判断し行動する人だった。そのなかで七五年の事件は決して忘れることができない一つであり、八二年の事件もそうだったにちがいない。前者は組織の力を背景に闘うことができたが、後者は一人争議であった。だが平井にはどちらにも同じ重みがあったのではないだろうか。両資料が一つのヘルメットの内に収められていたこと自体が、それを物語っているだろう。組織の有無にかかわらず平井が追求したのは、個別具体的課題を徹底的に深めるという点だった。そして労働者、あるいは平井が自身を指すときに好んで用いた言葉でいえば「働人《はたらきど》」としての主体的な姿勢を貫くことであった。のちに平井とともに大阪自由学校でフィールドワークを実践した松平尚也は、平井から「汗を流し、汗をいとわず」という言葉をよく聞いたという。(6)

骨の髄からの労働者としてその生き方・闘い方を体現した平井は、民衆史という領域でも、多様な関わりのなかで活動した。次にその点をみよう。

民衆史という企て

平井の主著『声声』は、「あとがき」によれば、環境問題研究者・山田國廣を中心に一九九四年頃から聞き書きで原稿づくりが始まり、九五年一月の阪神・淡路大震災による中断後、九七年に刊行された。(7) 本章では、平井を一人の完成した活動家・民衆史家とみなして『声声』を到達点と位置づけるのではなく、どのような人のつながりと場のなかで思考し活動していたのかを探ることを課題として論述を進めたい。

『声声』以前に、平井の著作の企画は二つ確認できる。第一は、時期は一九九三年と推察されるが、なにわ民衆史研究会が立案した、平井への聞き書きを軸として書籍化する企画である。なにわ民衆史研究会は九〇年に結成され、九二年までに次のようなテーマで活動していた――①在阪朝鮮人の闘いと連帯の歴史、②融和映画の歴史と映画『毬の行方』鑑賞会参加（於：大阪人権博物館）、③在阪沖縄民衆の歴史、④西浜部落の歴史、⑤釜ヶ崎の形成史、⑥張錠寿さんへの聞き書き、⑦渡慶次恒徳さんへの聞き書き、⑧大阪城周辺のフィールドワーク。こうした課題の選定は、会の世話人だった平井、服部良一、趙博のネットワークに依拠していたようだ。例えば趙と平井は在日朝鮮人映像作家である辛基秀や「社会タイムズ」記者（当時）の柏木宏之との結び付きがあり、また趙は社会主義理論政策センターの活動を通じて、部落史研究者の中尾健次、北口学や、戦前からの活動家・張錠寿らと親交を結んでいた。(8)「なにわ民衆史研究会（尻無研）再開のお知らせ」というチラシには、九三年七月二十四日に大阪市西成区の雑草舎で平井が「「力石」が語る労働者の歴史」という報告をおこなうことを告知しているが、そこには会が目指す方向を「我々の目指したもの、そして今後も追求したいことは、あくまで「底辺」から見た歴史・誇りある民衆史・怒りを〈理性〉で裏打ちするための社会史」であり、「現在の労働運動や反差別・人権、国際（民際）連帯の自立的な運動に寄与する」ものだとして、この観点から「平井さんの聞き書きを中心に「本」をまとめる作業（案）」を構想すると書かれている。書名としては『釜ヶ崎から見た近現代』『なにわ民衆史――「底辺」からの視座』『大阪貧困史――朝鮮・沖縄・部落・「寄り場」』『豊かな時代の貧しい歴史』『雑草の生きかた――大阪民衆史』『国際化の源流――ワシラは忘れない』『大阪人類館――労働と差別と誇り』などの案を列挙している。

会場となった雑草舎は、一九八〇年代に、総評全国金属各支部の労働争議をはじめ、障がい者自立運動、金城実・彫刻キャラバンとその後の活動、指紋押捺拒否、韓国・台湾民主化運動連帯などの社会活動に取り組む拠点の一つだった。同じ西成区にある釜ヶ崎とは越冬闘争や夜回り活動などでつながりがあり、そこから平井との接点が生まれたようだ。とはいえ、雑草舎に頻繁に出入りしていたメンバーのなかにもこの研究会を記憶していない人もいる。筆者自身は、会の存在は知っていたが参加したことはない。なにわ民衆史研究会は、雑草舎主催の会合ではなかったこともあって、両者のメンバーの一部が重なるという、緩やかな形で断続的に活動したと思われる。

第二の企画は一九九四年のもので、大阪の民衆史と東アジアの民衆史を連関させた研究を一冊の本にまとめるという構想だった。平井から筆者宛の私信（一九九四年七月三十日着）によれば、「昨年から日清百年、平安遷都千百年など何カ所かで話してきました」とあり、同年六月には趙博とともに大阪市の真田山公園にある旧陸軍墓地で調査をおこなって、「朝鮮皇城内清国電信局巡査呂文〇之墓」などを確認しており、さらに調査を進める予定だと記されていた。

同墓地には、西南戦争から日中戦争までの戦没者の墓があるが、平井は特に墓地の一角にある約七百五十基の「軍役夫」の墓に注目していた。その中心は日清戦争での死没者であり、彼らの墓は、墓地のなかでも一段低い平面にある。すでに「労務者渡世」第十八号に寄せた「《労務者の歴史・番外》[9]」という論稿で、戦争史研究は数多くあるにもかかわらず「土方、馬方、人夫、仲仕の歴史」がなぜ書かれないのか、という疑問を提起した平井は、軍役夫の実態とそれを使役した大林組などの歴史に分け入っている。そこでは清国兵士に言及されてはいないが、調査が継続したのは必然だっただろう。戦争一般ではなく、軍役夫、清国兵士、使役企業と戦争との関係、また墓地内での位置などへの観点からは、軍隊制度のなかの格差や分断に着目し、民衆史の立場から戦争を再考しようとする平井の一貫した姿勢がうかがえる[10]。

一九九四年十一月には「真田山「陸軍墓地」調査会のお知らせ」が告知された。そこには調査目的を次のように記している――「今年は日清戦争百周年にあたり、来年は〈戦後五十周年〉を迎えます。今回の調査会は、平井正治らが中心に作業を進めている『大阪からアジアが見える――戦後50年目のなにわ民衆史・「終わり」とちゃうで、「始まり」やで』(仮題)という本のために行うものです」。

そこに記された著作題目案の特徴は以下のようにまとめられる。第一は、平井一人に焦点を当てるのではなく、大阪と縁を結んだ、あるいは結ばざるをえなかった東アジアの民衆の歴史の積み重ねとしてこの本を構想している点である。そして第二は、どちらが表か裏か、正史か裏面史か、といった論の立て方ではなく、まさしく大阪民衆史と東アジア民衆史が重なり合い絡み合いながら歴史を構成するという視座から足場を組み立てようと構想している点である。こうした構想からは、平井とともに民衆史という共同の企画を実現したいと考えていた人々が存在していたことが推察できる。

第一の企画に話を戻すと、その実態は未解明の点が多いが、研究会の発表レジュメは、現在四種類あることが確認できる。第一は前記の平井報告時のもので、タイトルは「絞り、絞られ、繰り返し――長町絞油労働者」、第二は報告者、タイトル、日時は不明だが、前記のテーマの④西浜部落の歴史に関するものである。第三と第四は③在阪沖縄民衆の歴史に関するもので、どちらも報告者は金城宗和であり、会場は関西沖縄文庫だったと思われる(金城の回想による)。タイトルは「大阪大正区における沖縄アイデンティティ」(一九九〇年十月六日)と

「大阪大正区の沖縄人アイデンティティ」（日時不明）である。

金城によれば、レジュメはこの順で作成し、報告内容はその延長上で自身の修士論文に結実したという(11)。当時、大阪府下の私立工業高校に勤務し、教員組合運動に参加しながら、大正区の子ども会にも関わっていた金城は、「仕事として教師をやるにあたって、自分のアイデンティティが揺らいでいると思っていた。それを確立させないと、相手に突き刺す言葉もない。自分の性格を形成しているのは何なのだろうかを考え始めた」という。金城は、アイデンティティという問題を客観的にみつめたいという気持ちが強く、それを学術の言葉で解明しようとして、高校で教員をしながら社会人大学院生として調査研究にも打ち込んだ。修士論文執筆直前の時期には、「アイデンティティの類型化を結論づけようとして、悶々としていた。一九九一年春から夏頃のこと。この時期に二回目の発表をしたんやな」と金城はいう。しかし「自分にとって納得のいく結論にはならなかった」ともいう。

「自分は沖縄をルーツにもつ者をウチナーンチュと捉えたい。日本もハワイも（略）同じ土台の上でみる。書くなら大正区だが、それはそのなかの一つということ。日本の四十七都道府県の一つの県・沖縄ということではなくて」と金城は語っているが、これは金城が温めてきた考え方の核心のように思える。金城は大阪市大正区に限定して調査研究を進めたが、実は第一回レジュメでは言及していながら、第二回レジュメでも修論でも論述から消去した点があり、それは自身の家族のブラジルとの深いつながりだった。沖縄を沖縄だけに集約して考えるのではなく、大阪、ハワイ、ブラジルを同じ地平にある生きる場として考えるという視点は、アイデンティティを類型化し分類しようとする構想とは折り合いがつかなかったものと思われる。社会学の理論範疇と自身の実践的関心とのギャップを前にして「悶々としていた」のではないだろうか。金城は、いまとなっては、なにわ民衆史研究会についてあまり記憶がないという。とはいえ一九九〇年代初めに、その場で自身が抱えてきた切実な課題と向き合おうとしたことは聞き取りから確認できる。そして、金城の課題はまさに研究会の課題とも共振するところがあったように思えるのである。

なにわ民衆史研究会は、一九九〇年代に地道に活動を続けたものの、書籍の刊行には至らなかった。『声声』の出版後、出版企画の動きは次第に弱まり、『声声』でも会の存在には触れていない。とはいえ、大阪自由学校のチラシ（一九九六―二〇〇〇年）では、平井の所属はやはり「なにわ民衆史研究会」である。実は平井には「なにわ民衆史を歩く会」という肩書もあり、筆者はその名称での活動に親近感を覚える。例えば平井の案内でおこなった舞鶴・大江山フィールドワーク（二〇〇三年十一月）では、「浮島丸受難者追悼記念碑」に同「歩く会」として献花している。(12)「なにわ民衆史研究会」であれ「なにわ民衆史を歩く会」であれ、平井をその一人としながら民衆史的問題をともに煮詰めていこうとする力、つまり〈民衆史という企て〉を試みようとした人々の意志が集約することで活動が蓄積されていたことを指摘しておきたい。

2 フィールドワークという方法

文化人類学や社会学では、フィールドワークは特定地域に滞在してその地域社会の日常生活や行事参加を観察して知見を得る調査のことを意味するが、平井の場合は、彼が引率者となって人々を歴史に関わる様々な場所へ案内し、そこで資料を参考にしながら解説して質疑応答や議論をするという形式をとった。いわば歴史の現場探訪ともいえる活動である。(13)こうした平井のフィールドワークの開始の経緯や全体像についてはよくわかっていない。筆者が参加した最初のフィールドワークは、京都の耳塚民衆法要（一九八三年）だった。それは豊臣秀吉が大阪城築城に着手した一五八三年から四百年後という節目の年におこなわれた。朝鮮侵略で殺戮した朝鮮人の鼻・耳を塩漬けにして日本に持ち帰りそれで耳塚を建立したという歴史を問う活動は、一九八三年の大阪城築城四百年祭に対する抗議行動だったが、これが大阪城フィールドワークへとつながっていった。

以下では、二つの観点から平井のフィールドワークの実相に迫ってみたい。第一は、ひと続きの活動としてあった複数のフィールドワークが、それぞれどこの地域でおこなわれていたかという側面から分析する。具体的には、西成労働福祉センターが主催した「歴史発見ウォーク」全十二回（一九九八年四月―二〇〇六年五月）と大阪自由学校の企画（一九九六年七月―二〇〇〇年九月）から、どこに何を見ようとしておこなったのかを探る。第二は、釜ヶ崎のフィールドワークを例に、参考資料や参加者の感想を手がかりとして、フィールドワークの内容とそれが及ぼした影響をみることである。

どこへ行くか

まず「歴史発見ウォーク」から検討する。表1は、「歴史発見ウォーク」について、実施日、参加人数、テーマ、行き先、キーワードを整理したものである。(14)およそ年二回の開催で、参加者は平均十三・二人だった。この企画で注目されるのは、西成労働福祉センターに集合して、そこから釜ヶ崎の外へ出発することであり、しかも行き先が毎回異なることである。行き先は、主催者側と平井が相談して決めていたようだ。部分的に電車の利用はあるが基本的に歩くことを重視し、歩くなかから労働と生活の歴史を感知するという点に、平井のフィールドワークの特徴が凝縮されている。「歴史発見ウォーク」という呼び方は、平井のスタイルと合致していたようだ。企画に関与した佐藤大介は、「学校の先生とかにいろいろ説明することも多いけども、釜ヶ崎の日雇の働きどの仲間たちがわしの話を聞いてくれるのがうれしい(15)」と平井が話していたのを記憶している。

テーマにみられる特徴を分類すると、第一のカテゴリーは釜ヶ崎を含む日雇労働の歴史を探る企画である（第一回、第五回、第十回）。第二のカテゴリーは土木建築工事と博覧会関係である（第四回、第十回、第十一回）。この系列では、一九〇三年の第五回内国勧業博、一九七〇年の万博、一九八三年の大阪城築城四百年祭、一九八七年の天王寺博がテーマとなった。第三のカテゴリーは開発系の歴史である（第八回、第九回）。最後に、第四のカテゴリーは大阪城と戦跡関係である（第十二回）。以上から、大阪各地に残る歴史の痕跡を共有しようとする平井の問題関心がどのようなものだったかがおのずと浮かび上がってくる。それは、第一に、働く人にまつわる歴

表1　「歴史発見ウォーク」活動の一覧

	「歴史発見ウォーク」活動の一覧			
	実施日	参加者数	テーマ	行き先・キーワード
1	1999.4.8	17人	釜ヶ崎・日雇い労働のルーツをさがそう	極楽寺（力石）、止止呂支比売命神社（力石）、住吉大社
2	1999.6.10.	14人	（特になし）	長町周辺へ。わんわんガード、恵比寿のシルバーセンター（市営質屋の跡）、大江神社、愛染さん、逢坂、一心寺
3	1999.10.6.	9人	（特になし）	淀屋橋のたもとの林市蔵府知事銅像、方面委員制度、剣崎公園、軍艦のブリッジとマスト、天満青物市場跡、大塩平八郎の屋敷跡（造幣局のなか）、天満宮
4	2000.4.6.	13人	大阪の土木工事の始まりは	天六のガス爆発は！慰霊碑、オランダ人土木技師デ・レーケ、1875年の淀川大洪水、新旧の毛馬閘門、与謝蕪村の記念碑、桜宮公園
5	2001.4.3.	13人	平野かいわいを歩こう	平野の社寺や地蔵堂に残る力石。絞油労働者の足跡。環濠跡、河骨池口付近、平野の井戸、赤留比売命神社、坂上田村麻呂の子孫の墓
6	2001.11.13.	8人	堺市の「鉄砲町」周辺	セルロイド工場跡、鉄砲鍛治屋敷跡、岸和田紡績工場跡、ザビエル公園、堺事件跡、大浜灯台
7	2002.4.5.	12人	西九条から安治川周辺	安治川河底トンネル、河村瑞賢の碑、大阪税関発祥の地跡、外国人雑居地跡、川口居留地跡、川口キリスト教会、西区本田の竹林寺、松島遊郭、土佐稲荷神社
8	2002.11.21.	8人	鴻池新田会所	JR京橋駅そばの慰霊碑、鴻池新田駅から鴻池新田会所へ
9	2003.5.12.	11人	十三間川を訪ねて	舟運と新田灌漑のための川。後に水路は埋め立てられ道路に。汐見橋から堺市翁橋町に至る
10	2003.10.15.	15人	釜ヶ崎百年＝天王寺博覧会百年	今宮戎、広田明神、長町「貧民堀」、日本橋、大江神社、灯籠に刻まれた町名変更、天王寺公園、学術人類館
11	2004.4.8.	18人	大阪で大災害は起こらないか？	泉尾公園、尻無川水門、1969年万博関連工事・11人生き埋め・11段の六角柱、大正橋そばの「津波の碑」
12	2006.5.11.	20人	大阪城・戦争の跡をめぐって	軍人会館跡、大阪砲兵工廠正門跡、京橋口から外堀を渡り、石垣階段を登って防空壕跡北東にあたる鬼門、被弾の跡、ずれた石組、旧陸軍司令部の地下壕出入り口跡、女子防空通信隊

（出典：西城労働福祉センター「センターだより」各号から筆者作成）

史を歩くこと、そして日本各地やアジア、さらには世界から大阪に移動してきた人々が、大阪という場でどのように関わり合いながら生きたかに対する関心である。第二に、高度成長期以後をベースにしながら戦争への視点を保持し、また近現代を中心にしながらも、近世大坂史をも見通す長期の歴史的視座から、歴史を考えようとする問題意識である。

次に大阪自由学校主催のフィールドワークについて。[16] テーマとしては、水資源や空港といった開発系に力点が置かれていた。具体的な内容と趣旨を紹介する。

・合宿「大阪の水はどこから?」(一九九六年七月):「開発の進む近畿の水瓶・琵琶湖。汚染が進んでいるといわれる南湖と、きれいだが様々な問題が起こっている北湖を歩き開発、漁業、そして水について考えます(案内人は平井さんと松岡正富さん:琵琶湖漁師)」

・「イベント開発主義の今・昔」(一九九六年九月):「天王寺から湊町、舞洲まで開発の明暗を案内してもらいながら「歩く」という醍醐味を味わいます」

・「淀川と流域文化を訪ねて」(一九九七年五月):「水攻めのために豊臣秀吉によって造られ、守口に残る文禄堤。堤に沿って旧街道を歩きます。渡し船の跡や、軍用線の赤川鉄橋、そして利水、治水のための堤などを訪れます。最後は、淀川の河川敷から与謝蕪村の有名な句「菜の花や　月は東に　日は西に」の風景を楽しめそうです」

・合宿「琵琶湖疏水をたどる」(一九九七年七月):「百十二年間大阪、京都に豊かな琵琶湖の水を運んでくれている琵琶湖疏水。今回は大津の取水口から京都の蹴上に残る疎水まで、水の道をたどります。そして鴨川沿いに残るダム、墨染の水力発電所から、伏見港、伏見の酒蔵などを訪れます。時代背景を追いながら今に続く「水と暮らし、その歴史」に思いを馳せながら歩きます」

・「水はコワイし、戦争もコワイ?」(一九九九年五月):「淀川と京街道、二つの「道」がよりそう町、枚方。しかし大阪の町を水害から守るためにわざと堤防を切られたり、戦時中には兵器の町として発展と同時に危険とも隣り合せだったという、裏の顔もありました」

写真3　大阪城フィールドワーク（1998年11月14日）

また一九九九年の後半（五―十月）には「どないやねん？　どないする？　開発と自治体、そして住民――調査研究平井ゼミ」と題する合計九回の連続企画を実現している。各回のテーマは以下のとおりである。①夢の架け橋？明石海峡大橋、②神戸の開発史と震災、③神戸空港と神戸の将来、④フィールドワーク・神戸を歩く、⑤関西空港と自治体、労働者、⑥フィールドワーク・関空を歩く、⑦大阪湾岸開発、⑧大阪オリンピック？、⑨合宿・友が島を歩く（和歌山市。戦時中は砲台の島となった）。

松平によれば、大阪自由学校の事務局には、第三世界の開発現場に勤務して現地での矛盾に直面し、帰国後に今後の方向を模索していた人々がいたという。そこに平井がつながったわけだが、本人からみれば、産業開発がもつ諸問題を日本という枠を超えて実感してきた人々との新たな出会いを通じて、開発と民衆の歴史的・現在的関係にあらためて目を向けることになったのではないだろうか。

最後に、両者のフィールドワークに共通するテーマとして、長町・住吉があることに留意したい。「歴史発見ウォーク」では初回（一九九九年四月）のテーマにもなっている。長町は釜ヶ崎の原点であり、日雇労働のルーツといえる地である。近世の長町労働者の主な職業は、米搗き、酒造、絞油とされたが、なかでも油絞りは重労働で、技量が求められるうえに共同作業である点に特徴があった。住吉大社には主に海運関係の仕事に従事していた人々から寄進された約六百基の灯籠があるといわれるが、平井はそのなかの「働人《はたらきど》中、天満東郷、菜種絞油屋、天保十五年」と彫られた灯籠に着目している。大阪自由学校の合宿（二〇〇〇年六月）のテーマは「油……搾り、搾られ、搾り返し——長町・住吉」だった。これは前に言及したなにわ民衆史研究会（一九九三年七月）での平井の報告タイトルとほぼ同じであり、平井が一貫してこの課題を追求してきたことがよくわかる。なお二〇〇〇年五月二十五日に約三百人が参加した住吉大社でのフィールドワークで、平井が「日本橋にあった木賃宿から天満の油屋に出稼ぎに行った労働者たちが賃金から出し合って立てたもの。労働者の灯籠はここだけ。仕事に対する誇りが伝わってきます」と解説している姿が、報道されている。[17]

資料の内容と参加者の反応

次に、釜ヶ崎フィールドワークを例に、資料の内容や参加者の反応をみてみよう。これは、二〇〇七年度前期に筆者が担当していた文化交流史演習（大阪大学大学院文学研究科・文学部）の一環として実施したものである。授業題目は「近現代の大阪を考える」だった。同年六月の演習で平井が提供した資料十枚を検討したうえで、六月十六日のフィールドワークに参加した。当日には、さらに追加資料が八枚提供された。その後、七月に参加者十人の感想文を平井に提出している。平井から筆者宛の返信（九月十二日付）には、七月から八月に釜ヶ崎・長町、大阪城一帯、アスベスト解体現場など「何カ所か廻って」きたので返事が遅れたとあり、「まだまだ続けようと思っています」と調査への決意が示されている。

準備された資料は多岐にわたるが、二つのテーマに絞って紹介する。

第一は、釜ヶ崎暴動に関するもので、一九六一年八月一日夜に発生した暴動に関する新聞記事や写真群である。

当時京都に住んでいた平井は、第一次暴動と呼ばれるこれを機に釜ヶ崎への定住を決意し、二〇一一年に死去するまで半世紀にわたって釜ヶ崎で暮らした。一九六一年暴動は釜ヶ崎の戦後史の大きな画期であり、平井には、まずこの時代と場所から自身と釜ヶ崎を語りだす自己紹介のスタイルがあった。写真のなかには、当時釜ヶ崎を撮影していた井上青龍のものも含まれていたが、平井は井上の写真の迫力についてよく語っていた。平井の晩年、清水良平宅に集って平井を囲み、写真を見ながら現場についてざっくばらんに話をする場（それは「平井写真館」と呼ばれていた）でも、平井が最初に紹介したのが、西成署とその前の広場を高い位置から俯瞰で捉えた井上の写真だったことを思い出す。(18)

暴動は釜ヶ崎での労働の延長線上にあった。「センターができてマンボ（賃金）が下った」という平井自身の論稿（一九七〇年十二月）は、同年十月に新設された「あいりん総合センター」（労働公共職安と労働福祉センターをともに収めた建物）の性格に対する厳しい批判である。青空労働市場をなくして労働者募集の近代化をうたったこのセンターには警察官が常駐し「巨大なシャッターが完全封鎖できるようにとりまいている」といった現況を、労働紹介のねじれた実態として糾弾したのである。他方、暴動の歴史をさかのぼるための資料も平井は準備していた。それは米騒動の歴史である。平井は、大塩平八郎が「救民」の旗を掲げて農民・町民を率い豪商・米商人の家々を打ち壊した天満騒動（一八三七年）から、一九一八年夏の米騒動へと話をつなぐ。大阪でも二十万人を超える民衆が米騒動に参加したことを報じる各種の新聞記事を示しながら解説した。実は平井は、旧長町の日東町に住んでいた父親が、米騒動のときに倉庫に隠してあった米の噂を聞きつけて押しかけたところ警備の軍隊に発砲されたという話を、小さい頃によく聞かされたという。これについては、「親父が米騒動、息子が釜暴動、僕が騒動・暴動の歴史に関心を持つのも当然だ」と、『声声』で述べている（一六八ページ）。

第二のテーマは、「増え続ける無縁仏」である。「毎日新聞」の記事（一九九二年四月一日付）によると、大阪市の無縁仏は十年前の一・五倍になり、大半は身寄りがない生活困窮者という。大阪市は引き取り手がない遺体が見つかると火葬し、遺骨を一年間から二年間保管したあと、毎年九月に市設南霊園（阿倍野墓地）の無縁堂に納骨する。その数は、一九六五年が約二百人だったのが、九二年に五百人を超え、二〇〇四年には千四十三人になったという。平井は日頃から自身に最も近い存在として無縁仏を挙げていた。釜ヶ崎周辺のフィールドワークのときには、阿倍野墓地は必ず訪れる場所の一つだった。一八七四年に設置され、千日前にあった別の墓地もここへ移動してきた後、七六年には火葬場・葬儀式場も開場して天王寺葬儀所として発足、一九〇七年に大阪市が買収して市営となったという歴史がある。二〇一一年死去した平井自身も、同墓地の無縁堂に納骨されている。

以上、いずれのテーマも歴史と現在が常に結び付いていたことがわかる。こうしたフィールドワークに参加した人々はどのような感想を持ったのだろうか。フィールドワーク後に提出された感想文から引用してみよう。

ある学生はいう――「「特殊環境の中に釜ヶ崎があるわけではない」――平井さんがおっしゃったこの言葉が、私にとっては大変印象に残っている。（略）フィールドワークでは、「見え」てはいるが「知る」ことのなかった部分が数多く紹介された。通りすぎてしまいそうな〝鉄道ガード〟のことや、商店街をぬけた瞬間、あるいは市立病院を境にして町の断絶がおきている理由など、過去が引き出されることで、炎天下の中で立っていた場に、別の歪んだ空間が浮かび上がってきた。私は、一年ほど前にも案内してもらってこの地をまわったことがあるが、そのときとはまた違った観点でまちを歩くことができた」。

この学生は、以前のフィールドワークでは「自分の普段の生活からは想像もつかない場に触れ、「釜ヶ崎」はとにかく凄いところだ、という感想」を抱いたという。だが今回は、自分とは一線を画すことで安堵を得ていた感覚が揺らいだようだ。さらに問題を「釜ヶ崎のものとして閉じ込めてしまう」のではなく「私自身の隣、もしくは私自身の真下にも未来にも存在している、つながりうることなのであろう」と述べている。感想文はそこで終わらずに「付記」が添えられ、以上のようにまとめて自足しがちな研究スタイルへの根源的問いを示したうえで、平井に「応答することはできません」と結んでいる。ここには、フィールドワークを通じて、調査や研究に対する自身の立ち位置が揺さぶられたことを率直に記している。ほかの学生も「フィールドワークで平井さんがあれこれ説明してくださったことは、自分への投げでもあると受けとめました」と記しているが、これも同様の思いだろうと思われる。

別の学生は、このときの感想文では短い感謝の言葉を記しただけだったが、その後、大阪大学の歴史に関する膨大な資料を作成し、それをもとに大学構内をフィールドワークするという実践方法を作り出した。平井死去の連絡に対する筆者宛の返信（二〇一一年三月二日付）には、「大学を歩く会」と称して企画を立てたことについて「平井さんのフィールドワークとの出会いがなければ、こんな表現をすることを思いつかなかったと思います」と記していた。ここにも、平井のスタイルに影響を受け、自身がいる場所の歴史を掘り起こし、そこから思考を深めようとする営みが継承されていることが示されている。

釜ヶ崎をどう見るのか。資料に基づき歴史を想起しながら現場を歩き考えながら、これまで自分には遠い世界として釜ヶ崎をみていた観点が根底的に揺さぶられるような感覚を、参加者はそれぞれに感じ取っただろう。歴史への参照と自己内部への食い込みが連動すること。「歩く」ことを通じて触知した何かが否応なく自身の問題として立ち上がってくること。平井のフィールドワークにはそれらを促す力があったのではないだろうか。

3　歴史を往還する

劉清長・平井正治・武内実

アジア・太平洋戦争末期の中国人強制連行については、史実の解明が進められてきた。大阪でも、藤永田造船所、日本港運業会安治川華工管理事務所、同築港事務所、同川口事務所の四つの事業場に向け五つのグループに分けて、千人を超える中国人が強制連行された。さらに日本港運業会伏木事務所からも期間限定の配置移動があり、あわせて八十六人の中国人が大阪または船中で死亡している。このうち日本港運業会大阪築港華工管理事務所（第二次連行）については、秋田県の鹿島組花岡出張所と並んで、戦後のＢＣ級戦犯裁判（横浜法廷）で有罪判決が下された。大阪関連の裁判に関する英文資料がアメリカ国立公文書館で発見されたのは一九九四年八月だったが、この資料から警察関係者二人と企業の現場担当者二人だけが責任を問われ、官民の上層部は追及の手を免れたという事実が判明した。最も重い懲役十二年の判決を下されたのは、築港事務所厚生科長・武内実だった[19]。

当時、大阪・中国人強制連行をほりおこす会に集った筆者たちは、この資料を分析していたが、メンバーの一人である在日中国人・猪八戒が平井と話すうちに、有罪判決を受けた武内が復帰して大阪港で勤務していたことがわかった。平井は武内が戦犯であることを明確に認識していた。港湾労働法が成立した翌年の一九六七年、現場では求人の手当が曖昧な状態が続き、労資交渉の課題となっていた。三菱の下請で最大手の港運会社である中谷運輸が、規定どおりの手当を支払わないため、全港湾の執行委員だった平井は同社との交渉に入った。労務担当重役だった武内は「日雇いごときにそんな金払えるか」と言い放ったという。平井は労働現場の不文律として「人の過去は問わず」を独自の倫理観としていたが、「「日雇いごとき」、これは許せない、とっさに「オノレ戦争犯罪人やないか、マダそのくせがぬけとらんのかァ」、と大声を上げた[20]」という。その後、武内は団体交渉の現場から姿を消したそうだ。大阪港への中国人強制連行を問う活動のなかで、平井の証言から戦時と戦後の連続性が二十数年の時を超えて明らかになったのであった。平井はこの一連の話を九〇年代以降いろいろな場で語ったが、「日雇いごときが」という点に至ると、いつも感情を高ぶらせた。強制連行は日中間の国際関係の問題として捉えられることが多いが、平井は大阪の港湾労働者に対する日々の労働に関わる労務管理の問題と結び付けて発言していた。ここに、労働と生活を歴史と現状のつながりのなかで問おうとする平井の独自な立脚点がうかがえる。

一九九六年十一月に「中国人強制連行国際シンポジウム大阪大会」が開催された。「港湾労働の現場から」と題する平井の報告は、中国人強制連行を共通テーマとした諸報告のなかでは異彩を放つ内容で、平井の面目躍如たるものだった。平井は、幕末の開港から論じ始め、神戸、大阪（川口）の歴史に言及したうえで、大阪港が軍事補給港と位置づけられ、軍用貨物線整備や国防婦人会結成のなかで重要な役割を果たしたこと、港湾荷役業で

写真4　大阪港で談笑する劉清長と平井正治（1996年11月10日）

は開港以来、労務支配制度が民間の荷役請負業者によって構造的に貫徹されてきたこと、その延長線上に戦時の中国人強制連行・強制労働があることを論じ、さらに朝鮮戦争やベトナム戦争で大阪港が果たした軍事的役割にまで説き及んだ。そこには、強制連行を戦争末期だけの過去の問題とみなさず、大阪という港湾労働の現場の近現代史を貫く問題として受け止めようとする姿勢を打ち出していて、その意味でシンポジウムの思想を体現する報告だった。平井にとってこの報告は、港湾の近現代史、大阪港における中国人強制連行の戦争責任、そして戦後港湾労働の現場と運動、という三つの問題が、自身のなかで緊密に結合したテーマとなったことを示すものだっただろう。

　このシンポジウムで証言したのは劉清長だった。劉は一九四五年春に大阪府警察部に収監された経験をもち、九四年の大阪訪中団のメンバーに対して「いま頃何をしにきたのか」と激しい怒りをぶつけた人である。劉は自らの労働現場でもあった安治川周辺に行き、中国人宿舎があった場所（現在は安治川の川底）や桟橋を訪れたが、あまりにもさま変わりしていたために当時を思い出すことができなかった。だが港を歩くうちに、劉が二つの現場感覚を思い起こしたことを記しておきたい。一つは安治川対岸の「造船所から聞こえてくる音で、当時のリベット打ちの音を思い出して胸が痛くなった」(21)ことである。もう一つは、港を案内した平井との交流を通して当時を思い出したことである。平井は手鈎を三個ほど持参していた。手鈎を持ちながら平井が仲仕の仕事を身体で示し、それに劉が即座に応答したやりとりは、現場にいた筆者にも忘れられない記憶である。平井や劉に同道していた櫻井秀一によれば、「平井さんは手鈎の一個を劉さんにあげた。二人の顔が輝いていたのを覚えている。ほんとうにうれしそうだった」[22]。

それは、自らを「働人《はたらきど》」と呼ぶ平井正治の劉清長に対する思いの表れだったのだろう。ともに歩くことで歴史を想起していまと向き合う実践こそ、フィールドワークという営為なのだ。これは日本と中国の労働者が単に友好交流をしたという話では、まったくない。それは、劉清長にとってはのたれ死にしていった仲間たちを、そして平井にとっては大阪港湾労働の死傷者たちをそれぞれ背負いながら、対面する現場だった。一期一会となった二人の出会いは、大阪港の労働現場をめぐる東アジア民衆の近現代史の痕跡を浮かび上がらせたのであった。

「ある生き様　死に様」――仲間をしのぶ

先にみた釜ヶ崎フィールドワーク（二〇〇七年）の資料には、「不況あぶれ　悲しい酒盛り」などの見出しの新聞記事も含まれていた。一九七七年十月二十六日、萩之茶屋中公園で四人の労働者が、また付近で二人の労働者が死亡する事件があった。のちにフグ中毒が原因だったことが判明している。当時は資料を手に現場周辺を歩いたはずだが、平井がどんな説明をしたかは思い出せない。平井は、参加者が自分の説明に反応しきれない場合、一歩引いて、その様子を観察することがあった。後日、あのとき実はこちらの姿勢が問われていたのだなと感じたことも少なくない。この件については、のちに『労務者渡世』[23]を通読するなかで、問題の重さを感じ、公園周辺をあらためて歩き直し考え直すことになった。それは筆者にとって再フィールドワークの経験になった。

平井は沖野奈加志というペンネームで、同誌に「ある生き様　死に様　中毒事件　死者と通称」（第二十三号、一九七七年十一月、①とする）および「警察裏の公園に釜ヶ崎地蔵が――フグ中毒事件とその後」（第二十四号、一九七八年一月、②とする）という文章を寄せている[24]。両者を簡略に紹介しよう。①には、短いまえおきのあと「現場のもよう」「李竜南」という項目がある。平井は「何を煮炊きしたのか、何時頃食べたのか」という点から、周囲の労働者たちに聞き込みをする。ここには所定の検死のプロセスとは異なり、自分たちの問題として難死の実情に迫りたいという強い意志が感じられる。その過程で、死者の一人が李竜南であることを知った平井は、「十年程の彼との断続する交流の経過をふり返ってみたい」と述べる。また②の短いまえおきの終わりには、「予想外の反きょうがあったので、事件のその後の様子についてお知らせしたいと思う」とあり、平井が本件に深い思いを寄せていたことがうかがわれる。その後に「やはりフグ中毒であった」「その後の公園」「柵で囲まれた公園」という項目が続く。

　事件が仰々しく扱われる状況に違和感を示す平井は、「いっそのこと彼をよく知っている私が、彼の生き様、死に様を明らかにしてやることが彼への惜別のはなむけになるのではないか」（①）と記している。そこにはある人と幽明の境を隔てるときには、この世の側の、こちらの世界の者としてその人の生を受け止めるという姿勢がみえる。それは、具体的な顔をもった個人をめぐる、そしてその人につながる仲間をめぐる、厳しい状況のなかでの弔いの振る舞いであり、はなむけの一文なのではないだろうか。[25]

　木村竜男という名前で港湾日雇労働者として登録した李竜南は、港湾労働運動や釜ヶ崎越冬テント村に出入りし、「寝ぐらには、病人か、ケガ人がいて彼が食べさせていたのである。ときには三人も扶養《（ママ）》家族をかかえていたことがある」という面倒見がいいタイプであった。だが、「外国人登録証不携帯が警察に知れ」て拘留されてしまうと、それを契機に周囲に「朝鮮籍であることを知られたのを深く気にしだした」という。そして港湾労働からも離れていったようだ。①の末尾は、次の言葉で結ばれている。

> 港湾でも、テント村でも、公園でも木村竜男で生きてきた彼。木村竜男で他人にメイワクをかけたか。生きるための必要から彼が考えた彼の名を、通称などと呼ぶべきか。通称などというのは、他人に禍をもたらす奴らの使うものだ。

ここには、死者たちとの別れという問題と通称という問題が出てきているが、死者たちをどのように遇するのかという点こそが根本にあり、それを通称と絡めて展開したところに平井の独自性があると筆者は考えている。この点を確かめるためにも、あらためて当時の状況に立ち戻ろう。

事件があった一九七七年十月二十六日の夜、公園には小さな祭壇が作られた。そこで夜を明かした人もいたという。二日目の夜には、仏像代わりの人形、地蔵経の経巻、飲食物、花、線香、ローソクなどが置かれて、「地蔵盆の夜を思はせる」雰囲気だった。仲間を自分たちで送り出す形が自然にできていたのだ。三日目の夜には祭壇の前には「サイ銭を入れる箱」が二つできていて、なかには「硬貨ばかりが、いくらかずつ入っている」。そこでは次のような会話が交わされていた（一部、略）――。


「この金、誰がもらうんや」

「……誰がもって行くんやろなァ」

「ほしいものがもって行ったらエエのや。全部もって行くな……。メシ食えんものがメシ代もろて行ったらエエのや。竜（木村竜男のこと）は死んでからも皆に食わしたりよる、それでエエのや」

「ほしけりゃもろとけよ」

「ほしいときにもろたらエェがな」

「もろたらおがんで行けよ」


そこにいた一人ひとりの声を、平井は丁寧に聞き取っていた。そして最後の声が「結論のようで、みんな得心がいったように（略）気分がやわらいだ」と平井は記している（②）。その約一カ月後、公園が金網付きの鉄柵で囲まれることになった。これに対して平井は「フグ中毒事件の行政責任をおしかくすものでしかない」と怒りを露わに批判している。[26]

筆者は、亡くなった人を追悼する場での語らいが詳しく記述されているところに、この文章の深い意味があると考える。こうした背景を踏まえることで、先にみた「通称」をめぐる平井の姿勢の意味がみえてくるだろう。前記①の引用からは、警察やマスコミが、木村竜男自身が生き延びるために選び取り名乗っていた名前を簒奪し、一方的に暴露するやり口に対する強い拒否感がうかがわれる。生者が死者を彼らが生きてきた場でしのび見送るという姿勢、そして警察取材に基づくマスコミ報道への嫌悪という平井の姿勢を貫いているのは、端的に言えば死者を専有してはならない、ということである。平井の主張は、『労務者渡世』に連載された論稿①と②をあわせて読み解くことで明確になると考えられる。

死者をどのように遇するのか、そもそも人の処遇とはどういうことなのか。この点は、その人を構成する諸要素の歴史的成り立ちとつながりのなかで、十分に配慮されるべきものだろう。こうした意味から、平井の二つの文章は、人が自らをどう名づけるか、人との付き合いとはどういうことなのか、逆に人をどう名づけるかが、人の生き方を規定してしまうことに、厳しい検討を迫る内容になっている。これに関して参考になる指摘がある。日本国籍確認訴訟や外国人登録証焼き捨て行動などを展開して闘った宋斗会の通称は木村竜介であった。この点について、趙博は宋の言葉を引いて、「「宋斗会はあくまでも木村竜介こと宋斗会である。木村竜介を捨てるには宋斗会を捨てねばならず木村竜介を捨てれば宋斗会もなくなる」と言うとき、民族解放が自己の解放にストレートにつながらなかった思いと葛藤を吐露していたのだ[27]」と、宋の心情に迫っている。

「朝鮮総連にも韓国居留民団にも属せず、ひたすらに木村竜男で通してきた」李竜南に対する平井の追悼文には、民族問題が確実に伏在しているが、それだけに回収されえないような、あるいはその点にだけ議論を収斂させてしまわないような歴史への向き合い方が表れているといえる。

②は、「李竜南君については身柄引受人の港湾のM君を通じて九州小倉に妹と弟が居り、大阪にも妹が居ることが分った。小倉にはある程度彼の生前の様子を知らせることができた。大阪の妹さんとも近く会えるハズになっている」という文言で結ばれている。故人の身元捜しについては、平井は長年、「労災補償の手続き、会社からの慰謝料、それから遺品」などについて家族に知らせることを旨としてきた（『声声』二〇三ページ以下）。李竜

南の場合、平井は生前の様子を遺族に伝えることに意義を見いだしているようだった。ここには、どういう関係のなかで人々は生き続け、またその縁から離れていくのかについての、深く複雑な心情が示されているように思える。

おわりに

本章では、釜ヶ崎で半世紀にわたって闘いを継続し、また民衆史の確立を呼びかけ続けた平井正治の歴史認識の特徴を追求してきた。最後に、各節の内容をまとめるとともに、残された課題について言及したい。

第1節では、平井が遺した品々から、割れたヘルメットの内に大切に保管されていた資料を紹介し、そこに港湾の組織労働者として、また一人の日雇労働者としての平井の原点を確認した。そのうえで、平井が様々な時点で、どのような人々とのつながりと場のなかで思考し活動していたのかを課題として論述を進めることに留意し、平井の周辺に集った「なにわ民衆史研究会」の問題意識について、資料と聞き取りをもとに検討した。

第2節では、平井の企画したフィールドワークが実際にどのようにおこなわれていたのかを探った。その際、継続的に企画されたフィールドワークの対象地域、用いられた参考資料や参加者の感想をもとに、その活動の実像に迫った。釜ヶ崎と日雇労働、土木建築工事と博覧会、水資源や空港などの開発系、大阪城と戦跡の歴史を探る企画がみられた。資料や感想の分析からは、自分自身の経験を介して歴史に向き合おうとする民衆史的主体の立て方を目指そうとした平井の姿が浮き彫りになり、その姿勢は参加者の歴史認識に食い込むような役割を果たしたことがうかがわれた。生活・労働・運動の諸局面を歩くなかから、歴史の痕跡を感知すること――ここに平井フィールドワークの特徴が示されている。

第3節では、歴史を往還しながら主体として生きる、という平井の姿勢が示された事例を二つ取り上げた。一つは、大阪港に中国人を強制連行した史実の解明に関する事例である。平井は、一九九六年に五十一年ぶりに来阪した生存者・劉清長を大阪港に案内し、働く者同士として共感しあうとともに、強制労働の現場担当者が戦犯として重刑判決を受けながらも、戦後再び港湾荷役の労務担当として復帰し、日雇労働者を差別したことに対してこの労務担当者を厳しく糾弾した経験も有していた。ここからは、帝国日本の痕跡に無自覚な現在の社会状況と闘う平井の姿勢がうかがえる。もう一つは、釜ヶ崎の公園でフグ中毒のために亡くなった李竜南（木村竜男）への追悼文である。事件後に公園で語られた仲間たちの言葉を聞き取り丁寧に記録することによって死者たちをいたむという平井の態度は、死者とともに生きる生者のあり方を問うものである。また通称に関して、現実の生活のなかで自らをどう名乗るか、また人をどう名づけるかという問題として具体的に論じる方法は、歴史的視点、空間的視点、人のつながりを考える主体的視点に関する厳しい省察を要請している。

以上の考察を通して、平井の「生き様」そのものが歴史と対峙する方法論だったことを、最終的に結論づけたい。

最後に博覧会イベントに対する批判的姿勢について一言する。平井にとって、一九七〇年大阪万博とは、開催前後の突貫工事のなかで、釜ヶ崎の労働者、各地からの出稼ぎ労働者、在日朝鮮人労働者などが犠牲になった大災害そのものだった。そのことの意味を平井は訴え続けた。こうした問題意識は、〇三年第五回内国勧業博覧会開催での長町一帯住民の立ち退き強制と各種工事強行による労働者住民の犠牲の歴史とも重なっていた。勧業博における「人類館事件」も重視していた。また、八三年の大阪城築城四百年祭は徹底的に対決すべきイベントであった。平井は、秀吉以来の戦跡と位置づけた大阪城フィールドワークを繰り返し実施した。また同年、大阪市内各地で実施された「浮浪者リスト」の台帳作成のための日雇労働者への指紋採取に対して抗議の声を上げた平井は、同時代に展開した指紋押捺拒否の運動にも連帯していった。こうした一連の思考と行動の流れには、歴史を往還する視点が具体的な形態で激しく息づいていたといえるだろう。その詳細な検討は今後の課題である。

注

（1）原口剛／稲田七海／白波瀬達也／平川隆啓編著『釜ヶ崎のススメ』洛北出版、二〇一一年、原口剛『叫びの都市——寄せ場、釜ヶ崎、流動的下層労働者』洛北出版、二〇一六年、白波瀬達也『貧困と地域——あいりん地区から見る高齢化と孤立死』（中公新書）、中央公論新社、二〇一七年

（2）西村秀樹『大阪で闘った朝鮮戦争——吹田枚方事件の青春群像』岩波書店、二〇〇四年

（3）冨山一郎「平井正治『無縁声声——日本資本主義残酷史』」「思想」一九九八年一月号、岩波書店、一四二—一四三ページ

（4）平井が遺した資料の保存状況について簡単に記す。単行本九百十五冊や雑誌などは、目録作成後、大阪人権博物館と西成アーカイブに保存している（学芸員・吉村智博の協力を得た）。各種資料や写真類は整理中である。

（5）当時の状況については、全日本港湾労働組合編『港湾労働法闘争史——登録日雇港湾労働者10年の闘い』（全日本港湾労働組合、一九七七年）、また兵庫県民主法律協会（前田修／高橋敬／宮後恵善）「ファッショ的労務支配に抗して——全港湾上組分会の闘争〔含資料〕」（「労働法律旬報」第八百七十九号、旬報社、一九七五年）を参照。

（6）松平尚也からの聞き取り（二〇一六年十一月二十八日、京都市左京区）。この聞き取りには崔博憲の紹介を得た。

（7）「オニオン」（泉州沖に空港をつくらせない住民連絡会、一九九七年五月三十一日）、「京都新聞」（同年六月一日付）、「朝日新聞」（同年六月七日付、七月二十日付）、「北海道新聞」（同年六月八日付）。なお「東京新聞」（同年六月十五日付）、「西日本新聞」（同年六月十五日付）に再掲、「きょうと夜まわり通信」（第二号、同年六月）、「協友会通信」（第三十八号、同年七月一日）、「ポリマーダイジェスト」（同年七月）、「みおつくし」（大阪市職員労働組合、同年十一月十一日）などに書評や紹介が掲載されている（出版記念「平井正治氏を囲む会」配布資料による）。この出版記念会は、一九九七年七月二十七日、第一部・大阪城フィールドワーク、第二部・出版記念会（西成区喫茶店きじむなー）の二部構成で開催された。

（8）以下、服部良一（二〇一六年十一月一日、大阪市西成区）と趙博（二〇一六年十一月十四日、大阪市東成区）からの聞き取りと資料提供に基づく。関係者の記録としては、張錠寿、聞き書きを編集する会編『在日六〇年・自立と抵

抗——在日朝鮮人運動史への証言』（社会評論社、一九八九年）、宇多滋樹『豚の神さま——渡慶次恒徳の半生』（宇多出版企画、一九九九年）がある。なお尻無川は、大阪市西区、港区、大正区を流域とする河川である。

（9）平井正治「《労務者の歴史・番外》」「労務者渡世」第十八号、労務者渡世編集委員会、一九七六年

（10）平井正治「大阪城と陸海軍」（辛基秀／柏井宏之編『秀吉の侵略と大阪城——ちょっと待て！「大阪築城400年まつり」』所収、第三書館、一九八三年）も参照。

（11）金城宗和からの聞き取り（大阪市大正区、二〇一七年三月九日、上地美和とともに）。修論のエッセンスは金城宗和「エスニック・グループとしての「沖縄人」——大阪市大正区における沖縄人アイデンティティの聞き取り調査から」（「人間科学」第三十七号、関西大学大学院、一九九二年）として発表された。

（12）清水良平（メモ）「舞鶴・大江山のフィールドワーク報告」二〇〇三年十一月二十五日

（13）日本文化人類学会監修、鏡味治也／関根康正／橋本和也／森山工編『フィールドワーカーズ・ハンドブック』世界思想社、二〇一一年、佐藤郁哉『フィールドワークの技法——問いを育てる、仮説をきたえる』新曜社、二〇〇二年、杉原達「思想としての現場探訪」「思想」一九九七年六月号、岩波書店

（14）「センターだより」通覧にあたっては、海老一郎（センター職員）の教示を得た。海老によれば「歴史発見ウォーク」とは銘打たず平井も不参加だったが、海老が企画した会が二度あったという。「上町台地コース」（一九八八年十月）と「大阪城ぶらぶらツアー」（一九八九年四月）である（西成労働福祉センター編「センターだより」第百三十八号、西成労働福祉センター、一九八八年十月、西成労働福祉センター編「センターだより」第百四十四号、西成労働福祉センター、一九八九年四月参照）。内容的には「歴史発見ウォーク」の前史といえる。

（15）佐藤大介「日雇労働者の「歴史発見ウォーク」」（「追悼集」）、日本寄せ場学会、二〇一二年、四二ページ以下

（16）前掲の松平尚也からの聞き取りと資料提供による。

（17）平井正治「釜ヶ崎形成史（1）——釜ヶ崎とその周辺」、季刊「釜ケ崎」編集部編「季刊釜ヶ崎」創刊号、季刊「釜ケ崎」編集部、一九七九年、同「釜ヶ崎形成史（2）——長町＝江戸時代」、季刊「釜ケ崎」編集部編「季刊釜ヶ崎」第二号、季刊「釜ケ崎」編集部、一九八〇年。「働人」を「はたらきど」と読む点については、趙博の教示を得た。平井は労働者の矜持からこの言葉を好んでいたという。趙博写真・文『パギやんの大阪案内 ぐるっと一周〈環

状線〉の旅』（高文研、二〇一二年）を参照。趙によれば同書は平井との共著になる予定だったが、平井の死去のため趙の単著になったという。フィールドワークの様子については、「灯ろうが語る「なにわ産業史」」（「毎日新聞」二〇〇〇年五月二十六日付）を参照。

(18) 二〇〇九年九月六日、大阪市東成区での集まりで、参加者は平井、清水良平、上地美和、杉原達だった。その後の会には、松田京子、弓谷葵も随時参加した。本章の文責は筆者にあるが、メンバーとの対話から多くを得てきたことを感謝の念をもって記したい。

(19) 杉原達「戦時期大阪への中国人強制連行――調査研究の現状と課題」、大阪大学文学部編「待兼山論叢 日本学篇」第二十九号、大阪大学大学院文学研究科、一九九五年、櫻井秀一「大阪築港への中国人強制連行」、大阪国際平和センター編「戦争と平和――大阪国際平和研究所紀要」第六号、大阪国際平和センター、一九九七年、大阪・中国人強制連行をほりおこす会編『大阪と中国人強制連行』大阪・中国人強制連行をほりおこす会、一九九九年

(20) 平井正治『無縁声声――日本資本主義残酷史 新版』藤原書店、二〇一〇年、三三ページ以下、全港湾労働組合大阪港分会ニュース「大阪港」第百四十三号、一九六七年二月三日、参照

(21) 中国人強制連行国際シンポジウム大阪集会報告集編集委員会『報告集――中国人強制連行国際シンポジウム大阪集会』中国人強制連行国際シンポジウム大阪集会報告集編集委員会、一九九七年、一九ページ

(22) 二〇一六年十一月二十六日、大阪市大正区での櫻井秀一からの聞き取り。杉原達『中国人強制連行』（「岩波新書」、岩波書店、二〇〇二年）も参照。沖野奈加志「手鈎の話あれこれ」（「労務者渡世」第二十五号、労務者渡世編集委員会、一九七八年）によれば、平井は二十数種の手鈎を集めて所有していた。そのうち七種を自筆のイラスト入りで紹介している。

(23) 「労務者渡世」は、『労務者渡世』編集委員会発行で、一九七四年から八五年に全三十八号にわたって刊行された雑誌であり、労働や生活、闘いや娯楽など、多彩な側面から論じた重要な資料である。第一号から第十六号は、寺島珠雄編『労務者渡世――釜ヶ崎通信』（風媒社、一九七六年）に一部復刻されている。

(24) 前者は前掲『無縁声声』に収録（三二九―三三三ページ）。この文章については、平井と長く親交があった水野阿修羅が「こだわりの人――平井正治さん」（「寄せ場学会通信」第八十号、二〇一一年、のちに『追悼集』に収録）の

なかで「彼の書いたものの中で最高だと私は思っている」と記している。また冨山は前掲の書評で、「「平井正治」という名は、住民票の名前や警察が指紋を取って定義する名前ではなく、この生き延びている者達との縁の中で生まれた名前なのだ」と指摘する。本章執筆にあたり両論稿から大きな刺激を受けたことを明記する。

(25) 川村邦光『弔い論』青弓社、二〇一三年、同『弔いの文化史——日本人の鎮魂の形』（中公新書）、中央公論新社、二〇一五年

(26) なお「労務者渡世」編集委員会に寄せられた読者からのハガキ（一九七八年二月二十八日消印）には、「フグ中毒事件で死んだ六名の合同慰霊祭が二月二十七日」に開催されたと記してある（二〇一五年八月十八日、西成アーカイブ［大阪市西成区］）。

(27) 趙博「宋斗会さんの想い出」「抗路」第三号、抗路舎、二〇一六年、二一四ページ

第9章

外国人として日本で働くということ

崔博憲

はじめに

事前の調査や打ち合わせ、台本がなく、そこで出合った出来事を「観察」するという手法で映画を撮る想田和弘は、二〇一三年十一月、岡山県の牡蠣工場で中国人技能実習生の受け入れを意味する「九日、中国来る」と書かれた紙片を偶然目にする。想田は、その紙片を起点として、高齢化と労働力不足に悩む瀬戸内海の田舎《いなか》町がグローバリゼーションの最前線にあることを映画『牡蠣工場』（二〇一五年）で描き出している。

少し目を凝らして「観察」すれば、いまの日本のあちこちで同じような発見ができる。厚生労働省の外国人雇用状況の届け出の統計によれば、二〇一七年、日本で働く外国人（特別永住者を除く）は過去最高の百二十八万人で、その大半を占めているのが技能実習生、日系人、留学生である。国籍別では多い順に中国（三十七万人）、ベトナム（二十四万人）、フィリピン（十五万人）、ブラジル（十二万人）、ネパール（七万人）となっている。彼／彼女たちは、コンビニエンスストアやスーパー、居酒屋、ファミリーレストラン、家電量販店、ホテル・旅館、建設現場、風俗店、造船工場、自動車部品・電器製品工場、縫製工場、惣菜・弁当工場、水産加工工場、クリーニング工場、農園・畜産場、漁船、介護施設などで、貴重な働き手として日本社会を支えている。

本章では、このように現代日本で労働力の確保が難しい現場で欠くことができない存在になっている外国人労働者について考える。日本社会は、どのように彼／彼女たちを受け入れてきたのか。彼／彼女たちは、どのように日本にきたのかだろうか。彼／彼女たちは、日本でどのように働いているのか。そして彼／彼女たちにとって、日本とはいったい何であるのだろうか。多様な外国人労働者をひと括りにすることはできないが、ここではいくつかの具体に触れながら、彼／彼女たちが生きる／生きた現実に向き合ってみたい。

外国人労働者について考えようとするとき、その前史を無視することはできない。戦前は帝国として多民族の共生をうたい、戦後は国境の内側が均質な国民によって構成されているという物語に酔い、非日本人を排除し、差別し、不可視化してきた日本こそが、外国人労働者を社会の周辺に位置づけるいまを準備したのである。この点を強く意識する本章では、現在進行している外国人労働者の増加という事態を在日韓国朝鮮人が社会の底辺で働き暮らした戦後の文脈に位置づけたうえで、外国人が日本で働くとはどのような経験なのかについて考える。ただし、ここでは外国人労働者問題を網羅的に分析・考察するというよりも、周縁的な労働を担う彼／彼女たちの経験の断片を取り上げることで問いに応えたい。

1 在日——戦後日本の「埒外」

戦後、長い間日本で働き暮らしていた外国人のほとんどは、植民地支配のもと、日本人であることを強いられていた朝鮮人とその子孫だった。日本の敗戦／朝鮮の解放後、およそ百五十万人の朝鮮人は海を越えて故郷に戻っていったが、生活の基盤が日本にあった者たち、帰国がかなわなかった者たち五十万人以上が日本に残り続け、ある者は生きんがために引き直された国境線を往還した。(1) 戦後、いくつもの境界や差異が再編されたが、植民地主義の落とし子だった在日する韓国朝鮮人に対する差別と排除は終わることはなかった。解放、済州島四・三事件、朝鮮戦争、日本国籍の喪失、共和国への帰国運動、日韓条約締結など政治状況が激しく揺れ動くなかで、在日の具体的な生活は社会の底辺に置かれ続けた。それは、金時鐘が「総体的な労働市場において、在日は埒外なんです」と言うように、在日が政治的あるいは文化的に周縁化されていたからという以上に、日々の暮らしを成り立たせるための具体的な労働の機会が周縁化されていたからである。金は続けて、「人間が存続する上で労働権が奪われているというのは、生きる価値がないということなんです。生きるよすががないということ(2)」だと述べている。

冷戦を背景に経済成長をしていた一九七〇年、「生きる価値」や「生きるよすが」を求めて、自分たちを「埒外」にする日本社会に対して真っ向から「労働権」を取り戻す闘いを挑んだのが、貧しい在日の家庭で生まれ育った朴鐘碩だった。高校を卒業したばかりの朴は、日立製作所の求人広告を見て、出生から使用していた日本名の新井鐘司で採用試験を受験して合格するが、韓国籍であることを伝えた途端、採用を取り消されてしまう。国籍によって在日を排除するという方針は多くの日本企業にみられるものだったが、とりわけ日立製作所のような大企業ではその方針は徹底されていた。高度成長の果実が徐々に社会に広がっていくなかでも依然として「埒外」に置かれ続けることに朴は絶望し、そして怒った。そのとき、在日朝鮮人・中国人らの権利をさらに制限しようとする新たな出入国管理法の制定に反対するいわゆる入管闘争のチラシを配布していた大学生と知り合ったことをきっかけに、朴の怒りは社会的な注目を集めることになった。彼は在日や日本人からの支援を受けて、採用取り消しの撤回を求めて日立製作所を訴えた。

裁判を闘うなかで、朴は自身の在日一世の父母について述べている。それは「ごくありふれた」在日が「埒外」を生きるとはいったいどのようなことなのかを表す言葉である。

> 父母は、ごくありふれた在日朝鮮人の生活をし、体をすりへらしながら、日本のお役人がいうままに、姓名を日本人らしくかえ、日本人におもねってくらすことに必死であったということでした。
>
> （略）
>
> 父母は、日本のお役人にさからって、日本から追い出されては大変だという恐怖感をもつようになり、ひたすら日本人らしくよそおって、家のなかでも子どもたちに日本語しかはなさないような態度にかわったということでした。(3)

植民地支配や冷戦構造に翻弄された在日社会にはいくつもの鋭い対立や軋轢があり、在日一人ひとりの戦後経験やその意味は様々だが、「ごくありふれた在日朝鮮人」は、「日本人におもねってくらすことに必死」になり、「日本のお役人にさからって、日本から追い出されては大変だという恐怖感をも」ちながら「埒外」を生きたのである。この「おもねり」や「恐怖感」と無縁な在日はいない。在日二世である朴にとって、日立製作所との闘いは、自身に固着していた「おもねり」や「恐怖感」を乗り越える闘いでもあったはずだ。

三年半にわたる裁判闘争は朴の全面的な勝利となり、彼は奪われた「労働権」を取り戻すのだが、[4]貧しい在日家庭で育った青年が生きる場所をこじ開けるために闘った相手は、彼を就職差別した日立製作所という日本の企業だけではなかった。彼は、当たり前のように「在日は埒外」としてきた日本社会の総体と闘ったのである。「在日は埒外」を当たり前としてきたのは、企業や国家だけではなかった。彼からすれば、左翼政党や労働運動、それらを鋭く批判した新左翼、さらに日本企業に就業するのは日本人化を促進するものだと自分を辛辣に非難する民族団体や在日知識人も、「在日は埒外」という前提を受け入れていたのだから。[5]

そのために、朴の闘いは、日本社会のなかの差別や排除を生み出す括りや装置、イデオロギーを問い直すものになり、新たな社会運動と共振した。当時、ベトナム反戦運動や地域に根ざした市民運動、マイノリティや女性の問題への取り組みなどの様々な社会運動が生まれていたが、彼の闘いもまた市民や住民という立場性やその紐帯の可能性を押し広げる新たな社会運動の一翼となったのである。[6]

2 帝国からグローバリゼーションへ?

既存の枠組みを超えようとする新たなうねりは、戦後日本を形作っていた構図が大きく変化し始めた時代のなかで生まれていた。

在日一世の崔華國は、一九七九年、自宅に突然訪問してきたインドシナ難民救済のカンパ依頼を条件反射的に

「まにあっています」と断ってしまった経験を書き記している。[7]その年は、ベトナム戦争終結後に急増した難民の受け入れに消極的だった日本政府が、国際世論に押されるようにして定住支援をようやく決めた年だった。崔にカンパを求めにきたのは、入管闘争や反戦運動以降、アジアや在日外国人との関係性を見直す機運が高まるなかで、難民をしぶしぶ受け入れるが定着を望まない日本政府の不十分な支援を補おうとした市民活動家だったのだろう。

また、この頃、難民以外にも日本を目指す新しい人の流れが生まれつつあった。国境を越えた労働力の新たな受け入れである。高度経済成長期、労働力不足に直面した日本政府は外国人労働者の受け入れを検討するものの、「外国人労働者を特に受け入れる必要はない」という立場を取り続けた。[8]そうした状況下で国境を越えて日本に働きにやってくる外国人は、韓国からの密航者や韓国人・台湾人ホステスと例外的に受け入れられた少数の外国人労働者に限られていた。だが、一九七〇年代後半になると東アジアや東南アジアから「じゃぱゆきさん」や技術研修生といった外国人が徐々に増え始め、その後の外国人労働者の増加につながっていく。外村大は、このような日本をめぐる人の移動の変化を次のように説明している。

こうした変化は、日本に定住する旧植民地出身者が介在したり、戦前の日本の教育を受けた者が活用されたりといったいわば「帝国の遺産に基づく移動」が次第に終焉を迎えつつあったことを示す。これに代わって主流となっていったのは、新たに作られた国境を越えたネットワークや個人レベルでの国際的な移動をもとにした「グローバリゼーション下の移動」となっていたと言えるだろう。そしてそのような変化のなかで、一九八〇年代末には日本帝国の朝鮮人労働者使用の記憶や経験は忘れられるなかで、外国人労働者の導入の容認と規制緩和が図られることとなった。[9]

日本をめぐる移動が、「帝国の遺産に基づく移動」から「グローバリゼーション下の移動」になったのは、この指摘のとおりだろう。確かに、新たにやってきた外国人労働者のなかには帝国日本の記憶や経験をもたない者が大半を占めるようになっている。しかし、彼／彼女たちを受け入れる側の日本は、本当に朝鮮人やアジア人に過酷な労働を強いた帝国の記憶や経験を忘却したのだろうか。

外村が指摘するように一九八〇年代末以降、日本では「外国人労働者の導入の容認と規制緩和が図られ」、国外から労働力を調達する動きが拡大した。その際、「単純労働者」として外国人は受け入れないという立場に固執する日本政府が掲げたのが、国際貢献や祖国との交流などの看板だった。しかし、それは実際には安価で都合がいい働き手として外国人を、国内労働者だけでは立ちゆかない職種や現場に送り込む方便にほかならない。そうした方便を使って外国人を二級の労働者や市民として受け入れている現代日本は、共生や協和をうたいながら朝鮮人など多くのアジア人に過酷な労働を強いた帝国の記憶や経験をはたして忘却したといえるのだろうか。

国家だけではない。国民あるいは庶民も「帝国の記憶や経験」を忘れてはいない。一九八五年、指紋押捺を拒否した李相鎬には大量の脅迫状が送りつけられた。そのなかのある脅迫状には、「朝鮮人は昔から（略）土方ときまつて居た。日本におらして思うなら指紋おすのが当たり前[10]」と書いてあった。在日する朝鮮人を底辺労働者と位置づけ、日本に従属すべき存在とするその言葉の奥底には、「日本帝国の朝鮮人労働者使用の記憶や経験」がうずくまっている。鈴木啓介が指摘するように、それは、極端な排外主義者のなかだけではなく「日本人のとりわけ「庶民」層の意識の中に牢固としてうずくまっている[11]」。

そして、グローバル化が進む現代日本社会にも、それはうずくまり続けている。

在日を差別し排斥してきた言葉や暴力が、新たに日本にやってきた外国人労働者やその家族に向けられているのは、そのことを示している。二〇〇九年、在留資格をもたないまま日本で十年以上働いていたフィリピン人の自宅や子どもが通う中学校の周辺で「犯罪者一家をたたき出せ」と叫ぶ市民を名乗る集団は、別な場所では「特権要求を繰り返す在日韓国人を朝鮮半島へたたき帰せ」と叫んでいた[12]。こうした事態を、「内なる他者」への差別や排斥の激化は世界的な右傾化と連動しているなどとしたり顔で講釈してすませることはできない。帝国日本の記憶と経験は現代に接続されているのである。

かつて貧困と差別のなかで在日が抱いていた「おもねり」や「恐怖感」を、いま、最も強く抱いているのは「グローバリゼーション下の移動」によって来日し、周縁労働に従事している外国人労働者である。植民地支配によって帝国臣民とされ、戦後も「ひたすら日本人らしくよそおって」社会の底辺で働くほかなかった在日と新たに日本にやってきた外国人労働者をいっしょくたにすることはできない。だが、「おもねり」や「恐怖感」を抱きながら働き暮らす両者は地続きの関係にある。

インドシナ難民支援のカンパを条件反射的に断ってしまった崔華國は、そのことを「恥ずべき矛盾」と述べ、「(略) 俯仰天地に恥ずかしい　私の正体は一体なんであるか　告白をしないではいられない　私こそ難民　難民のさきがけであった」[13]と綴っている。その言葉にならっていえば、「在日こそ外国人労働者　外国人労働者のさきがけ」なのである。

3　密航出稼ぎ外国人労働者の後景――『無言の帰郷』をしたあるタイ人

一九八五年のプラザ合意とその後のバブル景気によって「グローバリゼーション下の移動」は急激に拡大する。空前の人手不足に陥った国内各地の労働現場では、日本に新たにやってきた外国人が次々に雇い入れられていった。そのほとんどは就労資格をもたない超過滞在者で、密航してきた者も少なくなかった。法務省の統計によれば、超過滞在者は一九九〇年には十万人を超え、その三年後には約三十万人にまで増えている。八〇年代後半から九〇年代前半にかけて、こうした外国人たちが「埒外」で働き、日本を支えたのである。

本節では「生きるようすが」や「生きる価値」をつかみ取るために海を越えて日本にやってきたタイ人青年を描いたドキュメンタリー映像を取り上げて、当時、どのような外国人が日本を目指してやってきていたのか、彼／

彼女たちを送り出す社会と日本との関係がどのようなものだったかをみていきたい。

ドキュメンタリー映像は、現実を切り取った映像の記録である。その切り取り方には特定の意図や価値観が介在している。その点を軽んじることはできないが、文字や数字では表象しえない具体を映し出すそれは、実態を理解する大きな手がかりになる。とりわけ外国人労働者のような社会にとって欠くことができないにもかかわらず、その生きる現実の理解がおざなりにされている者たちに接近するドキュメンタリーから学ぶべきことは少なくない。以下では、わたし自身が学び、問題意識を触発されたドキュメンタリーを中心に、当時の外国人労働者の実態に迫りたい。

一九九四年四月六日付の「毎日新聞」は、同年三月十六日、一人のタイ人青年が出稼ぎのために多額の借金をして来日したが仕事が見つからず命を絶ってしまったことを伝えている。記者がかけた国際電話の向こうで青年の兄は、「火葬してもらうお金もない。どうしたらいいのだろう」と答えたという。また、記事には、前年の統計によれば国籍別で「不法残留者」が最も多かったのがタイ人だったこと、不況で失業したタイ人のなかには帰国費用もなく自殺する者が少なくないことが書き添えてある。

この記事が伝えたタイ人青年の出稼ぎと自殺の後景を描いたのが、NHKスペシャル『無言の帰郷――タイ・出稼ぎ村からの報告』(一九九四年九月四日放送)である。ポーン・スリンという名のタイ人青年が遺書を遺して自殺した足立区の荒川沿いの区道の映像と「私たちは、彼がどのような思いで遺書を書いたのか、彼の故郷はどんな村なのか知りたいと思いました」というナレーションから始まるこのドキュメンタリーは、ポーンの故郷の農村の様子や彼がどのようにして日本にやってきたのかを描き出していく。当時、新聞やテレビは急増した外国人労働者の劣悪な労働環境や景気悪化による失業を報道していたが、この作品は彼/彼女たちの出身地に赴いて、現地社会の状況や来日の背景などについて時間をかけて取材したものである。

ポーンが生まれ育ったのは、ラオス国境からそう遠くないタイ最北のチェンライ県の農村である。幼少時に父親を亡くした彼は、小学校を卒業することができなかった。兄とともに農業の手伝いをしながら農閑期には首都バンコクへ出稼ぎに行くという暮らしを送っていたとき、日本へ出稼ぎに行って豊かになった村人を見て彼は日本への密航を決意して、ブローカーに仲介料を支払うために土地の権利証を担保に当時の一家の年収の二十倍にあたる二十万バーツ（当時のレートで約九十万円）を年利七〇パーセントで借りる。日本に着けばすぐに働けると聞いていたが、バブルが弾けた日本に彼の仕事はなかった。借金を返すために、一刻も早く仕事を見つけようと焦った彼は仲間ともはぐれ、東京の荒川の河川敷に流れ着く。真冬でも軽装のままだった彼は扇大橋の下で段ボールにくるまって一カ月ほど過ごしたあと、タンクローリーの前に飛び込んでしまう。二十五歳だった。

映像やナレーションを通して『無言の帰郷』はこうした情報や事実を伝えているが、当時のタイの農村がどのような状況にあったのかを補足しておこう。資源が豊富で圧倒的多数が農民だったタイでは、第二次世界大戦後、鉱産物や農産物の輸出を軸に経済発展が進んでいた。しかし、一九八〇年代に入ると一次産品価格が下落して、深刻な不況に直面する。この経済危機を乗り越えようと、タイ政府と経済テクノクラートは積極的に外資を導入して強力に市場指向型の「開発」を推し進め、経済構造を大きく変えていった。日本を筆頭に国外から大量に流れ込んだ資本によって大都市近郊には工業団地が次々と造られ、農村には商品経済がすさまじい勢いで押し寄せた。[14] そうした社会変動は、農民の暮らしを賃労働なしには成り立たなくさせていった。その結果、経済的に貧しいタイ東北部や北部の農民の多くが出稼ぎ労働者になった。ほとんどはバンコクなど国内の都市部へ出稼ぎに行ったのだが、国外を目指す者も少なくなかった。国外の出稼ぎ先として当初はサウジアラビアを筆頭に中東産油国が大半を占めていたが、九〇年前後からは日本や台湾など、東アジア諸国を目指す者が増えていった。[15]

日本への出稼ぎの増加の背景には、プラザ合意後の円高、日本からの投資の急増、日本ブランドの車や電化製品の流入などによってタイ社会のなかでの日本のプレゼンスが飛躍的に高まったこと、中小企業の製造業を中心にした日本側の人手不足、そして途上国からの人の流入を厳しく制限していた日本への「非合法」な入国ルートのシステム化・大規模化がある。[16] ただし、タイの農民にとって、その「非合法」ルートへの入り口はごく普通の暮らしのなかにあった。『無言の帰郷』には、ポーンの借金の仲介をした女性が、日本に出稼ぎに行った村人が新築した家の前で、「この家の人は私が日本に行かせてあげました。日本から帰ってきた人を見て自分も行こうと村人は考えます」、「私は誰に対しても平等です。あの人に貸して、この人には貸さないってわけにはいきません」と語るシーンがある。仲介者のそうした振る舞いや語りは、日本への出稼ぎの入り口がタイの農村の日常のなかにあったことを示している。ポーンも、多くの村人と同様にそこを通って日本にやってきたのだ。

また、映像は、日本へ出稼ぎ労働者を二百人以上送り出していたポーンの出身村が日本とどのように関係づけられていたのかも映している。それを象徴しているのは、村の雑貨屋に備え付けられた国外からの受電専用電話機の前で、日本へ出稼ぎに行っている家族からかかってくるかもしれない電話を延々と待ち続ける村人が映るシーンである。受電専用の電話や待つほかない村人の姿は、外国人労働者を受け入れる先進国日本とそこに豊かさを求めて村人を送り出すタイの農村との非対称な関係を意味している。

外国人労働者とは、自らを賭してこうした非対称な関係を生き抜こうとする者である。そして、その関係をなんとか生き抜く者も決して少なくはない。映像にも、借金を返済して、貯めた金をもって帰郷した村人の笑顔や出稼ぎの成功を意味する新築の家を映し出している。それは、非対称な関係であれ、多くの村人がそれをなんとか生き抜いたことを物語っている。

だが、ポーンは生き抜くことはできなかった。故郷の受電専用の電話に連絡することも、手紙を書くこともできなかった彼が、荒川の橋の下で小さな手帳に書き遺した言葉が『無言の帰郷』のなかで紹介されている。

> 僕は、橋の下で一カ月寝ています。夢はみんな壊れてしまった。奴らの目論見どおり死ぬほど苦しみました。僕は死んでしまいます。僕一人だけで、今までのことをおわりにしてください。もう追いかけないでください。

ポーンを苦しめ、死ぬまで追いかけ続けた「奴ら」とは誰なのか。そして、いま「奴ら」は誰を追いかけているのだろうか。

ポーンの死から十八年がたった二〇一二年三月、わたしは彼の家族を訪ねた。映像を通して知っていたポーンの母親は痩せ、髪はすっかり白くなり、重い病を抱えていた。兄と姉には深い皺が刻まれていた。わたしは持参した『無言の帰郷』の映像を彼／彼女たちと見ながら、十八年前のことを聞いた。

落雷の事故で父親を亡くしたポーンは、貧しい暮らしから抜け出そうと借金をして日本に行ったのだが、家族は彼の死によってさらに困窮した。日本で働く家族への影響や村のイメージ悪化を心配してＮＨＫの取材に強く反対する村人もいたが、ポーンが遺した借金に追われた家族は、ＮＨＫの支援がなければ日本から送られてきた遺骨をバンコクに引き取りにいくことも葬式を出すこともできないほどだったという。『無言の帰郷』の放送後、日本から多数の寄付があり、当時の外務大臣だったタクシン・チナワット元首相からポーンの家族はその一部を受け取ったが、寄付金の大半は地元の社会活動家の主導で地域の教育支援基金にあてられた。『無言の帰郷』の最後で、ポーンが遺した借金返済のために兄が台湾へ出稼ぎに行く手続きを進めていることを伝えていたが、結局、心臓病を抱えた末弟と母を残して兄が台湾に行くことはなかった。以来、兄は村に残って農業と日雇いの仕事をしながら弟と母親を支え続けた。

家族や親類からこうした話を聞いているとき、母親が小さな箱のなかからポーンの最後の言葉が書かれた手帳を取り出して見せてくれた。手に取ってみると、それは実際には手帳ではなく、化粧品会社が販促品として作ったと思われるあぶらとり紙を手帳型に綴じたものだった。おそらくもらったか拾ったのだろう。ポーンのタイ語は誤字や脱字が多く、意味が読み取れない個所もいくつかあった。そこには、「死ぬのは怖くはありません」、「お母さん、家の財産を失わせてしまった悪い息子でごめんなさい」、「この手帳を拾った方は、どうか僕のお母さんに送ってください」といった言葉が何度も繰り返し記されていた。

小さく裏が透けるほど薄い紙三十一枚に綴られた言葉を読んでみて気づいたのは、ポーンが日本について何も書いていないということだ。日本という単語は、「友達にはあいつは日本で死んだと伝えてください」という一文に出てくるだけで、しかもその「日本」を意味するタイ語の綴りは間違っていた。
ポーンにとって日本とはいったい何だったのだろう。
わたしが帰る間際、ポーンの兄が「あのとき、日本で働いていたブラジルの人が、弟が自殺したことをこの新聞[17]記事で知り、お金を送ってくれました」と言って、そのブラジル人がお金とともに送ってきた英字新聞の切り抜きを手渡してくれた。

人手不足が深刻化し、就労や在留資格がない外国人の労働が社会問題化していた一九八九年、日本政府は「単純労働者」として外国人の受け入れはしないという従来からの立場を維持しながらも、入管法を改定して、事実上の「単純労働者」として外国人を受け入れる抜け道を作り出した。その一つが「定住者」という在留資格の創設である。九〇年代以降、その抜け道を通じて多くの日系人が日本に受け入れられ、派遣や請け負いという不安定な身分の労働者として自動車部品工場や電気機器工場などに送り込まれた。特に急激に増加したのは日系ブラジル人で、改定入管法の施行前には二万人に満たなかったその数は、ポーンが来日した九三年には十五万人に上り、その後も増え続けた。

こうした国境を越えた「単純労働者」の受け入れに関する法制度の改定は、「日本人・男性・正規雇用」が規範たりえなくなっていく日本の労働市場の「埒外」の拡大と再編を意味するものだった。その変化のなか、バブルを支えた在留や就労の資格をもたない「不法」な外国人労働者は徐々に排除され、彼／彼女たちが担っていた「埒外」の労働は新たな法制度の下で合法的に受け入れられた外国人労働者に取って代わられていったのである。

ポーンの家族に送金したのも、こうした変化のなかで「定住者」として新たに日本にやってきて、「おもねり」や「恐怖感」を抱きながら働く自分をポーンに重ねた日系ブラジル人だったはずだ。

4　合法的な外国人単純労働者——『RENNAI忍耐』する研修生・技能実習生

一九九〇年代以降、日系人とともに「単純労働力」として受け入れが拡大されたのが外国人研修生である。当時、日本で働くタイ人について調査した斎藤百合子は、「ちょうど入管法の改正案についてガタガタしていたころ」、就労資格がないタイ人労働者が勤務先の社長から「不法のおまえらを危険を冒して雇ってやっているのに、値上げを要求するなら止めてもいいんだ。次からは月十二万円で、研修生を雇って働かせれば残業手当は出さなくていいし、合法的に日本に入国させられる」と言われて仕事を失ったという事例を報告している。(18)

一九八九年の入管法の改正は、「不法」な外国人を排除して合法的な存在に置き換えただけではなかった。この社長の言葉からもわかるように、それはより安い労働力に置換する役割も果たしていた。「不法」就労する外国人よりさらに安い労働者として外国人を受け入れる研修制度の源流は、高度経済成長期に国際貢献の一環として日本の進んだ技術を途上国に移転することを目的におこなった技術研修生の受け入れにある。当初は行政機関を中心に国際貢献という目的にそれなりに合致した受け入れもおこなわれていたが、早い段階から外国人単純労働者を受け入れる抜け道としてこの仕組みを活用している企業や団体もあった。例えば、一九七二年十月九日付の「朝日新聞」は、岐阜の洋服仕立て工場が韓国から技術研修生として受け入れた女性二十八人を「研修どころかひどい低賃金と労働条件で酷使」していたことを伝えている。

一九八九年の入管法改正の際の在留資格「研修」の創設は、こうした「ひどい低賃金と労働条件で酷使」可能な外国人を合法的に受け入れる抜け道の幅を一気に拡大するものだった。続けて、日本政府は、団体管理型と呼ばれる海外との結び付きがない中小零細企業による研修生の受け入れ認可（一九九〇年）、その受け入れ要件・人数の大幅な緩和（一九九一年）、一年の「研修」後に外国人を実習生として受け入れる技能実習制度の創設（一九九三年）など、次々と外国人研修制度の緩和や拡大を図って、その受け入れを推し進めた。こうして国際貢献という建前のもと、研修・技能実習という名目で中国や東南アジア出身の若者が、日本の労働市場のなかで最も低賃金で最も厳しい労働を担うために人手不足に悩む国内各地の労働現場に送り込まれることになる。八一年には一万人に満たなかった研修生の新規入国者数は、九〇年には三万人、二〇〇〇年には五万人、〇七年には十万人と増えていった。

来日一年目の研修生は、たとえ実態が労働だろうと、「研修」つまり学びが目的ということで労働関連法に守られる労働者ではないとされた。それ以外にも研修生・技能実習生には、研修・実習先を選択・変更することはできない、単身者でなければならない、制度を利用できるのは一度だけで在留期間は最長でも三年間だけといった条件も課せられた。さらに、失踪や逃亡を防ぐために、高額の保証金や土地の権利証を研修生・実習生に要求する送り出し機関も多い。様々な条件や縛りが、研修生・技能実習生の権利や自由を厳しく制限して、彼／彼女たちを日本の労働市場の最底辺に位置づけたのである。(19)

外国人研修・技能実習制度の内実に迫るために、ここでもドキュメンタリー映像を取り上げたい。研修生の新規入国者が急増した二〇〇〇年代前半に撮られた『RENNAI 忍耐――中国人研修生の3年』（関西テレビ、二〇〇三年十月二十八日放送）である。前節で取り上げた『無言の帰郷』がテーマや被写体と一定の距離をとりながら事実を積み重ねるというスタイルだったのに対して、この作品は作り手の主観や立ち位置を前景化させながら外国人研修・技能実習制度の矛盾や問題を明らかにしている。

『RENNAI 忍耐』が描き出すのは、二十人の中国人女性が研修生・技能実習生として働く田圃とニワトリ小屋に囲まれた奈良県御所市の縫製工場の実態である。工場内の映像に登場する日本人は社長とその妻だけである。日本人従業員がほとんどいない地方の縫製工場が中国人女性を研修生・技能実習生として受け入れるという構図は、当時の研修・技能実習制度を最も象徴するものだった。(20)

「RENNAI」とは「忍耐」の中国語読みである。そのタイトルが示すように、中国人女性たちが研修生・技能実習生として日本で働き暮らす三年間、どのような「RENNAI」をしているのかを映像は映し出している。故郷に家を建てる、一人だけのわが子にいい教育を与えるといった「ささやかな未来」のために少しでも多くお金を貯めようとする彼女たちは、縫製工場の横の畑で野菜を育て、必要なもの以外の支出は極力抑えた質素な生活を送っている。来日のためにかかる手数料、それに保証金（二万五千元：当時のレートで約三十三万円）、日本での毎月の寮費（八畳の部屋に四人が生活して一人二万円）、水光熱費等々。最低賃金レベルの研修手当・給料のなかからこれらを支払い、なんとかまとまったお金を残すためには、生活を切り詰めて「RENNAI」しなければならない。

それだけではない。彼女たちから「お父さん」と呼ばれている社長は、研修生・技能実習生は自分に拘束された存在だと考えていて、様々な規則を彼女たちに押し付け、それを守れなかったときには罰金を払えと言う。一方で社長は、彼女たちに残業代を払おうとはせず、それを求められると「ここの法はわしが決めるんや」、「いややったら、やめたらええんや」、「中国帰れ」と怒鳴る。研修と実習を合わせて三年間という期間の途中で帰国させられると、来日前に思い描いていた「ささやかな未来」を手に入れることができなくなってしまう彼女たちは、「おもねり」や「恐怖感」を抱き、その非対称な関係も「RENNAI」し続けなければならないのである。

また、外国人研修・技能実習制度は、国内の労働力不足を補うためだけでなく、海外進出・移転の足がかりのためにも活用されている。『RENNAI 忍耐』が描く縫製会社も、かつて研修生として受け入れていた中国人女性を使って中国進出を図り、最新の縫製機械を導入した現地工場を稼働させている。ただし、それは制度本来の目的である技術移転ではない。一見、それは進んだ日本の技術を途上国に移転するという制度本来の目的に沿った企業展開とも思えるのだが、映像を見る者は中国の新しい工場と古びたミシンが並んだ日本の本社工場との違いに気づくことになる。途上国に移転する価値がある進んだ技術をもたない中小企業がこの制度を活用していることを。それは、制度の建前と本音が違うということだけではなく、先進日本と後進アジアという構図が根本的に変容していることも突き付けている。

日本と中国の取材を重ねて、『RENNAI忍耐』はこうした外国人研修・技能実習制度の実態と矛盾を映し出しているのだが、この作品は制度に依存する側の本音も映像化している。それは、自分は残業代を払おうとはしないにもかかわらず研修生・技能実習生たちには少しの規則違反にも罰金を払えと迫る社長が、彼女たちの社会保障費の金額をごまかしていたことが発覚したときの場面に端的に示されている。「RENNAI」の糸が切れ、仕事をボイコットした研修生・実習生たちの「中国大使館に行きたい」という一言で、それまで怒鳴り散らしていた社長の態度は一変する。研修生・実習生の受け入れの不正が中国大使館に伝わることで、生き残りをかけて進めている中国での事業や研修生・技能実習生の受け入れに差し障りが出ることを恐れたのかもしれない。社長は、急に不安な表情、落ち着かない態度になり、研修・技能実習制度を活用することで事業を維持する苦しさを吐露し始める。

結局、縫製業というのはみんなせっぱつまっているわけや。それでその……研修生でやな、なんとか、まあ営業を軌道に乗せたいという気持ちは強いわけや。……縫製でいえば、一〇〇パーセント日本の法律をきちっと守ってやっていけるとこはないねん。

この言葉は、地方の小さな縫製会社だけに限らず、外国人研修・技能実習生を受け入れている多くの企業や団体・組織の本音だろう。

こうした本音と国際貢献という建前が乖離した外国人単純労働者の受け入れは、それ以降も拡大を続けている。二〇〇九年、日本政府は入管法の改正の際に、この制度の軸を研修から技能実習へと移行させるなどして、形式的には労働者の権利を保護する姿勢を打ち出したが、技能実習生の権利や自由が様々な条件や縛りによって厳しく制限される構造は変わっておらず、彼/彼女らを受け入れる職場の法令違反は依然として多い。厚生労働省によれば、改定入管法が施行された一〇年以降も外国人技能実習生の受け入れ機関の七〇パーセントから八〇パーセントが労働時間や賃金の支払い、安全基準などの労働関連法に違反し続けている。[21]

世界同時不況や東日本大震災の影響で外国人技能実習生の数は一時的に減少傾向にあったが、二〇一二年以降は再び増加に転じ、一七年には約二十六万人になり、過去最高の受け入れ人数となっている。こうした傾向は、一九九〇年代以降、研修・技能実習生と同様に単純労働者として移入された日系人労働者が世界同時不況以前の水準を回復していないのとは対照的である。人口減少とグローバリゼーションによって労働市場の「埒外」の肥大化が進む日本では、安価で職種や職場の選択ができない単身の外国人技能実習生こそが最も需要のある労働力になっているのである。現在、日本政府は、実習期間の延長（三年を五年もしくは六年に変更）や介護分野への制度適用を進め、外国人技能実習制度のさらなる拡充を図っているが、はたして新たに日本にやってくる外国人たちは「ささやかな未来」をつかみ取ることができるのだろうか。

この数年間、わたしは、日本の国内や東南アジアで外国人技能実習生の受け入れや送り出しの現場を訪問して、彼／彼女たちから直接話を聞くことを細々と続けている。日本で働いた経験を肯定的に語り、「もっと日本で働きたかった」と言う実習生も多い。だが、「おもねり」や「恐怖感」を抱きながら日本で働いていた経験を聞くことも少なくない。

二〇一四年一月、タイから技能実習生を受け入れている熊本のある農家を訪ねたときのことだ。受け入れ機関の担当者の前では「何も問題ありません。よくしてもらっています」と話していたタイ人青年Wは、担当者がその場を少し離れると、わたしに「送り出し機関や受け入れ機関が言っていることはデタラメだらけで、労働条件は日本にくる前に伝えられていたものよりもはるかにひどい。自分はやつらの食い物にされている。このままでは日本にくるためにした借金も返すことはできない」と小さな声で伝えてきた。

Wの話を聞きながら、私はポーン・スリンのことを想い出した。パスポートを携え飛行機に乗って日本にやってきて、合法的に働く彼とポーンは同じではない。だが、自分が食い物にされているという彼の感覚、小声で問題を必死に伝えたときの彼の緊張は、密航船に乗りながら、橋の下で段ボールにくるまりながらポーンが抱いていたものとつながっている。

5 外国人労働者とは誰か

中国人技能実習生を受け入れる牡蠣工場を「観察」し、それを映画化した想田和弘は、次のように述べている。

いわゆる「実習生問題」というと、単純に「搾取と被搾取」みたいな構造で語られがちですが、じゃあ雇う側の人たちが搾取の主体なのかというと、違う気がする。もっと薄く、広く――「牡蠣を食べる」だけの人を含めて、みんながちょっとずつ、安い食べ物を選ぶという行為によって、自覚もなしに「搾取」している。まあ、「搾取」という言葉が適切かわかりませんが、いずれにせよそのしわ寄せは、外国人労働者だけではなくて、牡蠣を剝く作業をしている日本人にも向かっているんじゃないでしょうか。単純に雇い主を悪者にして片付けてはいけない。社会のあり方や私たちの生き方そのものに絡む問題だと思います。[22]

わたしは、「実習生問題」を含め、いわゆる外国人労働者問題から「搾取」という視点を切り離すことはできないと考えている。日本社会には、その認識があまりにも欠けている。だからこそ、ここまで外国人労働者が酷使され、縛られた存在だと論じてきた。しかし他方で、「せっぱつまっている」雇い主を、「搾取の主体」や「悪者」にしてすますことはできないのもそのとおりだと思う。想田がいうように、問題はどこまでも「社会のあり方や私たちの生き方そのもの」なのだから。

そして、外国人労働者を受け入れる者たちを短絡的に捉えることができないのと同じように、外国人労働者を「被搾取」という鋳型に押し込んで、脆弱な存在と見なすだけでは問題の核心にたどり着くこともできないだろう。「おもねり」や「恐怖感」を抱きながら日本の労働市場の「埒外」に置かれた外国人労働者たちは構造的な弱者だが、同時に彼／彼女たちはそれ以上の存在でもある。ただし、それをどのように捉えるのかが重要である。

明石純一は、「移住労働者をいかに捉えようとも、その脆弱性という一面にとらわれ、ゆえに支援と救済の対象として客体化してしまう」ことには慎重であるべきとして、「移住労働者の脆弱性は半ば既成事実化されている」が、「移住労働者はすなわち脆弱であるというステレオタイプに、すべてのものが陥っているわけではなかろう。むしろそのステレオタイプが発現し、強化されやすいのは、市場原理が優先される文脈において、あるいは特定の政策意図のなかで、移住労働者が語られるときである[23]」という。

確かに、移住労働者を「支援と救済の対象として客体化」するだけでは、彼／彼女たちが具体的に生きる実相を理解することはできないが、本当に「移住労働者の脆弱性は半ば既成事実化されている」のだろうか。そもそもそれは「半ば」でいいのだろうか。移住労働者の脆弱性が「既成事実化」されているのは、脆弱性を是正しようとする側よりもその脆弱性を資源として活用する側にとってではないのか。また、国境を越えて展開されるグローバルな移住労働とは、何よりも「市場が優先される文脈において、あるいは特定の政策意図のなかで」おこなわれているのであり、そうした文脈や意図から自由な外国人労働者などいない。とりわけ、技能実習生のような外国人労働者は、市場と政策を通して脆弱な存在に仕立て上げられているが、その「既成事実化」は十分になされているとはいえない。

一九二〇年代後半から三〇年代にかけて日本の植民地だった朝鮮の済州島から大阪の猪飼野へ渡航した朝鮮人について論じた杉原達は、「植民地支配の結果として故郷を離れることを余儀なくされるという「客観的な背景」が、島を出ようとする人々の主観にあっては、所得や文明なるものへの「あこがれ」を求めてという形での「主体的選択」として表出せざるをえないという落差の構造（略）の意味をこそ、掘り下げねばならない[24]」と指摘しているが、それは、現代の外国人労働者の実相を理解するうえでもあてはまる。タイから密航してきたポーン・スリン。中国からやってきた研修・技能実習生たち。彼／彼女たちが日本にきたのは、開発主義、改革開放経済、労務輸出政策、消費主義、グローバリゼーションの結果である。だが、同時に、彼／彼女たちは「主体的選択」をして日本にやってきたのだ。

外国人労働者として生きる者たちの現実を理解するためには、「客観的な背景」と「主体的選択」の「落差」の意味を考え続けるほかない。そのため、この「落差」のなかにしかない彼／彼女たちにそれを超え出るような能動性や主体性を過度に見いだすことには慎重でなければならない。それは、彼／彼女たちを位置づけている構造をさらにかすませてしまうだろう。

おわりにかえて

法務省によれば、二〇一六年に日本に在留する外国人は二百三十万人を超え、統計を取り始めて以来、過去最高になった。この二百三十万という数は、日本が戦争に負けて帝国を名乗り続けることができなくなった一九四五年に日本で働き暮らしていた非日本人の数とほぼ同じである。いま、外国人労働者や移民の受け入れ拡大が活発に論じられているが、そのような歴史的事実が思い出されることはまずない。

しかし、日本という社会が、そのことを忘れたのかというと、決してそうではないだろう。国際貢献という建前でアジアの若者を二級の労働力として活用する外国人技能実習制度は、美辞麗句をうたった帝国日本がアジアを見下すという姿と重なっている。建前と本音の乖離に開き直り、制度をさらに拡大させ、積極的に活用しようとするいまの日本には、かつて共生や協和をうたってアジアの人々を酷使した記憶と経験が刻み込まれているのではないだろうか。

けれども、そうした制度を使って社会を維持することはできない。アジアに対する優越意識や差別感情は依然として日本社会にうずくまっているが、他方で建前と実態の違いに「RENNAI」を強いてきた経済格差は、急速に縮まっている。もはや日本はアジアのなかで抜きんでた存在ではない。

「生きるよすが」や「生きる価値」をつかみ取るために日本にやってきたポーン・スリンは、日本について何も語らずに死んでいった。日本という単語さえ正しく書けなかった彼にとって、そもそも日本とはその程度のものだったのかもしれない。いま、彼の出身村から日本に出稼ぎにきている者はいない。村人は、多額の借金をして行くほどの魅力はもう日本にはないという。現在、外国に出稼ぎに行っている村人は十数人いるが、その渡航先の大半は韓国だという。熊本の農家で出会ったWは、技能実習の満期である三年を待たずに自分を食い物にする日本に見切りをつけて、現在はイスラエルの農場で働き、日本にいたときよりも高い給料をもらっているという。韓国やイスラエルで働く彼／彼女たちのなかには、そこで外国人労働者として様々な問題に直面している者もいるが[25]、したたかに粘り強く生き抜いている者も少なくない。

制度や社会意識によって非対称な関係に置かれている外国人労働者は、「おもねり」や「恐怖感」を抱かざるをえない。とりわけ労働市場の最底辺で働く外国人たちはそうだ。だが同時に、「誰かの対象（客体）にとどまるものではない[26]」彼／彼女たちは自身を縛る構造を変える可能性をもっている一人ひとりである。

もはや外国人労働者がいない日本を考えることはできない。彼／彼女たちの働きこそが、日本の日常を支えているのである。その構造に埋め込まれている問題に目を向けない者たちもいずれ知ることになるだろう。彼／彼女たちを縛っているものが、何よりも自分たちを縛っているということを。

注

（1）梶村秀樹「定住外国人としての在日朝鮮人」、梶村秀樹著作集刊行委員会・編集委員会編『在日朝鮮人論』（「梶村秀樹著作集」第六巻）、明石書店、一九九三年

（2）金時鐘／尹健次「〈対談〉「在日」を生きる」、藤原書店編集部編『歴史のなかの「在日」』所収、藤原書店、二〇

〇五年、四一八ページ

（3）朴君を囲む会編『民族差別——日立就職差別糾弾』亜紀書房、一九七四年、二三八ページ

（4）朴は、一九七四年に日立製作所に入社し、二〇一六年までの四十八年間、同社で働き続けた。日立製作所に入社の朴の闘いについては次を参照されたい。朴鐘碩「日立就職差別闘争後の歩み」、西川長夫／大野光明／番匠健一編著『戦後史再考——「歴史の裂け目」をとらえる』所収、平凡社、二〇一四年、同「日立闘争後の「続日立闘争」」、小熊英二／高賛侑／高秀美編『在日二世の記憶』（集英社新書）所収、集英社、二〇一六年

（5）戦後の社会運動もまた「在日は埒外」であったことを運動のなかから最も鋭く批判したのが、一九七〇年七月七日の「盧溝橋三十三周年・日帝のアジア再侵略阻止人民大集会」での華僑青年闘争委員会である。

（6）朴が日立就職差別闘争をしていた頃、同じく国籍による就職差別に対する闘いを展開したのが徐翠珍である。一九七一年、勤めていた民間の保育園が大阪市に移管される際、中国籍であることを理由に解雇された徐は支援者とともに解雇撤回闘争を展開して、一年半後、大阪市に日本国籍者だけを採用する要綱を撤廃させ、職場復帰を果たす。それ以降、彼女は指紋押捺拒否運動や釜ヶ崎での日雇い労働者支援活動、小泉首相靖国参拝違憲訴訟、憲法九条を護る運動に携わり続け、住民や市民、納税者あるいは移民として様々な不正義に声を上げ続けている。徐翠珍「在日だけど、日本社会の一員だから」、田中伸尚『ドキュメント 憲法を獲得する人びと』所収、岩波書店、二〇〇二年、映画『1985年 花であること——華僑2世徐翠珍的在日』監督：金成日、二〇一〇年

（7）崔華國「難民有感」『崔華國全詩集』土曜美術社出版販売、一九八九年、六〇—六三ページ

（8）第一次（一九六七年）から第三次（一九七六年）までの雇用対策基本計画。

（9）外村大「安定成長期日本の外国人労働者——グローバリゼーション下の移動の胎動」、早稲田大学アジア太平洋研究センター出版・編集委員会編「アジア太平洋討究」第二十号、早稲田大学アジア太平洋研究センター出版・編集委員会、二〇一三年、二八九ページ

（10）民族差別と闘う関東交流集会実行委員会編『指紋押捺拒否者への「脅迫状」を読む』明石書店、一九八五年、八七ページ

（11）同書四ページ

(12)「政治こそ「絆」再生を語れ」「朝日新聞」二〇〇九年六月十八日付、三面

(13) 前掲「難民有感」六一ページ

(14) こうしたタイの経済社会の構造変化については、例えば次を参照されたい。末廣昭『タイ――開発と民主主義』(岩波新書)岩波書店、一九九三年、同「タイ――開発と民主化のパラドクス」、池端雪浦/石井米雄/石澤良昭/加納啓良/後藤乾一/斎藤照子/桜井由躬雄/末廣昭/山本達郎編『「開発」の時代と「模索」の時代』(「岩波講座 東南アジア史」第九巻)所収、岩波書店、二〇〇二年。「開発」が途上国の人々に及ぼした影響については次を参照。伊豫谷登士翁「グローバル化空間としての「アジア」と人の移動」、伊豫谷登士翁編『移動という経験――日本における「移民」研究の課題』所収、有信堂高文社、二〇一三年

(15) 中東や台湾への送り出しの実数については、*Year Book of Labour Statistics*, Ministry of Labour and Social Welfare, Thailand, Various years. のようなタイの公的な資料からある程度把握できるが、この資料からでは外国人労働者を受け入れない日本で在留資格がないまま働くタイ人の実数を知ることはできない。

(16) 青山薫は、この時期、多くのタイ人女性が人身売買の被害者として、あるいはセックス・ワーカーとして日本へ送り込まれる「非合法」ルートがシステム化・大規模化していたと指摘している。女性が中心だったこのルートから多様なネットワークが広がり、徐々に男性を日本に送り込むために活用されていったと考えられる。青山薫『セックス・ワーカーとは誰か――移住・性労働・人身取引の構造と経験』大月書店、二〇〇七年、九〇ページ

(17) "For one Thai, Japan was no land of Opportunity," *The Mainichi Daily*, April 7, 1994.

(18) 斎藤百合子「日本におけるタイ人労働者の現状」、江橋崇編『外国人労働者と人権――日本・タイ関係研究の現場から』(法政大学現代法研究所叢書)所収、法政大学現代法研究所、一九九〇年、六六ページ

(19) 構造的に脆弱な外国人研修生・技能実習生が遭遇する困難や問題については例えば次を参照されたい。外国人研修生問題ネットワーク編『まやかしの外国人研修制度』(Genjin ブックレット)、現代人文社、二〇〇〇年、同編『外国人研修生時給300円の労働者――壊れる人権と労働基準』明石書店、二〇〇六年、外国人研修生権利ネットワーク編『外国人研修生時給300円の労働者2――使い捨てをゆるさない社会へ』明石書店、二〇〇九年

(20) この映像が放送された二〇〇三年、法務省の統計によれば、外国人研修生の新規入国者約六万五千人のうちの六〇

パーセント近い三万八千人が中国人だった。また国際研修協力機構の『JITCO白書』（二〇〇四年）によれば、二〇〇三年は研修生の約五五パーセントが女性で、最も多く研修生を受け入れている産業・業種は「衣服・繊維関係」となっている。

（21）厚生労働省「外国人技能実習生の実習実施機関に対する平成二十七年の監督指導、送検の状況」二〇一六年八月十六日（報道発表資料）

（22）『牡蠣工場』パンフレット、二〇一五年、一五ページ

（23）明石純一「移住労働と世界的経済危機」、駒井洋監修、明石純一編著『移住労働と世界的経済危機』（移民・ディアスポラ研究）所収、明石書店、二〇一一年、一二―一三ページ

（24）杉原達『越境する民――近代大阪の朝鮮人史研究』新幹社、一九九八年、九三ページ。この「落差」にこだわったドキュメンタリー映像に『そして僕は日本で生まれ育った――在日コリアン・家族の一〇〇年』（NHK－BS、二〇〇五年六月二十二日放送）という作品がある。それは、在日二世である玄真行が、自らの家族の歴史を通して在日とはいったい何者なのかを描いた作品である。自分の両親の出身地である済州島を訪問して、日本の植民地期を知る親戚や島の人々から話を聞き、玄は「日本の植民地支配っていうのは、あこがれまで作っちゃった。夢まで作っちゃった。俺はそっちのが罪だと思うけどね」と述べている。「あこがれ」や「夢」を作ったことを「罪」と言った玄は、最後のシーンで、在日一世である父母が「日本に夢をもってやってきたと思いたい」と語っている。

（25）例えば、ヒューマン・ライツ・ウォッチは、二〇一五年、イスラエルの農園で働くタイ人の労働環境が劣悪であることを報告している。Human Rights Watch,“Israel: Serious Abuse of Thai Migrant Workers: Agricultural Workers Need Protection,” 21, Jan, 2015.

（26）Edward Said, *After the Last Sky: Palestinian Lives*, Columbia University Press, 1999, p.166.（エドワード・W・サイード、ジャン・モア写真『パレスチナとは何か』島弘之訳〔岩波現代文庫〕、岩波書店、一九九五年、二三六ページ）

謝花直美（じゃはな なおみ）
1962年、沖縄県生まれ
沖縄タイムス社特報チーム記者
専攻は沖縄戦後史、沖縄戦
著書に『証言沖縄「集団自決」』（岩波書店）、『戦場の童』（沖縄タイムス社）、共著に『観光コースでない沖縄』（高文研）など

崔博憲（さい ひろのり）
1970年、神奈川県生まれ
広島国際学院大学情報文化学部教授
専攻はマイノリティ論
共著に『戦後史再考』（平凡社）、『コンフリクトと移民』（大阪大学出版会）、論文に「外国人労働者とコミュニティ・ユニオン」（「部落解放研究」第22号）など

[著者略歴]

荒川章二（あらかわ しょうじ）
1952年、静岡県生まれ
国立歴史民俗博物館・静岡大学名誉教授
専攻は日本近現代史
著書に『軍隊と地域』（青木書店）、『軍用地と都市・民衆』（山川出版社）、『豊かさへの渇望』（小学館）、編著に『軍都としての帝都』（吉川弘文館）など

許時嘉（きょ じか）
1978年、台湾台北市生まれ
山形大学人文社会科学部准教授
専攻は近代日本思想史、近代台湾文化史
著書に『明治日本の文明言説とその変容』（日本経済評論社）、共編訳に『籾山衣洲在台日記』（中央研究院台湾史研究所）、論文に「殖民政権対台湾民間自主性的放任与収編」（「新史学」第24巻第3期）など

宋連玉（そん よのく）
1947年、大阪府生まれ
青山学院大学名誉教授
専攻は朝鮮近現代ジェンダー史
著書に『脱帝国のフェミニズムを求めて』（有志舎）、共編著に『軍隊と性暴力』（現代史料出版）、共著に『朝鮮の女性〈1392-1945〉』（クオン）など

冨永悠介（とみなが ゆうすけ）
1980年、埼玉県生まれ
チェンマイ大学人文学部東洋言語学科講師
専攻は台湾近現代史、文化交流史
著書に『〈あいだ〉に生きる』（大阪大学出版会）、論文に「基隆「水産」地域の形成と発展」（「現代台湾研究」第43号）など

西井麻里奈（にしい まりな）
1988年、愛知県生まれ
日本学術振興会特別研究員 PD（立命館大学）
専攻は近現代史研究、地域史
共著に『忘却の記憶 広島』（月曜社）、論文に「廃墟と描線」（「新社会学研究」第2号）など

ソアレス・モッタ・フェリッペ・アウグスト
1985年、ブラジル・サンパウロ市生まれ
大阪大学・京都外国語大学・天理大学非常勤講師、京都外国語大学ラテンアメリカ研究所客員研究員
専攻は移民研究、ブラジル日本移民史
共著に『日系文化を編み直す』（ミネルヴァ書房）、論文に「半田知雄における移民のなやみ」（「待兼山論叢―日本学篇」第47号）など

［編著者略歴］

杉原 達（すぎはら とおる）
1953年、京都市生まれ
大阪大学名誉教授
専攻は日本学・文化交流史
著書に『中国人強制連行』（岩波書店）、『越境する民』（新幹社）、『オリエントへの道』（藤原書店）、共編著に『岩波講座 アジア・太平洋戦争』（岩波書店）など

日本学叢書5

戦後《せんご》日本《にほん》の〈帝国《ていこく》〉経験《けいけん》　断裂し重なり合う歴史と対峙する

発行　2018年11月26日　第1刷
定価　3400円＋税
編著者　杉原 達
発行者　矢野恵二
発行所　株式会社青弓社
〒101-0061 東京都千代田区神田三崎町3-3-4
電話 03-3265-8548（代）
http://www.seikyusha.co.jp
印刷所　三松堂
製本所　三松堂
©2018
ISBN978-4-7872-3444-5 C0339

北原 恵／小勝禮子／ラワンチャイクン寿子／金惠信 ほか

アジアの女性身体はいかに描かれたか

視覚表象と戦争の記憶

アジア・太平洋戦争時、アジアの女性身体にはどのようなまなざしが注がれたのか。100点を超える絵画・写真から、アジアの女性たちを取り巻いていた植民地主義やジェンダーの力学を浮き彫りにする。 定価3400円＋税

冨山一郎／森 宣雄／米山リサ／ウエスリー上運天 ほか

現代沖縄の歴史経験

希望、あるいは未決性について

歴史経験を背負わせ当事者として据え置いたうえで、正当性を競い合いながら解説される沖縄問題。饒舌な語りを回避しながらそれが何を恐れて発された言葉なのかを問い、経験に関わる言葉の連累の可能性を照らし出す。定価3400円＋税

川村邦光／兵頭晶子／吉永進一／永岡 崇 ほか

憑依の近代とポリティクス

「神がかり」などの言葉で表される心身状態＝憑依は、近代日本で宗教的・儀礼的意味を剝ぎ取られ、狂気や精神異常として生活世界から駆逐された。憑依が統制・弾圧の対象になっていく歴史的過程に政治性を読む。定価3400円＋税

川村邦光

弔い論

遺影・慰霊碑・墓などの弔う文化をあげて、子どもの死や戦死者、靖国、東日本大震災などの死者と生者のありように肉薄し、弔いが死者・遺族・弔問者の三者を結び付け、関係性を創造する契機になることを照らす。定価3000円＋税

逆井聡人

〈焼跡〉の戦後空間論

焼跡や闇市を表象する小説や映画、批評を検証することを通して、私たちがもつ戦後日本という歴史認識や国土イメージをあぶり出す。「冷戦期日本」という歴史認識へのパラダイムシフトを提起する挑発的な日本論。定価3400円＋税